생사학연구총서 5

# 이야기, 죽음을 통하다

김혜미·박재인

박문사

이 저서는 2012년 정부(교육부)의 재원으로 한국연구재단의 지원을 받아 수행된 연구임(NRF-2012S1A6A3A01033504)

# 머리말

●●●●

우리는 우리 삶의 다양한 모습을 '이야기'라는 형식을 빌어 전달합니다. 이야기는 말로 전달될 수도 있고, 영상을 통해 보여질 수도 있으며, 글로 표현될 수도 있습니다. 이야기가 이렇게 저렇게 형태를 바꾸어 나타난다고 하더라도, 그 안에 담긴 의미는 달라지지 않습니다.

생사학연구소에서는 '죽음'과 관련된 다양한 형태의 이야기에 집중하였습니다. 죽음과 관련된 소재가 나타난 이야기들을 탐색한 것입니다. 그리하여 구전되어진 설화에 나타난 죽음, 영화에 나타난 죽음, 소설에 나타난 죽음이 우리의 삶에 던져주는 질문과 답을 찾고자 하였습니다.

1부에서는 '죽음이 말하는 삶의 이야기'라는 제목으로 세 편의 글을 엮어 보았습니다. 「구비설화에서의 '죽은 몸'과 그와의 교류－구비설화 <죽은 처녀 겁탈하고 복 받은 머슴>」에서는 시간(屍姦)을 한 남자가 복을 받게 되는 설화를 통해 소외된 자들에 대한 공감과 위로에 관련된 삶의 이야기를 살펴보았습니다. 「존재와 삶을 스스로

●●●●

선택하는 '전생 발견하기'－구비설화 <전생의 인연으로 부부가 된 중과 이[蝨]와 돼지」에서는 전생을 알게 된 것을 통해 "왜?"라는 사유의 질문을 하면서 가능해진 문학치료 활동의 과정을 보여주었습니다. 「삶의 단절성, 그리고 죽음의 연속성－외국영화 <스틸 라이프>」에서는 고독사한 사람들의 장례를 치러주는 주인공을 통해 죽음과 삶의 속성에 대해 살폈습니다.

2부에서는 '어떻게 죽을 것인가, 어떻게 살 것인가'라는 제목으로 세 편의 글을 엮어 보았습니다. 「죽음이 바꾸어 놓은 인생－외국영화 <라스트홀리데이>」에서는 죽음을 앞둔 상태에서 선택의 중요성을 강조하였습니다. 「죽지도 못하는 사람들의 질주하는 욕망－한국영화 <죽여주는 여자>」에서는 늙음과 죽음의 소재를 통해 '죽음이 곧 삶이다'라는 진리를 파악할 수 있게 하였습니다. 「가족 속의 죽음, 나 홀로의 삶－소설 <내 생에 하루뿐일 특별한 날>」에서는 죽음과 같은 삶을 살았던 주인공이 독립하는 과정을 통해 자신의 삶을 살 수 있게 된 경로를 보여주었습니다.

3부에서는 '죽음의 위기, 그리고 너에 대한 관심'이라는 주제로 두 편의 글을 엮어 보았습니다. 「나의 죽음의 위기 속 너의 복을 찾아서－구비설화 <구복여행>」 상보적 인간관계를 맺는 것이 자살을 막을 수 있게 된 방법이었다는 것을 보여주었습니다. 「타인의 죽음 위기에 인식 그리고 나의 생명력－몽골설화 <꿈쟁이 젊은이>」에서는 죽음의 위기에 있는 타인을 도와주는 것의 의미가 자신에게 어떤 의미로 다가오는지 피력하였습니다.

본 총서는 문학치료학을 기반으로 작품을 분석하여 죽음이 주는 삶의 의미를 전달하고자 하였습니다. 문학치료학은 "사람이 곧 문학이다"라는 기본적 전제를 가지고 작품에 나타난 인간관계에 집중한 학문입니다. 인간관계를 중심으로 죽음의 문제를 살펴보는 것은 앞으로도 우리가 살아갈 인생에 지침을 줄 것이라고 봅니다. 본 총서에 도움을 주셨던 한림대학교 생명교육융합학과 대학원생인 김경희 선생님, 용채은 선생님, 정영미 선생님, 정예빈 선생님께 감사의 뜻을 전하며 서문을 마무리하고자 합니다.

2018년 5월

한림대 생사학연구소 편집위원회

## 목 차

제1부

# 죽음이 말하는 삶의 이야기

# 이야기, 죽음을 통하다

# 구비설화에서의 '죽은 몸'과 그와의 교류*

## 구비설화 〈죽은 처녀 겁탈하고 복 받은 머슴〉

박재인(건국대학교 인문학연구원 HK연구교수)

## Ⅰ. 구비설화 속 시간(屍姦)과 발복(發福)이라는 파격의 인과관계

일반적으로 시체와의 성관계에 대해서 시간(屍姦)이라 하여 시체를 간음하는 일이라 여긴다. 심지어 시간(屍姦)에 대해서는 법적 처벌을 하기도 한다.[1] 아무리 서양에서 낭만주의의 영향으로 죽음의 형상을 사랑과 욕정의 대상으로 여겼다 할지라도, 시체와의 성관계는 결코

---

* 이 글은 박재인, 「설화<죽은 처녀 겁탈하고 복 받은 머슴>속 시간(屍姦)과 발복(發福)의 인과관계에 대한 분석」, 『겨레어문학』 45, 겨레어문학회, 2010, 37~64면. 논문을 수정 보완한 것이다.

1 시간(屍姦)은 사체를 오욕(汚辱)하는 행위로서 사체오욕죄(159조)가 성립한다.

일반적인, 정상적인 경우라 할 수 없다. 그런데 설화<죽은 처녀 겁탈하고 복 받은 머슴>에서 머슴은 죽은 처녀를 겁탈하고 벌을 받는 것이 아니라 발복(發福)하게 되어 부귀영화를 누리게 된다. 시간은 비윤리적인 행위인데, 왜 이 이야기에서는 그러한 인물이 끝내 성공하게 되는 것일까. 그리고 이런 모순을 지닌 이야기가 여전히 전승되는 이유는 무엇일까.

머슴총각의 시간 행위와 그 결과로서의 발복은 일반적이지 않은 서사의 흐름으로, 일종의 파격이라 할 수 있다. 그런데 그 작품 속 서사적 논리 안에서는 그 파격적인 이야기 흐름에 정당성이 부여되고 있다. 그리고 비록 두 편에 불과하지만, 이 설화가 전승되었다는 바는 괴기한 서사에 숨은 뜻을 이해하고 기억하는 움직임이 분명이 존재했다는 사실을 나타내므로 본 연구는 희소하게 전승되는 설화에 특별한 의미를 부여하고자 한다. 설화<죽은 처녀 겁탈하고 복 받은 머슴>도 그 서사적 논리 안에서 파격에 대한 정당성이 내재되어 있다고 볼 수 있으며, 통념으로 이해하기 어려운 설화적 인과관계의 내포적 의미를 분석할 필요가 있다는 것이다.

이 설화는 죽은 처녀의 해원 문제를 담고 있는 작품이기에 원혼과 해원이 중점이 되는 원귀형 설화 작품에 속한다고 볼 수 있다. 실제 머슴총각과 죽은 처녀가 겁탈사건 이후 소통하는 과정은 인간과 귀신의 관계이므로 이 영역의 선행연구를 살펴볼 필요가 있다. 강진옥[2]은 설화에 나타난 원귀와의 관계에서 해원의 문제 해결 방식에

2 강진옥, 「설화의 문제해결방식을 통해 본 '인식'과 그 의미」, 『구비문학연구』 제3집, 구비문학회, 1996, 265~298면.

주목하여 문제 해결의 요체와 그 의미를 규명하기도 하였다. 그리고 구체적으로 이 작품에 대해 논의한 연구는 임재해[3]의 귀신설화에 대한 연구이다. 그는 이 작품을 귀신설화 중 사람과 귀신이 서로 도움을 받는 관계가 설정된 작품으로 분류하고, 여기에 주검은 곧 귀신과 더불어 존재한다는 믿음이 깔려 있다고 보고 있다.

그리고 이 설화의 기본적 모티브는 죽은 사람과 산 사람의 교류이다. 시간이라는 비윤리적 행위가 아니더라도, 죽은 이가 산 사람에게 나타나 연정을 나누고 인간적인 교류를 이루는 이야기는 꽤 많다. 그래서 본 연구는 고전소설에 자주 제시되는 명혼모티브에 관한 연구도 연구의 바탕으로 삼았다. 명혼소설에 대한 수많은 연구 중에 박일용[4]은 고전소설 <만복사저포기>에 제시된 '명혼(冥婚)'의 형상화 방식과 의미를 고찰하며, 이는 '불교적 인연론'과 상응된다고 보고 있다. 여타의 논의들에서 '명혼'을 사실적 사건처럼 인식하여 내면심리 표출이나 환상적 욕망 충족으로 보는 점에 아쉬워하며, 남성 주인공이 이 초현실적인 사건의 체험을 통해서 얻은 '각성' 내용에 초점을 맞추어야 한다고 주장하고 있다. 이 역시 머슴총각의 발복에 결정적인 역할을 하게 되는 지점을 포착하는 데에 유념해야 되는 견해라고 본다.

파격의 인과관계를 분석하기 위해 위와 같은 선행연구들을 기반

3 임재해, 「귀신설화에 포착된 인간과 귀신의 만남 양상과 귀신인식」, 『구비문학연구』제25집, 한국구비문학학회, 2007, 281~333면.

4 박일용, 「<만복사저포기>의 형상화 방식과 그 현실적 의미」, 『고소설연구』제18집, 한국고소설학회, 2004, 33~58면.

으로 하여 설화<죽은 처녀 겁탈하고 복 받은 머슴>의 서사를 분석하였다. 특히 머슴총각이 당면한 문제가 무엇이고 그것을 어떤 방식으로 대응하는 가에 주목하여[5] 이 작품의 서사적 논리 안에서 머슴총각의 행위에 대해 평가하려고 한다. 비윤리적인 행위 이면의 중요한 지점을 포착하는 방식으로 분석해야 시간과 발복의 인과관계에 대해 논리적으로 설명이 가능할 것이기 때문이다.

또 한편으로는 이러한 파격의 인과관계가 다른 작품들에서도 발견되는가 하는 살피는 작업이 필요하다고 보았다. 한 작품 안에 발견되는 파격의 인과관계가 논리적인가를 확인하는 작업 또한 중요하지만, 그러한 파격의 인과관계가 다른 작품에서도 발견된다면 그 해석이 더욱 유효하다고 볼 수 있기 때문이다. 게다가 그 이야기가 전달하는 파격의 인과관계가 우리 삶의 어떤 지점에 대한 것인가를 분명히 할 수 있으리라고 본다. 이에 본 연구는 이 작품 이외의 다른 설화작품은 물론, 현대의 영화작품에서 다루고 있는 파격의 인과관계를 포착하고 서사적 상동성을 확인하고자 한다. 다른 설화작품, 현대 영화작품과 견주어 살피면 이 작품에 대한 이해도 심화되리라 기대한다.

---

5 인물이 취한 대응방식의 건강성을 타진하는 방식의 분석과 우리 삶과 연결 지어 고찰하는 작업은 문학치료학적 해석이라고 할 수 있다. 문학치료학은 작품 속에 내재된 서사의 건강성으로 나약한 자기서사의 건강성을 보충·강화·통합을 추구하는 치료의 원리를 밝히는 학문이다. 본고에서 제시된 기본 관점들은 정운채가 정립한 문학치료학의 서사이론을 바탕으로 하고 있다. 문학치료학의 기본적인 사항들이 자세히 제시된 연구로는 정운채, 「문학치료학의 서사이론」, 『문학치료연구』제9집, 한국문학치료학회, 2008, 247~278면. 을 들 수 있다.

## Ⅱ. 윤리를 초월한 파격의 인과관계가 그려낸 특별한 인연

설화 <죽은 처녀 겁탈하고 복 받은 머슴>의 기본적인 줄거리는 다음과 같다.[6]

(1) 장가를 가지 못한 남자가 남의 집 머슴을 살고 있었다.
(2) 오뉴월에 장마가 져서 큰물이 났는데 남자는 소를 굶길 수가 없어서 꼴을 베러 나갔다. 그런데 남자가 가다 보니 웬 색시가 물에 떠내려 와서 건졌는데 숨이 끊어진 것이었다. 남자가 색시를 만져보니 왠지 숨이 있는 것 같았다. 그래서 남자는 색시를 풀숲에 업고 들어가 겁탈하고 그곳에 잘 두고 나왔다.
(3) 이튿날 남자의 꿈에 한 색시가 나타나 남자 덕에 처녀귀신을 면했다며 고맙다고 했다. 그러면서 색시는 아무데에 있는 큰 부잣집이 자신의 집이니 가서 자신의 이야기를 하라고 했다.
(4) 남자가 자고 나서 생각해보니 꿈이 하도 야릇해서 처녀가 알려준 그곳을 찾아 갔다. 남자는 처녀의 아버지에게 물에 떠내려 오는 처녀를 건져 놓았다는 이야기를 했는데, 부잣집 사람들이 처녀를 확인하고는 자신의 딸이라고 했다.
(5) 그날 밤 남자가 잠을 자는데 또 색시가 나타나서 덕분에 집도 찾고 원도 풀었다며 자신은 죽은 사람이지만 확실히 그곳은

6 이 설화는 유사한 구조의 작품이 『한국구비문학대계』에 3편 가량 수록되어 있다. 이 줄거리는 『문학치료 서사사전』을 참고하였다. (정운채 외, 『문학치료 서사사전』 제3권, 도서출판 문학과 치료, 2009, 2873~2874면.)

남자의 처갓집라고 하였다. 그리고 처녀는 남자에게 자신의 집에 다시 찾아가 보라고 했다.

(6) 남자가 그 집을 다시 찾아가서 대감을 만났다. 대감이 남자를 보니 꽤 씀직하다 생각을 했다. 남자는 집에 들어가 처녀의 아버지에게 절을 넙죽하고 처녀를 겁탈한 일을 솔직하게 이야기를 했다.

(7) 그러자 처녀의 아버지가 남자에게 이제 자신의 사위라며 집이 어디냐고 물었다. 남자가 혼자서 집도 없이 살고 있다고 하자, 처녀의 아버지는 남자에게 이제부터 자신의 집에 머무르라고 했다. 그리하여 남자는 처녀의 집에서 살게 되었는데 처녀의 아버지가 남자에게 말을 시켜보니 말도 곧 잘하기에 공부를 시켰다. 그리고 색시를 골라 양녀로 삼고 새장가를 들여 주었다.

(8) 그런데 새장가를 들어 낳은 아이들이 계속 죽는 것이었다. 그래서 남자가 점을 쳐보니 본처가 아이를 가져가는 것이라고 했다. 점쟁이는 아이를 키우려면 제사를 잘 지내주라고 했다. 그래서 남자는 여자가 물에 떠내려 온 날에 제사를 잘 지내주었고 그 후로는 아들을 낳아 잘 키우며 살게 되었다.

이 이야기의 기본 구조를 정리하면 다음과 같다.

| 머슴총각이 죽은 처녀를 겁탈<br>⇩<br>죽은 처녀의 해원<br>⇩<br>머슴총각의 발복 |
|---|

앞서 말했듯이 시간(屍姦)이라는 비윤리적인 행위가 발복의 계기가 되었다는 인과관계를 설명하기 위해서는 이 작품의 서사를 면밀히 살펴 볼 필요가 있다. 삶의 획기적인 변화를 겪게 되는 인물은 머슴이므로, 본 연구는 머슴을 중심에 두고 각 인물이 처한 핵심 문제와 그에 대한 대응방식을 살펴보고자 한다.

먼저, 작품 전반부의 머슴총각이 처한 핵심 문제는 참을 수 없는 성적 충동이라고 할 수 있다. 이 작품과 동일한 구조를 띤 각편 세 편에 모두 머슴총각에 해당하는 인물들은 늦도록 장가를 가지 못한 노총각으로 설정되어 있다. 머슴 신분에 장가도 가지 못한 노총각이라는 인물설정은 그의 삶의 애환을 짐작하게 한다. 그는 성적으로 결핍된 상황일 수 있으며, 이러한 인물설정은 그의 주체할 수 없는 성적충동의 개연성을 마련한다고 볼 수 있다.

그가 죽은 처녀를 물에서 건져내고 느낀 것은 그녀가 살아 있다는 착각이었다. 그것을 실수라고 가정하면, 이는 강한 무의식의 발현으로 이해할 수 있다. 그의 실수는 바로 그의 무의식이 반영된 행위이며 그의 욕망이 무엇인지를 드러내는 단서라고 할 수 있다. 여인과 동침을 하고 싶다는 그의 욕망이 죽은 처녀가 살아있다고 여기는 실수를 만들어낸 것이다.

머슴총각은 주체할 수 없는 성적 충동을 느끼고 죽은 처녀를 범한다. 이는 비윤리적인 행위인데, 비윤리적 행위를 저지를 때는 일종의 두려움을 경험할 것이다. 총각은 비윤리적 행위에 대한 처벌의 두려움보다는 자기 내면의 강한 충동을 중심에 두고 행동했다. 그 순간만큼은 총각의 자신이 원하는 일에 강하게 몰두하고 있었던 것이다.

다행히도 머슴총각의 행위는 죽은 처녀의 해원의 문제로 이어진다. 죽은 처녀는 총각의 행위에 감사함을 느낀다. 죽은 처녀는 시집도 가보지 못한 원한이 남았는데, 총각의 과감한 행동으로 인해 죽은 처녀는 처녀귀신을 면하게 된다. 총각의 지혜나 직감으로 인한 결과는 아니었으나, 이 작품의 전개는 총각의 비윤리적인 행위가 죽은 처녀의 욕망과 일치했던 것으로 흘러간다. 죽은 처녀의 성적 욕망과 머슴 총각의 성적 욕망이 맞닿아 있었던 것이고, 우연히 비윤리적인 행위가 죽은 처녀의 해원, 구원의 행위가 되었던 것이다.

머슴총각의 행위가 현실에서 벌어질 사건이라면 마땅히 비난 받아야 하지만, 설화 속에서 가능한 상황이라는 것과 시간 이후의 머슴총각의 처사를 고려하면 어느 정도 이해가 가능하다. 작품 후반부에는 죽은 처녀와의 관계가 직접적으로 이루어지는데, 이때 머슴총각이 당면한 문제는 눈앞에 없는 성적 대상과의 관계 유지의 문제이며 이에 대한 머슴총각의 대응 방식을 살펴보면 다음과 같다.

죽은 처녀는 꿈에 나타나 자신의 상황을 집에 알려줄 것을 요구한다. 이에 대해 총각은 아무런 의심 없이 죽은 처녀의 말을 따른다. 그리고 그 집의 사위가 되어 양딸과 사는 와중에도 죽은 처녀를 첫째 부인으로 인정하고 예우한다. 이렇게 눈앞에 없는 성적 대상과의 관계를 어떤 방식으로 유지하는가의 문제에 대해 총각은 처녀의 요구를 성실히 이행했던 것이다.

특이한 사항은 총각이 처녀의 요구를 수행하는 과정에서 꿈이나 점쟁이의 말에 깊은 의미를 부여하고 있다는 점이다. 꿈이나 점괘와 같이 형이상학적인 메시지도 진지하게 받아들이며, 성공한 후에도 그녀를 첫째 부인으로 예우하는 등 그녀와의 관계를 위해 성심을 다하고 있었던 것이다. 물론 자식들이 계속 죽게 되는 비운의 상황이 벌어지긴 하지만, 머슴총각이 재빨리 처신할 수 있었던 것도 죽은 처녀의 메시지를 가볍게 여기지 않는 태도에서 비롯되었다고 볼 수 있다.

그렇다고 할지라도 머슴총각의 행위는 비윤리적인 것이 틀림없는데, 이 비윤리적인 행위와 발복이라는 파격적인 인과관계는 어떻게 정당화될 수 있을까. 총각의 시간 행위에 어느 정도 정당성이 부여되는 측면이 있다는 것이 중요한 사항이다.

서른 살이 다 되어 가도록 장가를 가지 못한 머슴총각에게 성적 충동은 유희나 탐욕의 문제가 아닌 생존의 문제였을 것이다. 머슴총각이 솔직하게 반응할 수 있었던 것은 바로 극도의 결핍 상황에서 유발된 것으로, 이를 통해 머슴총각의 금기를 위반한 행위에 정당성이 부여되는 측면이 있다. 작품에서는 시간이라는 비윤리적인 행위가 단순한 탐욕이나 성적 유희가 아니라, 살기 위한 생존의 방식이었던 것으로 그려지고 있는 것이다.

그리고 총각의 행위가 비인간적인 행위로 인지되지 않는 데에는 또 다른 이유가 있다. 죽은 사람과의 성관계가 시체능욕죄로 평가받는 이유는 바로 상대에 대한 동의 없이 이루어지는 성관계이기 때문일 것이다. 머슴총각의 행위도 처녀의 동의 없이 이루어진 일이지만, 결과적으로는 의사 표현을 할 수 없는 죽은 처녀의 욕망과 맞닿아있었다. 그렇기 때문에 적어도 이 작품에서는 머슴총각과 죽은 처녀와의 성관계가 불합리하거나 착취의 모습으로 그려지고 있지 않다는 것을 알 수 있다.

게다가 머슴총각은 처녀와의 관계 후에 대가를 바라지 않는 순수성이 드러난다. 그야말로 순수한 증여인데, 증여는 증여물을 매개로 주는 사람과 받는 사람을 인격적으로 연결하는 작용을 한다.[7] 왜냐하면 증여에 의해 기쁨이나 신뢰와 같은 강렬한 감정이 발생하기 때문에, 증여의 고리가 움직일 때 영력(靈力)이 움직인다고 하는 것이다.[8] 이러한 관점에서 보면, 총각의 죽은 처녀와의 관계에서 벌어지는 일들은 증여의 행위로 볼 수 있다.

총각이 죽은 처녀를 물에서 건져 올린 일도 그러하고, 성관계를 가짐에 있어서 죽은 처녀에게 책임과 의무를 요구하지 않았던 반면에 죽은 처녀가 요구하는 바에 대해서는 성실하게 임한 것도 그러하다. 이는 바로 단일한 가치척도로 이해를 따지지 않았던 순수증여의 행위이며, 이러한 순수증여의 행위로 인해 감정이 강화되고 영혼의 유동과 증식이 이루어져 죽은 처녀와의 정서적인 교감이 가능했고

7 나카자와신이치 저, 김옥희 역, 『대칭성인류학-무의식에서 발견하는 대안적 지성』, 동아시아, 2004, 109면.

8 위의 책, 110면.

결과적으로 성공적인 인간관계로 이끈 것이다. 이는 머슴총각이 지니고 있는 성품과 직결되는 부분이다.

이러한 머슴총각의 특성을 잘 드러내는 구절은 다음과 같다. 홍수가 난 상황에서도 머슴총각은 소의 먹이를 구하기 위해 밖으로 나왔다. 이 지점에서 말로 소통할 수 없는 동물의 내면도 헤아리는 이해심과 자신의 안위가 보장되지 않은 위험한 상황 속에서 희생하는 머슴총각의 배려 깊은 성품이 드러난다. 죽은 처녀와의 관계 속에서도 역시 그러하다. 만남의 결정적인 계기는 물에 떠내려 오는 시체를 건져 냈던 총각의 행위에서 가능했다. 그리고 꿈과 점괘를 통해 처녀의 바람을 헤아리고 실천하기 위해 노력했다. 이 또한 머슴총각의 대상에 대한 이해심과 배려심이라 볼 수 있다.[9]

두 번째, 시간과 발복의 인과관계를 이해하는 데에 머슴총각과 죽은 처녀의 성관계는 서로의 에너지를 주고받은 성공적인 성관계로 볼 수 있다는 점이 중요하다. 성관계와 에너지 교환, 그리고 인생살이의 직접적인 관련성을 제시하는 것이 바로 도가의 방중술인데, 머슴총각의 행위와 발복의 인관관계를 이해하는 데에 도가의 성에 대한 관점으로 해석될 수 있다.

도가에서는 에너지의 근원인 정(精)[10]을 보충하는 방법으로 성관계

---

9 강진옥은 원귀형 설화의 문제 해결자의 자질로 인식력 획득, 인격적 성숙으로 보고 있으며, 임재해 역시 사람이 주검을 기피하지 않고 산 사람처럼 대하자 귀신으로부터 보은을 받았다고 보고 있다. 이러한 관점은 머슴총각의 특성과 결부되는 측면이 있다고도 볼 수 있다. (강진옥, 앞의 글, 265~298면; 임재해, 앞의 글, 281~333면.)

10 도가에서는 사람의 생명을 '기(氣)·정(精)·신(神)'으로 보았다. 신(神)은 몸의 주인이고, 정(精)과 기(氣)는 그 몸을 이루며 신(神)을 유지한다. 정(精)과 기(氣)는 서

를 하나의 수련법으로 인식하였으며, 그 수련방법을 정을 보완한다[11]는 원리로 설명한다. 자극되어 활성화된 성에너지가 발산되어 대상과의 에너지 교류를 통해 음양의 기운이 보완되었다가 다시 자신에게로 되돌아오는 과정이 필요하다는 것인데, 즉 건강한 성관계를 통해 에너지를 확보할 수 있다는 견해인 것이다. 그리고 이 과정에는 질적 건강성이 보장된 대상의 적절함과 오르가즘에 이르기 위한 절차 과정[12]이 보장되어야 한다는 것 등이 전제되어 있다.

---

로를 길러 주는데, 정(精)이 극에 달하면 기(氣)로 변하고 기(氣)가 모이면 정(精)이 가득 찬다. 그리고 정(精)은 신(神)을 이루는 창조적인 사고와 정신, 즉 심(心)을 움직이는 에너지의 원천이기도 한데, 다시 말해 정(精)은 인간의 생물학적 주체와 형이상학적 주체를 이어주는 교량역할을 하는 것이다. 이러한 정(精)은 남녀가 교합하여 새 생명을 만들기 전에 먼저 생겨나는 것으로, 성에너지이자 인간의 생명력의 가장 근본이 되는 원천적 생명력이다. 정(精)은 몸의 근본이며, 태어날 때부터 지니고 나와 음식물 섭취이나 호흡에 의해 생성되기도 한다. 음식의 섭취는 신체에 흡수되어 에너지를 공급할 수 있는 형태로 될 때에 분석단계를 거치게 되지만, 우리의 성에너지, 섹스에 대한 생각이나 자극은 즉각적으로 인간의 뇌에 들어와 인간의 정신 상태와 육체의 감각을 변경시킨다. 그렇기 때문에 고대 중국에서는 성관계를 정(精)을 보충하는 처방 중에 가장 효율적인 방법으로 보았으며, 기(氣)의 흐름을 이용한 최고의 치료법으로 여겼던 것이다. (섭덕휘, 최창록 역, 『<황제소녀경> 완역판』, 도서출판 선, 2005;섭덕휘, 최형주 역, 『소녀경』, 자유문고, 2004; 만탁치아, 권성희 역, 『정통도교 섹스의 비밀 성도인술』 남성편 여성편, 하남출판사, 1999. 참고)

11 도가의 방중술에서는 그의 요체를 '사정을 하지 않고 정을 보호한다.'라고 전한다. 방중술의 환정법(還精法)이란, 성기가 제대로 발기되어 교접하면서도 사정하지 않음으로 정기를 환원시키는 것을 말한다. (섭덕휘, 앞의 책, 41면.) 여기에서 사정을 하지 않는다는 것은 모든 생명의 근원을 정액으로 판단하고 그것을 보호하고 신체에 지니는 것과 성관계 중에 발생하는 성적 충동의 에너지를 다시 자신의 몸으로 되돌려 정을 보완하는 원리를 의미한다.

12 방중술에서 말하는 성공적인 에너지 교류 과정이 제대로 진행되려면 우선 남자와 여자의 성관계는 절도(節度) 있게 이루어져야 한다. 우선 기(氣)를 안정시키고 마음을 편안하게 하고 의지를 평화롭게 하여야 하고, 이 상태에 이르면 신명(身明)이 한 곳으로 집중되어 춥지도 덥지도 배고프지도 배부르지도 않게 된다. 이에 몸이 균형을 이루고 신체가 안정이 되는데 이때 남자의 성기를 얕게 넣어 서서히 움직이면 여자는 쾌감을 느끼고 남자는 원기가 왕성하여 쇠하지 않게 된다. 이러한 성

방중술에서 말하는 성공적인 성관계를 이 작품에 대입하여 생각해보면, 머슴총각과 죽은 처녀는 서로에게 있어서 서로의 결핍된 에너지를 보완해줄 수 있는 적절한 대상이었다고 볼 수 있다. 머슴총각의 입장에서 죽은 처녀는 비록 형상은 시체였으나 머슴총각에게 결핍되어 있는 사회적·경제적인 능력을 내재하고 있었던 존재였다. 이는 죽은 처녀의 입장에서도 마찬가지이다. 처녀 귀신을 면하는 일과 집으로 돌아가 장례가 치러질 수 있도록 하는 일에 있어서 죽은 처녀에게 결핍된 것은 살아 움직일 수 있는 신체였다. 죽은 처녀에게 결핍되어 있던 것 역시 머슴총각에 구비되어 있었던 조건이었던 것이다.

우연에 의한 것이었지만 결과적으로 그들의 성관계는 서로의 문제를 해결하는 계기로 작용했다. 죽은 처녀가 가진 사회적·경제적인 능력과 머슴총각이 지닌 살아 움직일 수 있는 신체를 그들 각자가 몸에 지니고 있는 일종의 에너지로 치환하여 이해한다면, 성관계로 말미암아 그들의 에너지가 그대로 대상에게 전이된 것이라 할 수 있다. 결국 그들의 성관계는 서로의 결핍된 부분을 보완해주는 성공적인 에너지 교류 과정으로 볼 수 있는 것이다.

그들이 에너지 교류에 성공할 수 있었던 동력은 머슴총각이나 죽은 처녀의 선험적 지식으로부터 기인한 것은 아니었다. 하지만 적어도 서사의 흐름 안에서는 성공적인 에너지 교류의 요건을 고루 갖춘

---

관계의 방법을 '절도(節度)'라고 한다. 그러므로 성관계가 제대로 이루어지면 남자는 오래 교접을 하더라도 쇠약해지지 않고 여자는 몸에 있는 모든 질병이 제거될 수 있으며, 성관계의 과정에서 마음과 뜻이 함께 즐거워야 남자와 여자의 기력이 강성해지는 것이다. (섭덕휘, 앞의 책, 43면.)

성관계로 평가할 수 있다. 즉, 두 사람의 에너지 교류는 머슴총각의 행위와 발복의 인과관계를 논리적으로 설명해주는 하나의 단서라고 할 수 있을 것이다.

세 번째 중요한 문제는 머슴총각이 관계 맺는 대상이 죽은 사람이라는 점이다. 죽은 사람과의 성관계는 동의 없는 성관계가 가능하기도 하지만, 동시에 그 행위에 대한 책임이 제약되어 있지 않기도 하다. 상대방의 의사와 그에 대한 책임을 무시할 수 있다는 점에서 '시간'의 행위는 얼마든지 비윤리적일 수 있다. 하지만 머슴총각은 그녀의 요구를 이행하기 위해 망설이지 않는데, 총각의 행동은 대상에 대한 깊은 이해심이라 평가할 수 있다.

우리가 대상과의 관계에서 대상의 내면을 읽어내기 위해서는 감각을 통해 얻어지는 객관적인 정보뿐만 아니라, 직관과 같은 능력도 요구 된다. 특히 죽은 사람과 같이 소통이 원활하지 못한 대상과의 관계에서 객관적인 정보로만 대상을 이해하기는 불가능할 것이다. 이러한 어려운 상황에서도 총각은 죽은 처녀의 바람을 이해하기 위해 성심을 다했다. 이 지점에서 머슴총각이 죽은 처녀와의 관계를 가볍게 여기지 않고 있다는 점이 드러난다. 단순히 쉽게 해결할 수 있어서, 책임지지 않을 수 있어서 맺은 성관계가 아니라는 것이다.

대상의 동의를 구하지 않아도 된다는 것과 그 행위에 대한 책임이 제약되어 있지 않다는 것이 시간이라는 행위의 비윤리적인 측면이라면, 머슴총각은 두 사항을 훼손하고 있지 않다. 전자는 머슴총각의 욕망이 죽은 처녀의 욕망과 일치하여 극복될 수 있었으며, 후자는 머슴총각이 죽은 처녀를 첫째 부인으로서 인정하고 예우해주는 태도를 취해 능동적으로 해결하고 있음을 확인할 수 있다. 즉, 시간이라는 행위를 비윤리적으로 평가하는 것은 대상에 대한 무절제에 대한 경계로 이해할 수 있는데, 정작 총각의 행위는 그것을 넘어서고 있지 않다는 것이다.

인간은 자신의 행위가 윤리와 규범으로부터 벗어날 때 일종의 공포감을 느낀다. 그런 점에서 시간의 행위는 금기적인 속성을 지녔다고 볼 수 있다. 바타이유는 인간은 금기에 대해 공포감을 느끼지만 언제나 금기를 준수하기 보다는 오히려 금기가 우리를 충동질 할 수 있으며, 금기에 대한 위반은 금기를 부정하는 것이 아니라 오히려 금기를 초월하고 완성하는 것이라고 말했다. 성이 인간 삶의 금기를 위반하고 초월함으로써 금기가 지닌 진실을 깨닫게 되고 인간의 존재의미를 가져다준다는 것이다.[13]

이러한 측면에서 머슴총각의 금기에 대한 위반은 오히려 금기가 우려하고 있는 지점을 초월한 행위로 평가할 수 있으며, 이로 인해 이 설화를 바라보는 우리는 이 금기가 지닌 진실에 대해 통찰할 수 있게 된다. 말할 수 없는 대상이라고 해서 무절제하여 비인간적으로 대할 수 없다는 것이 이 작품에서 말하고 있는 시간이라는 금기의 속성이다. 결국 머슴총각은 죽은 처녀를 겁탈해서 이 금기의 표면적 규제는 위반했지만, 죽은 처녀와 욕망이 일치했고 죽은 처녀에 대한 책임을 끝까지 이행하면서 이 금기의 이면적 규제는 위반하지 않았던 것이다. 설화 작품 속에 제시된 금기를 인간 삶의 원형적인 문제

13 G.Bataille, 조한경 역, 『에로티즘』, 민음사, 1989, 9~41면 참고.

에 대해 나아갈 길을 열어주는 '계시'[14]로 이해한다면, 이 작품 속의 시간이라는 행위는 두려움에 압도되어 표면적 규제를 준수하는 데에 급급하기 보다는 그 속에 내재된 참된 의미를 통찰하여야 금기를 초월할 수 있다는 의미를 지니고 있다고 볼 수 있다.

## Ⅲ. 파격의 인과관계가 내재된 작품들

이 작품에 반영되어 있는 시간(屍姦)과 발복(發福)의 논리는 머슴총각이 탐욕으로 저지른 사건이 아니었다는 점, 결과적으로는 처녀의 욕망과 일치된 성공적인 성관계였다는 점, 대상에 대한 무절제라는 비윤리적인 면을 초월하고 있다는 점으로 설명할 수 있었다. 물론 지혜와 안목으로 머슴총각이 주동한 일은 아니었으나, 서사의 흐름이 이러한 파격적 인과관계의 틈새를 메우고 있음에는 틀림없다. 이번에는 이러한 논리가 내재되어 있는 작품들을 살펴봄으로써, 파격적 논리에 대한 이해를 깊이 있게 다루고자 한다.

먼저 살펴볼 작품은 <비싼 점치고 나무에 묶인 머슴>[15]이다.

어떤 남자가 밤낮 남의 집에서 머슴살이를 하며 더러운 팔자로 사는

14 신동흔, 「설화의 금기 화소에 담긴 세계인식의 층위 -장자못 전설을 중심으로」, 『비교민속학』33집, 비교민속학회, 426면.

15 <비싼 점치고 나무에 묶인 머슴>은 『한국구비문학대계』에 총 23편 수록된 작품이다. (정운채 외, 『문학치료 서사사전』제2권, 도서출판 문학과 치료, 2009, 1436면.)

자신이 싫었다. 그래서 남자는 자신의 팔자를 알아보기 위해 머슴살이를 하여 힘들게 모은 돈 오백 냥을 가지고 서울에서 점을 잘 보기로 소문난 박판수를 찾아가기로 했다. 이튿날 남자가 박판수에게 찾아가 오백 냥을 주고 점을 보려고 하는데, 갑자기 하인들이 다짜고짜 덤벼들어 남자를 묶더니 문 밖으로 데려가 소나무에 매달았다. 남자는 소나무에 묶여 고통스러웠는데 비가 퍼붓고 바람이 세차게 불어 몸이 이리저리 구르다가 땅에 뚝 떨어졌다. 남자는 기회다 싶어 몸을 바닥에 문질러 줄을 풀고는 비를 피하기 위해 염을 하려고 놓은 송장들을 끄집어내고 그 밑에 들어가려 하였다. 그런데 여자 송장에서 사각사각 소리가 나는 것이었다. 남자가 송장의 가슴에다 손을 얹으니 아직 온기가 남아 있어 그것을 들쳐 업고 여관으로 달려가 송장을 방에다 눕혔다. 그리고 남자가 품어서 따뜻하게 해주니 여자가 정신을 차렸다. 여자는 장안골에 사는 박판서의 딸인데 마마손님을 앓아 죽을 지경이 되자 내버려진 것이라며, 자신이 살아있다는 편지를 아버지에게 전해 달라고 부탁했다. 편지를 받은 박판서는 딸의 필적을 알아보고 남자에게 어떻게 된 일이냐고 물어 남자로부터 그간7의 모든 이야기를 듣게 되었다. 하지만 박판서는 딸의 얼굴을 보기 전에 남자의 말을 믿을 수가 없어 큰 아들에게 가서 확인하라고 시켰다. 큰 아들이 가서 보니 죽은 줄 알았던 여동생이 살아 있었다. 집으로 돌아온 여자의 몸이 건강해지자 혼사가 들어왔는데 여자는 시집을 가지 않겠다고 하였다. 부모가 시집을 가지 않는 것이 말이 되느냐고 하자 딸은 자신은 죽을 몸이었다며 살려준 은인에게 시집을 가겠다고 했다. 부모가 글자도 모르는 놈한테 어떻게 시집을 보내느냐며 반대를 하자, 딸은 허락해주지 않으면 죽겠다고 하여 부모의 허락을 받아냈다. 남자는 여자와 혼인을 하고 가진 게 없어서 처가살이를 했는데, 처남들은 글도 모르는 매부를 늘 마음에 들지 않아 했다. 결국 처남들은 매부를 죽이고 여동생을 다시 시집보내야겠다고 생각하여 매부를 불러 집을 마련해 놨으니 먼저 가 있으라고 하며 누구라도 하룻밤만 자면 죽는 흉가에 들여보냈다. 흉가로 들어간 남자가 방에 누워 있었는데 밤중이 되자 천병만마(千兵萬馬)가 다가오는 것 같은 소리가 나다가 갑자기 삼정승 어른이 계시니 꼼짝 말라는 소리가 들리더니 모두 기척 없이 달아나 버렸다. 잠시 후 벼락 치는 소리가 나고 대청마루에서 '탁' 하고 무엇인가가 떨어지는 소리가 나기에 남자가 내다보니 천장에서 돈이 떨어져 수북하게 쌓여 있었다. 다음 날 아침이 되자 하인들이 남자의 송장을 치우려고 궤짝을 들고 흉가로 오자 남자가 멀쩡하게 앉아 있다가 하인들이 가져온 궤짝에 돈을 수북이 담았다. 하인들은 놀라 집으로 가서 이 사실을 이야기하니 처남들은 천상배필이라며 동생을 흉가에 보냈다. 하루는 여자가 남자에게 글을 배워보라고 하며 남자에게 글을 가르쳤는데, 남자는 과거를 봐서 나중에는 정승까지 하였다. 남자의 성이 상씨라 사람들은 남자가 사는 동네를 상정승 골목이라 불렀다.

이 설화에서는 머슴살이를 하며 갖은 고생을 했던 남자가 평생 모은 돈으로 점을 본 후에 죽은 처녀를 만나 발복하는 이야기이다. 점쟁이에 의해 나무에 매달린 남자는 우연히 아직 온기가 남아 있는 여자 송장을 발견하고 다시 살려내어 그 처녀의 신랑이 된다. 그리고 처녀의 도움으로 정승까지 되는 발복을 맞이한다.

이 이야기에서는 이 남자가 모두들 죽었다고 생각했던 처녀를 무덤에서 꺼내온 일이 발복의 계기가 되었다고 그려낸다. 그러나 이 남자와 처녀의 만남은 <죽은 처녀 겁탈하고 복 받은 머슴>과 유사하다. 이 남자가 처녀를 보고 아직 살아 있다고 느낀 장면은 <죽은 처녀 겁탈하고 복 받은 머슴>과 유사하다. 다만 이 작품에서는 진짜 처녀가 살아있었기 때문에 남자의 관찰력으로 평가될 수 있었지만, <죽은 처녀 겁탈하고 복 받은 머슴>의 머슴총각의 경우는 진짜 죽은 처녀였기 때문에 착각으로 평가되었던 것이다. 약간의 차이는 있으나 죽은 처녀의 내면에 대한 인식이나 태도는 두 인물이 유사하다고 할 수 있다.

게다가 <비싼 점치고 나무에 묶인 머슴>의 남자가 처녀를 살려내는 행위는 머슴총각의 행위와 닮아있다. 유사한 서사구조를 지닌 작품 23편 중 몇몇의 작품에서[16] 총각이 처녀를 살려내기 위해 송장을 품는다거나[17], 전신을 주물러준다거나[18], 입을 맞추어 숨을 불어주는[19] 등 신체적인 접촉을 통해 처녀를 회생시키고 있었다. 남자와의

16 본 연구에서 자료로 제시하는『한국구비문학대계』에 수록된 작품들의 각편들은 줄거리가 요약된 형태인『문학치료 서사사전』의 원문을 참고한 것이다.

17『한국구비문학대계』2-9, 748~754면, 주천면 설화2, 박판수에게 점을 친 이야기, 이상진(남, 71) 편. (정운채 외,『문학치료 서사사전』제2권, 도서출판 문학과 치료, 2009, 1437면.)

18『한국구비문학대계』4-3, 506~514면, 둔포면 설화12, 점장이가 지시한 연분, 홍원유(남, 81) 편. (정운채 외,『문학치료 서사사전』제2권, 도서출판 문학과 치료, 2009, 1443면.)
『한국구비문학대계』4-2, 155~160면, 신탄진읍 설화34, 덕다리 흉가에서 복을 주운 사나이, 오영석(남, 72) 편. (정운채 외,『문학치료 서사사전』제2권, 도서출판 문학과 치료, 2009, 1444면.)

19『한국구비문학대계』5-5, 721~727면, 정우면 설화11, 천냥점으로 팔자 고친 노총

신체적인 접촉이 처녀의 회생으로 이어진다는 것은 시간이 죽은 처녀의 해원의 계기가 되었다는 것과 관련된다. 작품 표면에서는 달리 구현되고 있으나 그 이면에는 유사한 논리가 내재되어 있을 가능성이 있다.

<비싼 점치고 나무에 묶인 머슴> 보다 노골적으로 성관계를 언급하고, 또 성관계가 발복으로 이어지는 작품은 <문둥이 처녀와 동침한 총각>[20]이다.

> 산 속에 문둥병 때문에 혼자 기거하는 처녀를 방문한 총각이 있었다. 총각과 하룻밤을 함께한 처녀는 총각이 다시 올 때에 주려고 술을 담았는데, 총각은 다시 돌아가지 않았다. 술이 익는 냄새가 퍼지자 술독에 구렁이가 들어가서 삭아 버렸는데, 아무리 기다려도 총각이 돌아오지 않자, 처녀는 죽기로 결심하고 그 술을 다 마셔 버렸다. 그 뒤 문둥병이 다 나아 아름다운 모습을 찾았다. 몸이 나은 처녀는 총각을 찾아 결혼하고 행복하게 살았다.

이 설화에서 문둥이처녀는 기피의 대상이라는 특성이 죽은 처녀와 유사하고, 다른 이들과 쉽게 소통할 수 없는 소외된 존재라는 점도 유사하다. 이러한 대상과 관계를 맺는 남성이 발복을 하게 된다

---

각 머슴, 춘기성(남, 85) 편. (정운채 외, 『문학치료 서사사전』 제2권, 도서출판 문학과 치료, 2009, 1447면.)

20 이 작품과 유사한 서사구조의 작품은 『한국구비문학대계』에 총 3편 수록되어 있다. (정운채 외, 『문학치료 서사사전』 제2권, 도서출판 문학과 치료, 2009, 1045면.)

는 것이 두 작품이 동일한 부분이라 하겠다.

특히 <문둥이 처녀와 동침한 총각>의 총각은 <죽은 처녀 겁탈하고 복 받은 머슴>의 머슴총각과 동일한 실수를 한다. <문둥이 처녀와 동침한 총각>의 각편에서는 총각이 우연히 만나게 된 문둥이 처녀를 예쁜 여인으로 착각한다.[21] 기피하는 대상에게서 아름다움을 느끼고 성적 욕구의 대상으로 삼는다는 점이 동일한데, 문둥이 처녀는 이 일을 계기로 문둥이 처지에서 벗어나게 된다. 이 역시 죽은 처녀의 해원과 동일하다.

이 일로 문둥이 처녀와 동침한 총각은 정승이 되거나 임금의 부마가 되는 발복을 맞이한다. 어느 각편에서는 총각이 아침이 되어 자신이 동침한 여인이 문둥이라는 사실을 알게 되고 도망가는 경우도 있다.[22] 그리고 겁탈이 아닌 서로의 동의에 의해서 성관계가 이루어진다는 점에서 <죽은 처녀 겁탈하고 복 받은 머슴>와 차이를 보인다. 그렇지만 비정상적인 대상과의 성관계가 발복의 계기가 된 것은 두 작품이 유사한 논리로 구성되어 있다는 증거라고 볼 수 있다.

또 다른 이야기에서도 비정상적인 대상과의 동침이 발복의 계기

21 『한국구비문학대계』 6-8, 423~424면, 황룡면 설화24, 문둥병 처녀 낫게 한 총각, 조병훈(남,70) 편과 『한국구비문학대계』 2-8, 678~681면, 영월읍 설화182, 부마가 된 머슴, 한춘혁(남, 73) 편이 그러하다. (정운채 외, 『문학치료 서사사전』 제2권, 도서출판 문학과 치료, 2009, 1046~1047면.)

22 "(9)아이는 색시의 얼굴이 기가 막혀 동품을 했는데 아침에 보니 문둥이였다. 아침이 되어 이 모습을 본 아이가 달아나려 하자 색시가 보따리를 붙들었다. 아이는 보따리를 내 버리고 달아났다." (『한국구비문학대계』 2-8, 678~681면, 영월읍 설화182, 부마가 된 머슴, 한춘혁(남, 73) 편. 정운채 외, 『문학치료 서사사전』 제2권, 도서출판 문학과 치료, 2009, 1047면.)

가 되는데, <거지 여자와 동침하고 벼슬 얻은 남자>[23]이다.

> 하동에 만석 부자인 권씨가 살았는데 권씨는 죽기 전에 벼슬을 해보아야겠다는 생각에 서울로 올라가 한 대감을 찾았다. 그리고 대감의 살림을 맡겠다고 하고 십 년을 일했지만 벼슬자리를 구하지 못했다. 하루는 권씨는 고향의 가족들이 다 죽게 되었으니 집에 들르라는 편지를 받고 고향으로 돌아갔다. 돌아가는 길에 주막에서 하룻밤을 묵다가 거지 여자를 만나 동침하였다. 권씨는 길을 떠나면서 거지 여자에게 자신의 이름을 남기고 아침을 사주었고, 주막 주인에게 돈 넉 냥을 주고 거지 여자의 옷을 마련해 달라고 부탁하였다. 거지 여자는 권씨와 하룻밤을 보내고 임신을 하여 주막에서 아이를 낳았다. 하루는 주막에 사람들이 와서 도박을 하는데, 한 사람이 돈을 모두 잃고 주막 주인에게 돈을 빌렸다. 주인은 권씨가 거지 여자에게 준 넉 냥을 빌려 주었는데, 그 돈을 빌려간 사람이 도박에서 이기게 되었다. 그 뒤로 거지 여자의 넉 냥을 빌려 가면 도박에서 이기게 된다는 소문이 났고 모두들 거지 여자의 넉 냥을 빌리려고 하였다. 그렇게 몇 년이 지나자 거지 여자는 돈을 많이 벌게 되었고 그 돈으로 서울 남대문 밖에 큰 기와집을 사고 문간 하인을 하나 얻어 돈 관리를 맡겼다. 여전히 그 돈을 빌려간 사람들은 돈을 떼어 먹는 일이 없었고, 여자는 부자가 되었다. 부자가 된 여자는 하동 사는 권 선달을 잊지 않고 만날 방법을 찾았다. 하루는 하

23 <거지 여자와 동침하고 벼슬 얻은 남자>은 『한국구비문학대계』에 동일한 서사구조를 보이는 작품이 총 10편 수록되어 있다. (정운채 외, 『문학치료 서사사전』 제2권, 도서출판 문학과 치료, 2009, 121~122면.)

동 사는 이방이 삼세(三稅)를 걷어 서울에 바치러 왔는데 계산을 잘못 해서 천 냥이 부족했다. 남대문 밖 여자에 대한 소문을 들은 이방은 그 집을 찾아 왔다. 여자는 하동에서 왔다는 말을 듣고는 이방에게 돈을 빌려준 뒤 권선달의 소식을 물었다. 이방은 권선달이 본래는 부자로 살았는데 지금은 다 잃고 나무를 팔아먹고 산다고 했다. 여자는 돈을 빌려 주며 돌아갈 때 다시 우리 집에 들르라고 했다. 이방이 다시 찾아 오자 여자는 돈 백 냥을 주면서, 그 돈을 권씨에게 주고 이곳에 한 번 들려달라는 말을 전해 달라고 했다. 고향으로 돌아온 이방은 권씨를 불러 백 냥을 주고 서울 남대문 밖에 여자의 말을 전해 주었다. 권씨는 아내에게 돈 백 냥을 주고 서울 남대문 여자를 찾아갔다. 여자는 버선 발로 달려 나와 반기며 권씨를 방으로 모신 뒤 아들을 불러 아버지라며 인사를 하게 했다. 그리고 장터에서 둘이 만난 내력을 이야기 했다. 한동안 권씨는 여자의 집에 묵으면서 대접을 받았다. 며칠이 지나자 여자는 권씨에게 돈 천 냥을 주면서 나가서 다 쓰고 오라고 했다. 권선달이 돈을 갖고 나가서 종로 네 거리를 돌아 다녔지만 막상 쓸 곳이 없어 그냥 돌아왔다. 그러자 여자는 그렇게 못나서 무엇이 되겠느냐며 배고픈 사람 밥도 사주고 헐벗은 사람 옷도 사 입히면 저 돈을 다 쓸 수 있지 않겠냐고 했다. 다음 날 권씨는 다시 천 냥을 가지고 나갔다. 그날 따라 어떤 사람이 팥죽 반 동이를 외상으로 달라고 팥죽장사와 실랑이를 벌이고 있는 것을 발견했다. 이에 권씨는 그 사람의 밀린 외상을 모두 갚아 주고 팥죽을 사 주었다. 그 사람은 사실은 한 대감의 하인이었는데, 대감이 반대세력에 밀려 벼슬을 관두자 가난해져서 이 하인이 가지고 온 팥죽으로 스물 명이 넘는 가족이 나누어 먹으며 살고 있었던 것이었다. 대감은 보통 때와 달리 팥죽 양이 많은 것을 보고 하인에게 죽의 양이 왜 이렇게 많은지 물었다. 그래서 하인은 그 날 아침 일을 설명했다. 대감은 그렇게 고마운 일이 없다며 권씨를 모셔 오게 했다. 권씨는 죽을 사고 남은 돈으로 대감댁의 양식과 살림을 마련해주었고, 대감의 집안 살림은 넉넉해졌다. 얼마 지나지 않아 대감의 반대 세력이 몰락하게 되었고 그 대감이 다시 조정에 들어가게 되었다. 대감은 권씨의 공로를 보답하겠다며 소원을 물었다. 그러자 권씨는 통영 통제사가 되는 것이 소원이라고 했다. 그래서 권씨는 통영 통제사가 되었고, 하동의 본처까지 데리고 와서 잘살았다.

이 작품에서는 오직 벼슬을 얻고자 상경했다가 빈털터리가 된 남자가 우연히 만난 거지를 품에 안은 일이 계기가 되어 자신의 꿈을 이루게 된다는 내용으로 구성되어 있다. 이 남자는 재기의 가능성이 없었지만 하룻밤 인연으로 인해 벼슬자리도 얻고 평탄한 삶을 살게 되는 발복을 맞이한다.

이 남자가 거지여자를 품에 안은 일은 <문둥이 처녀와 동침한 총각>의 경우보다 <죽은 처녀 겁탈하고 복받은 머슴>의 경우와 유사하다. 대부분의 각편에서 남자는 밖에서 추위에 떨고 있는 거지에게 연민을 느껴 방으로 들어오게 했다가, 그 거지가 여자임을 알게 되어 충동적으로 동침을 하게 된다.[24] 남자의 이러한 감정의 추이는 물

24 “거지는 아랫도리를 벗지 않으려고 애를 썼는데 벗겨 놓고 보니 여자였다. 홀로 십 년 동안 생활을 해 온 권씨는 그 여자와 하룻밤 잠을 잤다.” (『한국구비문학대계』 6-4, 155~171면, 쌍암면 설화4, 하동 권씨(權氏)가 통영 통제사(統制使)가 된 내력, 정태욱(남, 81)); “술에 취해 자려던 원서방이 부엌에서 추위에 벌벌 떨고 있는 거

에 떠내려오는 죽은 처녀를 건져내고 성적 충동을 느낀 머슴총각과 유사하다. 쉽사리 성적 충동을 느끼기 어려운 대상이라는 점도 동일하지만, 상대방의 동의를 구한 후의 성관계가 아니라는 점도 동일하다.

남자는 거지처녀에게 굶지 않도록 돈을 쥐어주는데, 자신도 가산을 탕진한 상황에서 그의 행위는 '선행'이었고, 발복의 원인으로 충분하다. 그렇지만 하룻밤 인연이 더욱 직접적인 계기를 마련했다. 그 일로 거지 처녀는 아들을 잉태하게 되고, 그 아들이 아비를 찾아 나서서 부자가 된 거지처녀와 남자의 재회가 가능했기 때문이다. 그들의 성관계도 발복의 계기가 되었다는 것은 부인할 수 없는 사실이라는 것이다.

이렇게 다른 작품들과 함께 견주어보면, <죽은 처녀 겁탈하고 복 받은 머슴>에서 상세하게 다루지 않아 부각되지 않았던 지점이 드러나기도 한다. 이 작품에서는 죽은 처녀에게 성적 충동을 느낀 것에 대한 그 의미를 부여하지 않은 것으로 형상화되어 있다. 그러나 유사한 논리가 내재된 다른 작품과 견주어 살펴보니, 그 이면에 특

---

지 한 명을 보고 방으로 들어오게 했다. 자다 보니 안 된 생각이 들어 원서방이 이불 속에서 자라고 끌어당겼는데 손이 가슴에 닿아 여자인 것을 알고는 동침을 했다." (『한국구비문학대계』 3-4, 543~549면, 학산면 설화7, 거지와 동침하고 팔자 고친 원서방, 정필래(남, 54)); "어떤 여자가 바깥에서 추위에 떨고 있었다. 이진사가 불쌍하게 생각하고 방 안으로 들어오라고 했는데 자다가 여자가 탐나서 같이 잤다." (『한국구비문학대계』 1-4, 439~449면, 미금읍 설화20, 해남 이진사, 윤선식(남, 66)); "담벼락에 웬 거지같은 여자가 있었다. 곽씨는 술도 취하고 화가 난 상태였기 때문에 마음이 동해 그 여자를 겁탈하였다." (『한국구비문학대계』 7-9, 446~455면, 풍산읍 설화13, 과거길에 맺은 현풍 곽씨의 인연, 김기동(남, 65)), (정운채 외, 『문학치료 서사사전』제2권, 도서출판 문학과 치료, 2009, 121~130면.)

별한 의미가 존재한다는 것을 알 수 있다.

바로 머슴 총각이나 죽은 처녀나, 다른 작품 속의 남자 주인공들이나 죽은 줄로만 알았던 처녀, 문둥이 처녀, 거지처녀가 모두들 중심으로부터 소외된 인물이었다는 것이다. 스스로 자신의 욕구를 마음껏 충족할 수 없는 존재였다. 사실 죽은 처녀는 사회적 기피 대상이라기보다는 물리적으로 사회 구성원 자체가 될 수 없는 대상이기도 하다. 그러나 이 작품 안에서 죽은 처녀는 한 남자의 여인이 되고 싶은 소망과 그들과 함께 하고 싶은 소망을 품고 있는 존재이며, 다만 '시체'라 하여 그 현실조건이 극대화되어 형상화된 것으로 이해하면 다른 여주인공들과 유사한 속성의 인물이라고 판단할 수 있다. 욕망을 충족할 수 없는 사회적 여건 및 제 몸을 마음대로 움직일 수 없는 물리적 여건 등 열악한 현실조건이 정도의 차이가 있다고 인정하면 다른 인물들과 유사한 속성의 인물이라고 볼 수 있을 것이다.

이렇게 이야기들 속 여성과 남성 주인공들은 여러 가지 이유로 사회의 중심 권역에서 밀려난 소외된 이들이라는 특성을 가지고 있다. 그리고 그들은 자신의 욕망을 충족할 수 없는 위치에 소박되어 있다가 서로를 만나고, 서로를 통해 그 한을 해소할 수 있었다. 즉, 비윤리적이거나 비정상적인 성관계가 발복의 계기가 된다는 논리가 내재된 작품들에서는 중심에서 소외된 인물들의 서로를 통한 해원이라는 중요한 문제가 관여하고 있는 것이다.

현대작품 가운데도 비윤리적이거나 비정상적인 성관계가 발복의 계기가 된다는 파격의 논리가 반영된 또 다른 작품을 발견할 수 있다. 영화 <오아시스>가 그러하다. <오아시스>는 2002년 이창동 감독의 작품이다.

> 이제 막 출소한 종두(설경구)는 뺑소니 사고의 피해자 가족을 찾아갔다가 혼자 살고 있는 뇌성마비장애인 공주(문소리)를 보게 된다. 공주가 계속 생각났던 종두는 몸을 자유롭게 움직일 수 없는 공주를 범하였고, 공주는 기절했다. 그 일이 있은 후에 공주는 종두에게 전화를 걸었고, 자연스럽게 두 사람은 연인의 관계로 발전했다. 사실 종두는 스스로 형의 뺑소니 범죄를 뒤집어썼던 것인데, 종두가 공주를 가족들에게 소개시켜 주자, 가족들은 장애인이면서 교통사고 피해자의 가족인 공주를 꺼려하며 외면하였다. 그 일로 두 사람은 다투었지만, 공주는 자신을 가족에게 당당히 소개한 종두가 사랑스러웠고, 스스로 자신의 몸을 허락한다고 말했다. 두 사람이 동침을 하는 순간 공주의 오빠 부부가 찾아왔고, 공주의 가족들은 종두를 강간범으로 신고하였다. 모두들 차마 성욕이 생겼느냐며 종두를 파렴치한으로 몰았지만, 흥분하면 더욱 말을 하기 어려웠던 공주는 아무 대응도 하지 못했다. 구치소에서 도망쳐 나온 종두는 밤마다 공주를 무섭게 만들었던 나무 그림자를 없애기 위해 노력했고, 그러한 종두에게 공주는 라디오의 볼륨을 높여 그의 사랑에 대답했다. 종두는 또다시 감옥에 갔지만, 공주와 연서를 주고받으며 행복한 삶을 살기 시작했다.

<오아시스>의 종두는 위의 작품들의 남자주인공들과 동일하게 사회로부터 무능력자로 평가받는 인물이다. 공주 역시 위의 여자주

인공들과 유사하게 신체적으로 자유롭지 못한 존재이자, 일반적으로 성적 욕망의 대상이라고 보기에 어렵다고 할 수 있다. 이처럼 인물들의 특성도 유사하지만, 남자주인공이 여자주인공을 겁탈한 일이 사랑으로 발전되었다는 것이 가장 닮아있다고 할 수 있다.

종두는 형이 저지른 뺑소니 사고의 피해자 가족들을 찾으러 갔다가 뇌성마비장애인 공주를 보게 된다. 종두는 다시 공주를 찾아가 예쁘다고 말하고[25] 억지로 그녀의 신체를 만진다. 결국 자신의 충동을 이기지 못한 종두는 그녀를 겁탈하게 된다. 그 일로 공주는 기절했지만 이상하게도 그녀는 종두를 원망하지 않고 다만 자신에게 왜 꽃을 주었느냐고 묻는다. 비록 종두가 공주의 동의를 구하고 저지른 일은 아니지만, 공주는 은근히 이런 자신을 여자로 봐주고 예쁘다고 한 종두가 밉지 않았던 것이다.

공주는 신체적으로 불편하지만 다른 사람들과 다를 바 없이 성욕을 지닌 성인이었다. 그리고 다른 사람들과 접촉하며 사랑을 나누며 함께 살아가고 싶은 인간이었다.[26] 그러나 어느 누구도 공주를 보통

---

25 종두의 형은 뺑소니 사고를 저질렀고, 그 일로 한 할아버지가 죽게 되었다. 형 대신 감옥에 들어간 종두는 출소 후에 과일 바구니를 들고 피해자의 집을 찾아갔다. 대문 앞에 과일 바구니를 두고 벨을 누르자, 집안에서 뇌성마비 장애인 공주가 나왔다. 그때 몰래 공주를 바라보았던 종두는 계속 공주를 생각하다가, 마침내 꽃을 들고 다시 공주를 찾아갔다. 그리고 공주에게 "너한테 관심 있어서 사귀어 보려고 찾아온 거야. 거짓말 아니야."라고 말했다. 그리고 공주를 만지면서, "너 그만 하면은 그런대로 괜찮은 얼굴이야, 여자로서. 이뻐. 사실은 너 처음 만났을 때부터 느낀 거야."라고 말했다.

26 박일용은 <만복사저포기>에 담긴 '명혼' 사건을 고찰하며, 남성 주인공은 여성이 성적 욕구를 직접 표출하는 것은 귀신이기 때문이라 여기던 통념을 벗어나 그것이 기실 현실에서 인간으로 살고 싶은 애절한 욕망의 표현임을 이해하게 되는 과정을 겪고 각성한다고 분석하고 있다. (박일용, 앞의 글, 33~58면.) 이러한 관점은

의 사람과 같이 대해주지 않았다. 다만 종두만이 그녀를 '마마'라고 부르고 함께 외출하고 대화를 나누고 사랑을 나누는 대상이었다. 정상적인 만남은 아니었으나 공주는 결국 자신을 알아봐주고 여자로 대해준 종두에게 마음을 열게 된 것이다. 이 지점은 위의 설화 작품에서 남자주인공들이 여자주인공들에 대한 대우가 남달랐던 것이 결연의 계기가 되었다는 것과 동일하다고 할 수 있다.

물론 <오아시스>의 주인공들은 평탄하게 발복을 맞이하지 않는다. 공주의 가족들은 종두를 강간범으로 몰고, 모두들 종두와 공주의 사랑을 인정하려고 하지 않는다. 이들의 고난은 <비싼 점치고 나무에 묶인 머슴>의 처녀의 가족들의 반대로 인한 시련과 유사하다. 이 역시 중심에서 소외된 인물들의 한(恨)으로 이해할 수 있을 것이다.

그러나 그들의 한은 서로를 통해 풀어진다. <오아시스> 작품 안에서는 그들이 온전하게 결연할 것까지는 보여주지 않지만, 두 인물을 중심으로 평가하면 물리적으로 이별할 수는 있으나 그들의 교감과 사랑은 어느 것의 방해도 받지 않을 것으로 예상된다. 자신이 강간범이 되었어도 공주에 대한 사랑은 전혀 변함이 없으며, 공주 역시 그에 대한 마음이 변하지 않았다. 중심으로부터 소외된 자신을 알아봐주고 교감해준 소중한 대상이기 때문이다. 종두와 공주의 관계를 파악하면, 영화의 제목 '오아시스'는 사막 속의 오아시스와 같은 서로의 존재를 상징하는 것으로 이해될 수 있겠다.

앞서 <죽은 처녀 겁탈하고 복받은 머슴>의 성관계는 방중술의 관

---

본 연구의 중심에서 소외된 여성주인공에 대한 이해와 유사하다. 본 연구에서는 이를 동병상련의 처지인 남성 주인공들에 대한 이해에까지 확장시키고 있다.

점으로 결과적으로 서로에게 결핍된 에너지를 보충해준 성공적인 성관계로 평가했다. 이와 더불어 영화 <오아시스>에서 부각된 지점과 같이 이 작품의 시간(屍姦) 행위는 중심으로부터 소외된 자신을 알아봐주고 교감한 행위를 의미한다고도 볼 수 있다. 물론 머슴 총각의 지혜나 직감에 의한 행동은 아니었으나, 적어도 서사의 흐름에서는 장애물에 의해 자신의 내면을 표현할 수 없는 대상과 교감을 시도한 행위로 그려지고 있다는 것이다.

이렇게 역으로, 시간과 발복이라는 파격의 인과관계가 반영된 이 작품들로 인해 <죽은 처녀 겁탈하고 복받은 머슴>에서 잘 드러나지 않았던 지점도 이해할 수 있다. 그 파격의 인과관계를 가능하게 했던 요인 중에는 두 주인공들 사이에 중심으로부터 소외된 자신을 알아봐주고 교감해준 소중한 대상에 대한 연정이 있었다는 것이다.

## Ⅳ. 거친 서사로 그려진 '소외된 자들의 교감과 위로'

죽은 이와의 성적 교류, 한국의 서사문학에서는 이를 어떻게 그려내고 있을까? 지금까지 이 글은 <죽은 처녀 겁탈하고 복받은 머슴>의 시간(屍姦)과 발복(發福)이라는 파격의 인과관계가 어떠한 이유로 설명될 수 있는지 분석해보았다. 그리고 이러한 파격의 논리가 다른 작품들에서 어떻게 발견되는지 살펴보며, 그 서사의 논리를 살펴보았다. 이러한 파격의 논리가 내재된 작품으로는 <비싼 점치고 나무에 묶인 머슴>, <문둥이처녀와 동침한 총각>, <거지 여자와 동침하

고 벼슬 얻은 남자>, <오아시스>를 들 수 있다. 공통적으로 이 작품들에서는 사회 중심으로부터 소외된 남자주인공이 비윤리적이거나 비정상적인 성관계로 자신의 성욕을 해결하려고 했고, 그 일로 말미암아 신체적으로 자유롭지 못한 여자주인공들이 억눌린 성적욕망을 풀게 되어 해원하게 되고, 그로인해 남자주인공들은 발복하게 되었다.

위에서 살펴본 바와 같이 <죽은 처녀 겁탈하고 복받은 머슴>의 시간(屍姦)과 발복(發福)이라는 파격의 인과관계는 머슴총각의 탐욕만을 비난할 수 없다는 점, 결과적으로는 처녀의 욕망과 일치된 성공적인 성관계였다는 점, 대상에 대한 무절제라는 비윤리적인 면을 초월하고 있다는 점으로 설명될 수 있었다. 동일한 잣대로 설화 <비싼 점치고 나무에 묶인 머슴>, <문둥이처녀와 동침한 총각>, <거지 여자와 동침하고 벼슬 얻은 남자>와 영화 <오아시스>를 이해할 수 있었다. 그리고 이 작품들로 인해 <죽은 처녀 겁탈하고 복받은 머슴>에서 부각되지 않은 지점도 이해할 수 있었는데, 두 주인공들 사이에는 중심으로부터 소외된 자신을 알아봐주고 교감해준 소중한 대상에 대한 연정이 있다는 것이었다.

이 이야기들은 비윤리적 행위가 발복으로 이어지는 기괴한 서사논리를 띄고 있지만, 그 안에서는 획일화된 잣대로 사회의 중심에서 밀려난 소외된 자들의 진심이 있었다. 이들의 교감과 연정은 사회적으로 비윤리적 행위로 비춰졌지만, 그들 사이에 비밀스러운 소통에는 서로에 대한 감사함과 신뢰가 무겁게 존재하고 있지 않은가? '죽은 몸'으로 말하는 한(恨), 그리고 그것을 알아본 사람의 안타까운 사연 등 텍스트의 요건들은 파격적이고 기괴하지만, 그 속에 비윤리적 행위를 초극하는 서사의 논리는 '소외된 자들의 교감과 위로'에 있었다고 할 수 있다.

이 글이 단 세 편만이 전승되는 파격의 구비설화를 분석한 까닭도 유사한 맥락에서 의미를 찾을 수 있다. 소수의 전승주체들이 전하는 기괴한 이야기는 자칫 외면당할 수 있었지만, 자세히 살펴보면 고전의 명혼소설이 담고 있는 가치를 담고 있는 작품으로 평가될 수 있다. 그리고 이러한 해석은 유사한 서사구조의 작품들과 서사를 견주는 방식으로 가능했다고 볼 수 있다. <죽은 처녀 겁탈하고 복 받은 머슴>와 같이 파격을 다룬 작품일 경우에 이와 같은 분석방식이 유용하다는 것이다. 특히 시간(屍姦)과 같은 비윤리적인 행위에 대한 분석은 더욱 섬세한 방식이 요구되기 때문에, 유사한 서사구조를 띠는 작품들을 통해 본 작품을 해석하는 일은 효율적이라고 할 수 있겠다.

## 참고문헌


**기본 자료**

이창동 감독, 「오아시스(Oasis)」, 2002.

정운채, 『문학치료 서사사전』제1·2·3편, 문학과 치료, 2009.

**논문 및 단행본**

G.Bataille, 조한경 역, 『에로티즘』, 민음사, 1989.

강진옥, 「설화의 문제해결방식을 통해 본 '인식'과 그 의미」, 『구비문학연구』제3집, 구비문학회, 1996.

나카자와신이치 저, 김옥희 역, 『대칭성인류학-무의식에서 발견하는 대안적 지성』, 동아시아, 2004.
만탁치아, 권성희 역, 『정통도교 섹스의 비밀 성도인술』남성편 여성편, 하남출판사, 1999.
박일용, 「<만복사저포기>의 형상화 방식과 그 현실적 의미」, 『고소설연구』제18집, 한국고소설학회, 2004.
섭덕휘, 최형주 역, 『소녀경』, 자유문고, 2004.
섭덕휘, 최창록 역, 『황제소녀경> 완역판』, 도서출판 선, 2005.
신동흔, 「설화의 금기 화소에 담긴 세계인식의 층위-장자못 전설을 중심으로」, 『비교민속학』33집, 비교민속학회, 2007.
임재해, 「귀신설화에 포착된 인간과 귀신의 만남 양상과 귀신인식」, 『구비문학연구』제25집, 한국구비문학학회, 2007.
정운채, 「문학치료학의 서사이론」, 『문학치료연구』제9집, 한국문학치료학회, 2008.

# 존재와 삶을 스스로 선택하는 '전생 발견하기'*

## 구비설화 〈전생의 인연으로 부부가 된 중과 이[蝨]와 돼지〉

박재인(건국대학교 인문학연구원 HK연구교수)

## Ⅰ. 전생에 인연이 있어야…, 부부인연에 대한 관습적 인식

우리는 부부 인연에 대해 '전생'을 떠올리는 문화적 관습을 가지고 있다. 부부관계에 있어서 전생에서부터 이어지는 심오한 인연의 힘을 신념화하고 있는 문화인 것이다. 전생이라 함은 현재의 삶을 이해하기 위한 인과적 해석의 단서가 된다. 그렇기에 부부관계에 대해서 전생을 사유한다는 것은 불행에 노출되기 쉬운 부부관계를 운

* 이 글은 박재인, 「부부갈등 설화 속 전생(前生) 화소의 역할과 문학치료적 의미 -〈전생의 인연으로 부부가 된 중과 이[蝨]와 돼지〉를 중심으로-」, 『고전문학과교육』 37, 한국고전문학교육학회, 2018, 1-31면. 논문을 수정 보완한 것이다.

명론적으로 수용하게 하고, 부부 인연에 대해 신중함을 기하게 한다. 곧 부부관계에 엄격한 법칙을 강조하는 세계관이라고 할 수 있다.

문학에서도 부부 인연을 이야기할 때 '전생 화소'가 중요한 역할을 한다. 특히 구비설화에서는 부부갈등 문제에 주인공이 전생을 발견함으로써 자신과 배우자의 존재를 깨닫고 관계를 재정립하면서 비극에서 벗어나는 구조가 반복된다. 구비설화 속 부부의 전생은 현생의 불행을 이해하는 단서로서 전생을 등장시키고 있는 것이다. 그래서 이 설화의 전승 주체들 역시 사람의 인연, 부부관계의 심오함을 중시하며 설화를 전한다.

부부의 불행에 대한 운명론적 사고는 체념과 위로의 힘을 제공한다. 하지만 이는 한시적인 것에 불과하다. 특히 현대사회의 관점에서 보면 전생론이란 부부관계의 불행을 참고 견디는 힘으로서만은 미약한 의지처이다. 그렇다면 부부 인연에 대한 전생론적 관점은 현대적 효용성을 잃은 낡은 인식에 불과한 것일까?

이러한 한계점은 부부 전생 설화에 대한 선행연구들에서도 지적된 바 있다. 먼저 전생 화소를 품은 설화는 '재생설화'로, 죽음과 재생의 양상에 따라 유형화되었다.[1] 그 가운데 부부 전생 설화에 주목

1 '전생 화소' 설화에 주목한 연구들은 애초에 재생 형상에 따른 유형화 논의에 초점을 맞추었다. 조희웅은 재생과 환생으로 분류하였고(조희웅, 「韓國說話의 硏究」, 『국문학연구』 11, 국문학회, 1969, 59~61면.), 박계홍은 재생설화를 부활·환생(還生)·환생(幻生)으로 분류하였으며(박계홍, 「再生說話의 再生意識」, 『언어·문학연구』 제5집, 충남대 영어영문학과, 1985. 71면.), 장덕순은 재생·환생·소생으로 분류하였다(장덕순, 『한국설화문학연구』, 서울대학교 출판부, 1981, 26면.). 이후 김대숙이 설화의 서사적 맥락에 따라 전생설화를 유형화 하였는데, 전생설화

한 연구들은 현대의 인간관계, 특히 부부관계에 적용할 수 있는 서사적 가치를 논구하고 있다. 전생론이 개입된 부부갈등 설화는 대표적으로 <전생의 인연으로 부부가 된 중과 이[蝨]와 돼지>와 <호랑이 눈썹> 등이다. 이 설화에 대해서 배우자의 외도에 대한 문학치료적 의미를 논하거나,[2] 부부 짝 바꾸기에 대한 비판적 읽기 자료로서의 가치를 논하기도 하였다.[3] 그리고 부부관계에서의 참된 식견의 중요성이나,[4] 참된 본성을 가진 사람끼리 만나야 조화로운 부부관계가 가능하다는 해석들이 있었다. 그러면서도 전생을 근거로 부부 짝 바꾸기의 당위성이 마련된 지점을 들어, '전생 화소'의 의미는 미화된 상상력[5] 내지 폭력성과 한계[6]로 파악되었다.

---

의 문헌자료와 구술자료를 정리한 논의에서 그 의미지향에 따라서 '득도형·출세형·욕망형·복수형'으로 유형화 하였다. 그 가운데 본고의 연구대상과 관련된 '전생 내력 때문에 이승 부부 되기'는 욕망형으로 분류된다. 김대숙은 같은 유형에 속한 "상사뱀"유형에 비해 부부 전생 설화의 각편수와 이야기 형상화가 미미하다고 하였으며, '호랑이 눈썹으로 본 전생모습'은 전생설화에서 파생된 이야기로 보았다(김대숙, 「전생설화의 전승양상과 의미지향」, 『국어국문학』 106, 국어국문학회, 1991, 55-80면.).

2 정운채, 「연극성 성격장애의 심층적 원인으로서의 연극성서사」, 『고전문학과 교육』 21, 한국고전문학교육학회, 2011, 199-233면; 하은하, 「바람난 배우자에 대한 설화 속 대응양상과 이를 활용한 문학치료적 설계」, 『고전문학과 교육』 21, 한국고전문학교육학회, 2011, 169-197면.

3 이강옥, 「부부 짝 바꾸기 이야기의 존재 양상과 죽음명상 텍스트로서의 가치」, 『우리말글』 68, 우리말글학회, 2016, 230-231면.

4 신동흔, 『삶을 일깨우는 옛 이야기의 힘』, 우리교육, 2012, 201-218면; 김금숙, 「설화 <호랑이 눈썹>의 서사 의미 연구: 일본, 중국, 인도에서 전승되고 있는 설화와의 비교를 중심으로」, 『어문연구』 42-3, 한국어문교육연구회, 2014, 87-114면; 박연숙, 「구전설화 <호랑이 눈썹>의 한일 비교」, 『일본어문학』 65, 일본어문학회, 2014, 125-154면.

5 이강옥, 앞의 글, 2016, 230-231면.

6 윤승준, 「<도깨비감투>와 <호랑이 눈썹>, 그 상반된 욕망의 서사」, 『실천민속학

위의 두 설화는 부부관계의 절대성이나 부부가 평생 참고 살아야 한다는 법칙을 지지하는 서사는 아니다. 오히려 사회의 오랜 통념과 대립되는 진보적 해결 방법[7]으로, 새로운 관계로 나아가는 결말을 보인다. 서사 전개는 파격적이지만, 그 안에서 '전생 화소'는 여전히 수동적인 운명론으로 인식되기 쉽다. 설화의 전승주체들도 이를 두고 '정해진 인연은 따로 있다'는 식으로, 부부 인연을 거스를 수 없는 운명으로 이해하는 말을 덧붙인다. 이렇게 부부갈등 설화 속 '전생 화소'가 거스를 수 없는 운명으로 그 의미가 한정된다면, 이 설화의 가치는 부부관계의 불행 내지 이별에 대한 미화된 상상력에 불과한 것이 사실이다. 그렇다면 그러한 사유 방식은 현실에 대한 역동적인 상상력을 가능하게 하는 구비설화의 세계관과 어울리지 않는다.

그래서 이 글은 현대에도 지속되고 있는 관습화된 대중적 인식을 전제로, 구비설화를 통해 부부 인연에 대한 전생론적 관점에 대해 새로운 해석을 시도하고자 한다. 수동적인 체념을 요구하는 방향보다는 우리의 인식을 균형적이고 건강한 방향으로 이끌 수 있는 방향으로 부부 전생론을 고찰하려는 것이다. 특히 부부갈등 설화는 주인공이 전생을 발견함으로써 고뇌와 질곡에서 벗어나 새 삶으로 나아가는 서사구조를 보이기 때문에, 구비설화의 맥락 속에서 '전생 화소'의 역할을 다시 살피면 주인공을 새 삶으로 이끈 원동력으로서의 의미를 재발견할 수 있다. 본고는 2장에서 설화의 문제 상황을 분석하고, 3장에서는 전생을 말하는 불가의 윤회사상으로써 부부갈등

연구』 29, 실천민속학회, 2017, 117-150면.

7 위의 글, 117-150면.

서사에 결부된 전생 화소의 의미를 새롭게 해석하고 '존재'에 대한 성찰적 삶을 논의하였다. 무아윤회적 사고는 운명의 변화무쌍함을 나타냄과 동시에, '운명 변화의 가능성'도 내포하고 있다는 점에서 전생 화소 설화를 새롭게 분석할 수 있는 기틀을 제시해 주었다.

전생 화소를 둘러싼 설화의 서사적 맥락은 '전생 발견하기'가 주인공의 사유에 어떤 변화를 가능하게 하였는지, 자기 존재와 삶을 스스로 선택하는 힘을 어떻게 마련할 수 있었는지를 이해하게 해준다. 그러한 방식으로 전생 화소의 역할과 힘을 재발견하는 작업은 곧 부부갈등으로 고민하는 현대인을 위한 문학치료 현장에 적용할 수 있는 구체적인 방법론이 될 수 있다. '전생 발견하기'에 따른 주인공의 변화 과정을 따라가며, 그 서사의 힘에 따라 우리도 부부갈등의 불행으로부터 벗어날 수 있는 힘을 보충 받을 수 있다는 것이다. 그래서 본고는 문학치료 현장에서 활용할 수 있는 설화의 가치를 발견하면서, 부부 인연을 전생으로 이해하는 문화적 관습에 대한 새로운 관점과 현대적 효용성을 확인하고자 한다.

## Ⅱ. 부부갈등 설화 속 전생 화소의 역할

전생 화소를 포함한 부부갈등 설화는 대체로 주인공이 전생을 발견함으로써 부부 불행의 원인을 파악하는 구조이다. 전생 발견 후 부부갈등 문제로부터 해소되는 이야기는 <전생의 인연으로 부부가 된 중과 이[蝨]와 돼지>, <전생에 말이었던 남편과 매 맞는 아

내>,[8] <호랑이 눈썹>[9]이 있다. 이 이야기들은 배우자의 외도·폭력 및 가난 등 부부관계에서 불행의 원인이 되는 대표적인 사례를 담고 있다고 할 수 있다. 전생 발견 이후 부부가 재결합하거나 이별하는 등 그 텍스트의 결말은 상이하나, 주인공이 전생 발견을 통해 부부 불행의 원인을 이해하고 그 불행으로부터 벗어난다는 점에서 서사의 큰 틀은 유사하다고 할 수 있다.

그 중 이 글에서 주목한 부부 전생 설화는 <전생의 인연으로 부부가 된 중과 이[蝨]와 돼지>이다. 이 이야기는 부부 불행에 대처하는 주인공의 행적이 비상하며, 자발적 움직임으로 '전생 발견하기'가 이루어지기 때문에, 다른 이야기에 비하여 주인공의 변화 과정을 포착하기에 용이하다. 그 줄거리는 다음과 같다.

> 어느 정승 부부가 행복하게 잘 살고 있었는데, 갑자기 아내가 집을 나가서 돌아오지 않았다. 정승은 아내를 찾아 이곳저곳을 돌아다니다가 아내가 산골에 사는 숯장수와 살고 있는 것을 알게 되었다. 정승은 아내에게 집으로 돌아가자고 해도 아내는 그냥 가던 길을 가시라며 모른 척을 했다. 정승은 아내의 변심을 이해할 수가 없어서 절로 들어가서 공부를 하였다. 세월이 흘러 정승이 도통하게 되자 정승은 자신의 아내가 왜 변했는지를 알게 되었다. 전생에 자신은 중이었고, 아내는

8 『문학치료 서사사전』에서 정리한 <전생에 말이었던 남편과 매 맞는 아내>는 『한국구비문학대계』에 유사한 형태의 자료가 3편 가량 수록되어 있다. (정운채 외, 『문학치료 서사사전』 제3권, 도서출판 문학과치료, 2009, 2710-2711면.)

9 『문학치료 서사사전』에서 정리한 <호랑이 눈썹>은 『한국구비문학대계』에 유사한 형태의 자료가 9편 가량 수록되어 있다. (위의 책, 3462-3469면.)

이였고, 숯장수는 돼지였는데, 이가 중의 몸에 붙어서 살을 뜯어 먹고 살다가 중이 몸에 있는 이를 떼어서 돼지 몸에 붙이자 그 후 돼지의 살을 뜯어 먹다가 죽은 것이었다. 그 후 이는 중의 은혜를 보답하기 위해 환생하여 정승과 부부가 되어 살다가 나중에는 돼지의 은혜를 갚기 위해 숯장수를 찾아가 부부가 된 것이었다. (정리 : 성정희)[10]

이 설화는 아내가 가난한 숯장수에게로 떠나간 것에 괴로워하는 정승을 주인공으로 한다. 주인공이 전생을 발견하면서 아내의 변심을 이해하고 이별을 받아들인다는 내용을 담고 있다. 텍스트는 다음과 같이 정승과 아내, 숯장수의 삼각관계와 아내의 이동을 현생과 전생의 삶으로 중첩시켜 그려내고 있다.

〈인물 관계〉

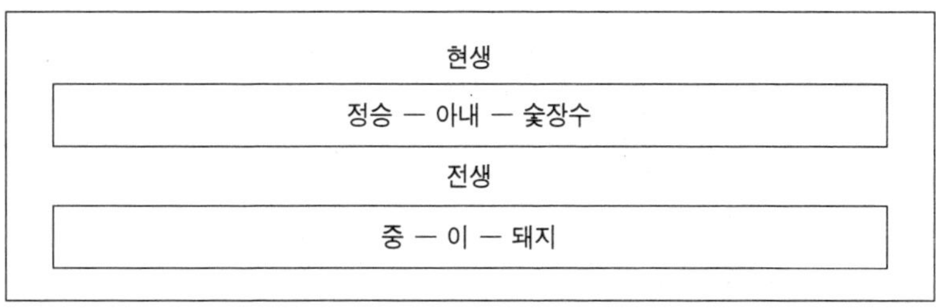


10 『한국구비문학대계 별책부록 Ⅰ 한국설화유형분류집』에는 이 설화를 '645-14 전생 내력 때문에 이승부부되기'로 분류하고 있으며, 그 각편의 수를 4편이라고 전한다. 본고에서 말하는 <전생의 인연으로 부부가 된 중과 이와 돼지>라는 제목은 『문학치료 서사사전』의 분류양식에 따른 것이며, 그 줄거리 또한 참고하였다. 『문학치료 서사사전』에서는 유사한 서사구조의 설화가 『한국구비문학대계』에 약5편 가량 수록되어 있다고 밝히고 있다. (위의 책, 2009, 2711-2714면.)

이 이야기의 현생과 전생은 인연의 반복을 드러낸다. 그러면서도 이들 관계에서 벌어진 현생과 전생의 사건은 약간의 차이를 보인다.

| 현생 | 전생 |
|---|---|
| ① 아내가 정승을 떠났다.<br>② 아내가 숯장수에게로 갔다. | ① 중이 이를 떼어냈다.<br>② 이가 돼지에게 옮겨 갔다. |

현생은 '아내가 떠남'으로, 전생은 '중이 이를 떼어냄'으로 그 차이를 드러낸다. 이로써 주인공은 고귀한 신분인 자신의 곁을 떠나 가난한 숯장수에게로 간 아내의 변심을 이해하지 못하였다가, '전생의 인연'으로써 이별을 이해하고 받아들인다. 전생이 원인이 되고, 현생이 결과로 이어지는 인과적 논리로 주인공은 이별을 감당하는 것이다.

이렇게 텍스트에서 전생 화소는 현생의 인연을 결정하는 불가항력적인 힘으로 제시된다. 이는 부부 인연에 대한 전생론을 신념화하는 문화적 관습에 부합된다. 이 설화의 전승 주체들의 구연 태도에서도 그러한 관습적 사고가 드러난다.

> 숯껑쟁이한테 가가주고 지가 한 평상을 묵고 잘 살았이이꺼네 숯껑쟁이한테 그 연(緣)을 따라서 찾아여 골짝길로 찾아 갔는 기라.[11]

> 이 부부간이라는 것이 은연(인연)이 과거에 있어야 부부간이 되는 것

11 서상이(여, 78), 대구시 설화35 <전생의 인연으로 만난 정승 마누라와 숯구이 총각>(최정여, 『한국구비문학대계』 7-13, 한국정신문화연구원, 1985, 156-160면.)

이지 부부간이 은연히 없으믄 부부간이 되들 안 혀. 요새 연애를 걸고 중신 결혼을 혀도 그 부부간 그 전상에 은연이래야 부부간이여. … 그러고 이것이 참 부부간이라고 덮어놓고 기냥 부부간이 되는 것이 아니고 이것이 그런 은연이래야 부부간이 되는 것이란 말여, 전생의 은연이 있음으로써.[12]

정승이 되가주고 그래 은연이(인연이) 잠깐 되가주고 그래 이가 니한테 붙었다가 돼지 그거는 말하자면 그 숯재이 항렬인 기라.[13]

그르이 그게 인제천생연분이라. 그게 말이야. 그른 때문에, 평양감사도 싫고 자기 남편도 싫어지는 게래. 결국 거게 와서 인제 자기 배필을 만냈다 이게래. … 그래 그 인연 카는 게, 그것도 거 먼가 있다 카는 거. 그래 인제 속담에 오새 머 하는 말이 남녀간에 길로 가다 옷차림만 씨신대도 연분이다, 이른 말이 흘러나와. 이른데, 머 그른 거 머 인연관계가 있었다고 그른 이애기 있는데.[웃으면서]그 이애기 될 것도 없고.[14]

이 설화의 전승 주체들은 이야기를 구연하면서, 전생으로 맺어진 부부 인연에 대한 자신의 소견을 밝히는 공통점이 있었다. 전생에서

---

12 김창기(남, 68), 옹동면 설화 24 전생의 인연(박순호, 『한국구비문학대계』 5-7, 한국정신문화연구원, 1987, 391-393면.)

13 성판원(남, 56), 남상면 설화 24 중이 환생한 이야기(최정여, 『한국구비문학대계』 8-5, 한국정신문화연구원, 1981, 896-898면.)

14 신노식(남, 68), 예안면 설화 3 전생의 노루 한 쌍이 타고난 인연(임재해, 『한국구비문학대계』 7-9, 한국정신문화연구원, 1982, 873-877면.)

현생으로 이어지는 이들의 관계에 대해서 '인연'을 강조하고, 부부의 인연은 전생에 근거한다는 관습적 인식을 드러낸다.

이러한 관습적 인식은 이 설화를 색다르게 기억하는 구연자료에도 발견된다. 이 설화의 변이형으로 환생담과 <내 복에 산다>형 설화가 결합된 형태가 있다.[15] 이 결합형은 위 설화와 같이 부부의 인연은 전생에 근거한다는 관습적 인식이 강력하게 반영된 사례라고 할 수 있다. 그만큼 부부 인연에 대해 전생론을 신념화하는 문화적 관습이 설화를 기억하는 방식에 큰 영향을 미쳤다는 것을 확인할 수 있는 자료인 것이다.

본래 설화에서 고귀한 신분인 전남편에게서 떠나 천한 신분인 새남편을 찾아간 아내의 이동이 결합형에서는 고귀한 신분의 여성이 아버지를 떠나 천한 신분의 남편에게 시집가는 일로 전환되어 있다. <전생의 인연으로…>의 재혼 상황이 이 결합형에서는 부자 아버지를 떠나 가난한 남편에게로 시집가는 서사로 대체된 것이다. 즉 <전생의 인연으로…>에서의 '전생' 화소가 <내 복에 산다>형 설화에 포함된 형태라고 할 수 있다.

이 결합형 자료는 단 한 명의 전승주체에게서만 전해지는 경우로 구연자가 두 설화를 혼동하며 기억하는 것일 가능성이 높으며, 매우 예외적인 사례이다. 하지만 이 전승주체가 두 설화를 교직하여 기억하는 방식을 두고 단순히 황당무계한 착각이라고만 여길 수 없다. 왜 구연자의 기억에서는 두 설화가 결합되어 기억된 것일까? 그 이

15 우두남(여, 64), 상북면 설화54 돼지와 이가 환생하여 부부가 된 인연(정상박, 『한국구비문학대계』 8-13, 한국정신문화연구원, 1986, 566-569면.)

유는 두 가지로 추측될 수 있다.

첫 번째 이유는 <전생의 인연으로…>에서의 '정승 - 아내 - 숯구이총각'의 관계와 '아내의 이동'은 <내 복의 산다>의 '부자 아버지 – 딸 – 숯구이총각'의 관계와 '딸의 이동'을 떠올리게 한다는 점이다. 이는 일본 민속학에서 <숯구이 장자 이야기>를 초혼형과 재혼형으로 유형화하는 학적 관점에 부합한다.

<내 복에 산다>형(내지 <쫓겨난 막내딸>형) 이야기는 국내에서는 부자 아버지로부터 떠나와 가난한 남자에게 시집갔어도 결국 자기 복으로 살 수 있다는 주체적인 여성의 이야기로서 <바보온달과 평강공주>나 <서동과 선화공주> 및 <감은장애기> 등과 유사한 서사구조로 평가되어 왔다. 한편 일본 민속학에서는 <내 복에 산다>형 이야기를 두고, 남녀의 복분(福分)에 관한 두 유형의 이야기로 파악한다. 한국의 <복 많은 백정딸>과 유사한 설화는 재혼형,[16] <내 복에 산다>와 유사한 설화는 초혼형 설화로 이해한다.[17] 일본 학계에서의 관점은 숯구이 총각이 부자가 되었다는 강력한 화소를 둘러싸고 유사한 서사의 전개가 이루어지는 점에 주목하는 것이다. '딸의 복을 무시한 아버지 - 딸 - 숯구이총각'의 관계를 '아내의 복을 무시한 전 남편 - 아내 - 가난한 새남편'의 관계와 등치시키고 복 많은 여성의

16 재혼담은 한국설화 <복 많은 백정딸>와 유사한 서사구조를 보이며, 그 결말은 부자가 된 아내를 만나게 된 남편이 수치스러움을 이겨내지 못하고 아궁이에 쳐박혀 자결하고 전아내로부터 조왕신으로 섬겨진다는 내용으로 차이를 보인다.

17 숯구이장자형의 민간설화가 초혼형과 재혼형으로 전승되는데, 재혼형 설화는 조왕신앙(竈神の信仰) 계통의 이야기라고 설명한다. (飯島吉晴, 『竈神と厠神 異界と此の世の境』, 講談社学術文庫, 2007. pp.63-68; 伊藤清司, 『昔話 伝説の系譜 東アジアの比較説話学』, 第一書房, 1991, pp.189-190.)

이동을 동일한 서사맥락으로 이해하는 바라고 할 수 있다.

그런데 재혼형의 경우 한국과 일본의 설화는 부부의 인연에 대한 신(神)의 점지를 포함하고 있다. 아내 복을 무시한 남편과 복 많은 백정 딸의 부부 인연은 출산신의 문답을 엿들은 시아버지로부터 시작된다. 전남편과 복 많은 아내의 인연은 신이 지정한 운명이고, 가난한 새남편은 아내의 '복', 곧 그 존재의 정당성을 입증하는 새로운 관계로 기능한다.

여기에서 '출산신의 점지' 화소는 아내의 복을 무시한 남편과의 불행한 인연을 설명하는 근거로 개입되어 있다. 한국의 설화에서는 전남편에게 돌아가는 서사적 전개로, 일본의 설화에서는 비통한 전남편의 죽음을 성심껏 애도하는 아내의 모습으로 부부의 인연을 설명한다. 여기에서 출산신 문답 화소는 <전생의 인연으로…>의 전생 화소와 유사한 의미를 지닌다고 할 수 있다. 재혼형 이야기 역시 부부 갈등 서사에서 부부 인연에 대한 운명론적 화소가 개입되는 설화 문법의 한 양상을 확인하게 한다.

이렇게 볼 때 질긴 부부의 인연을 설명하는 출산신 문답 화소는 재혼형 이야기를 이끌어가는 중요한 요소이다. 그러면 설화의 전승 주체들은 재혼형 이야기를 기억할 때 유사한 맥락의 초혼형 이야기를 함께 기억할 가능성이 높고, 출산신 문답 화소와 같이 부부 인연에 대한 운명론적 사고는 유사한 서사 맥락을 공유하는 초혼형 이야기에도 개입될 수 있다. 즉 <전생의 인연으로…>과 <내 복에 산다>의 결합형이 생성된 현상은 단순히 황당무계한 착오라기보다, '여자 주인공의 이동'이라는 동일한 사태로 인한 연상(緣想) 작용에서 비롯한 설화 기억 방식일 수 있다는 것이다. 즉 이 결합형은 부부 인연에 대한 운명론적 사고가 초혼형 설화에 개입된 형태라고 할 수 있다.

두 번째 근거는 알 수 없는 부부 인연에 대해 해석하고자 하는 인간의 욕망이라고 할 수 있다. 앞서 말한 바와 같이 재혼형 이야기에서 불행한 부부의 인연은 '출산신 점지'라는 운명론적 사고와 결부되어 있다. 왜 복이 많은 여성이 복이 없는 남편과 만났고, 그에게 버림받았지만 그를 남편으로 섬길까 하는 문제로부터 이 이야기들은 마치 <전생의 인연으로…>의 '전생' 화소처럼 신(神)의 뜻으로 운명을 해석한다.

물론 일본의 초혼형 자료나 한국의 <내 복에 산다>형 자료에서는 '전생' 화소에 비견될 부부의 인연에 대한 심오한 이치가 발견되지 않는다. 하지만 전승주체가 초혼형 이야기에서 "왜 부잣집 딸이 가난한 남자와 혼인하는가?"라는 부부 인연에 대한 의문을 품는다면, 전생이나 출산신 점지와 같은 운명론적 화소가 결부될 가능성이 있다. 즉 <전생의 인연으로…>와 <내 복에 산다>의 결합형에서는 부잣집 딸이 가난한 숯구이 총각을 왜 좋아했을까에 대한 의문을 풀어주는 열쇠로서 '전생' 화소가 포함되어 있다는 것이다. 이로 볼 때 이 결합형 설화는 <전생의 인연으로…>의 전생 화소로부터 환기되는 부부 인연에 대한 운명론적 사고가 그대로 옮겨간 경우이며, 보통의 상식으로 이해할 수 없는 부부 인연에 대해서 해석하고자하는 욕망으로 인해 두 설화가 교직하여 기억된 경우라고 할 수 있다.

이러한 결합형까지 포함하여 고려할 때, 부부 인연에 대한 전생론 이야기는 '보통의 상식으로 이해할 수 없는 부부의 인연'에 대해 이해 가능한 형태로 해석하고자 하는 인간의 욕망이 반영되었다고 볼 수 있다. 그리고 전생 화소는 그 해석의 근거가 된다. 이렇게 부부갈등 설화 속 전생 화소는 알 수 없는 부부 인연에 대해 고민하고 그 해답을 찾으려는 인간의 욕망에서 상상된 이야기 요소라고 할 수 있다.

그런데 이때의 전생 화소는 운명론적 의미에 그치지 않는다. 알 수 없는 부부 인연에 대한 설화를 기억하는 전승주체들 역시 쉽게 운명론적 의미로 수용하는 경향이 있고, 전승 자료 상에도 그러한 경우가 대다수인 것은 사실이다. 그러나 서사의 맥락은 운명에 체념하는 의미로 국한되지 않는다. 왜냐하면 이야기에서 전생 화소는 주인공이 던지는 질문에 대한 답으로 제시되고 있기 때문이다. 즉 전생 화소는 주인공을 부부관계에 대한 질문을 던지고 그 답을 찾아내는 '사유하는 인간'으로 거듭나게 한다는 점에서 그러하다.

<전생의 인연으로…>에서 하루아침에 아내를 잃은 정승은 "왜?"라는 질문을 던진다.

> 정승이 가만히 생각해보니까 '이보다가 저 더 좋은데가 세상아 어디에 있겠노, 이기 참 희한한일이다' 싶어가주고 '원통해 그런기 아니라, 이치를 내가 한번 알아볼 밖음 없다' 싶어 혼자 생각에[18]

> 가마이 생각하이 _내 아무리 생각해도 나캉 살만 저 사람보다 나을

18 서상이(여, 78), 대구시 설화35 전생의 인연으로 만난 정승 마누라와 숯구이 총각(최정여, 『한국구비문학대계』 7-13, 한국정신문화연구원, 1985, 156-160면.)

낀데 왜 저렇기 숭악한 놈하고 사노.' 싶으단 말이라. 신랭이.[19]

이 어찌 허니 그렇기 나한티 삼서 그렇게 호위호식 허고 개란 디도 안 긁고 살던 여자가 어찌 허니 나를 반대허고 이런 디 와서 그 산골짝으 그 숯 굽는 사람허고 부부간이 되야서 그 등모욕을 히 주고 그러는가.[20]

그래되기가 한심이 없어서 인자 내리 오는 도중에 그 담배 한대를 피우잉께로,[21]

그 질로 인제 가마 생각해보이, 그늠의 기집이 차라리 여 와서 숯꼉재이 총각하고 저래 살, 저래 총각한테 미칠 바에는 평양 가서 거 저 평양감사 수청기생, 수청을 들었으면 호강하고 사껜데. 그 참 이 기묘한 일이라. 그일로 이 사람이 저 깊은 산에 절로 드갔어. 드가가 점을 배웠는 게라.[22]

설화의 전승주체들은 주인공의 황망한 심경을 대변해 위와 같이 구연한다. 매 자료가 빠짐없이 주인공에게 시련이 닥친 이 상황에

---

19 홍분임(여, 84), 구미시 설화21 전생의 인연을 찾아간 이야기(최정여, 『한국구비문학대계』 7-15, 한국정신문화연구원, 1987, 156-157면.)

20 김창기(남, 68), 옹동면 설화24 전생의 인연(박순호, 『한국구비문학대계』 5-7, 한국정신문화연구원, 1987, 391-393면.)

21 성판원(남, 56), 남상면 설화24 중이 환생한 이야기(최정여, 『한국구비문학대계』 8-5, 한국정신문화연구원, 1981, 896-898면.)

22 신노식(남, 68), 예안면 설화3 전생의 노루 한 쌍이 타고난 인연(임재해, 『한국구비문학대계』 7-9, 한국정신문화연구원, 1982, 873-877면.)

대해 "왜"라는 질문을 던지는 과정이 포함되어 있다. 주인공과 설화의 전승주체들은 고귀한 신분의 주인공 곁에서 무엇 하나 아쉬울 것 없이 살던 아내가 천한 신분의 새 남자에게 떠나간 까닭을 전혀 이해할 수 없다.

이때 주인공은 변심한 아내에게 분노를 느끼고 처벌하기에 급급하기보다, 자신과 아내, 그리고 부부관계에 대한 근본적인 질문을 던지고 사유를 시작한다. 그 과정은 설화 텍스트에서 주인공이 신이한 능력을 지닌 대상을 찾아가 질문하거나, 절로 들어가 수도하며 스스로 깨닫게 되는 과정으로 그려진다.

앞서 논한 바와 같이 설화의 전승 주체들은 '부부라는 것이 다 인연이 있는 것이다'라는 운명론적 해석으로 이 "왜?"에 대한 답을 전한다. 비록 이 설화의 전승 주체들은 운명에 수동적인 사고로 질문에 대한 답을 내리지만, 어쨌든 그들 역시 관계의 현상을 넘어 그 이면까지 간파하여 기이한 인연을 해석하고 싶은 욕망에 사로잡힌 것은 분명하다. 보통의 상식으로 이해할 수 없는 '아내의 이동'은 주인공과 설화의 전승주체들에게 "왜?"라는 질문을 하게 하고, 사유를 시작하게 한다는 것이다. 그렇게 주인공이 던지는 "도대체 왜?"라는 질문은 그가 품고 있던 부부관계에 대한 사유의 변화를 예고한다.

여기에서 주인공이 이 질문을 시작으로 자신과 아내에 대한 깊은 고민에 빠진다는 점이 중요하다. 이 설화의 주인공들은 정승이나 부자라는 세속적 명예와 부를 잠시 접어두고, 득도하여 스스로 전생을 깨닫거나 기이한 대상에게 질문하여 자신과 아내 전생을 알게 된다. 이렇게 주인공은 아내가 자신을 떠나는 시련을 겪음으로써 자신과 아내의 관계에 대한 '질문'을 던지고, 기나긴 사유 끝에 그 답을 찾아내는 것이다. 즉 여기에서 전생 화소는 자신과 아내의 관계에 대해서 고민하는 남편의 '진중한 사유의 증거'이자, 주인공이 '부부관계에 질문을 던지는 자'로 거듭났음을 드러내는 '깨달음의 결과'이기도 하다. 바로 필자가 부부 인연에 대해서 전생론을 떠올리는 관습적 인식에 새로운 전환의 필요성을 주장하는 까닭은 바로 이 주인공이 던진 질문과 사유 과정, 그리고 그 사유의 변화에 있다.

## Ⅲ. 존재와 삶을 스스로 선택하는 '전생 발견하기'

이 글은 부부 인연에 대해 '전생'을 떠올리는 문화적 관습과 그것이 반영된 구비설화를 살펴보며, 부부 인연에 대한 운명론적 관점을 다시 해석해야 함을 주장한다. 부부 갈등 문제 중 배우자의 외도라는 치명적인 사태를 둘러싸고, 전생 화소가 강력한 힘을 발휘하는 설화를 대상으로 새로운 관점을 적용해보려고 하는 것이다. 물론 설화의 전승 주체들은 운명론적 사고에 입각한 부부의 인연을 강조함에 틀림없다. 그럼에도 설화에는 운명에 복종하는 수동적 태도와는 다른 단초들이 발견되기도 한다. 그래서 이 장에서는 전생을 말하는 불가의 윤회사상으로써 부부갈등 서사에 결부된 전생 화소의 의미를 새롭게 해석하려고 한다. 설화의 전승 주체들과는 다소 차이가 있는 해석일지라도, 이러한 시도는 '전생의 발견을 통해 부부가 갈등에서 벗어나 새 삶으로 나아가는 서사'가 지닌 현대적 효용성을 발견한다는 점에서 의의가 있다. 곧 부부관계의 불행으로부터 자유로워지는 서사에 관한 문학치료적 가능성을 발견하는 것이 이 논의의 목적이라고 할 수 있다.

앞서 설명한 바처럼 부부 인연에 대한 전생론은 운명에 대한 수동적인 태도로 이어지기 쉽다. 막강한 운명의 힘이 강조되며, 현생의 불행을 체념하게 한다. 그런데 이러한 수동적 사고는 한계점이 있다. "나의 운명은 왜 이토록 비참한가?"에 대한 "내 팔자가 그렇다"라는 답밖에 주지 못하기 때문이다. 이러한 사고는 성숙한 체념보다 비관의 원인으로 더 크게 작용한다.

역사적 사건에 피해 받은 생존자의 구술인터뷰나 문학치료 현장에서 흔히 발견되는 장면 중에 하나가 그것이다. "내 팔자가 더럽다, 내 팔자가 안 좋다" 등의 발언이 자주 등장한다. 이때의 운명론적 사고는 헤어 나올 수 없는 불행의 근거가 되고, 인생살이를 괴로워하는 이들에게 불행한 운명을 신념화하게 한다. 과거의 불행에 대한 기억이 현재의 갖가지 불행과 결부되어 내면에 강한 신념으로 자리잡는 것이다. 그러면서 현재의 불행에 대한 극복 가능성을 차단하게 한다.

구비설화에서는 존재의 결핍된 지점이나 뜻밖에 닥친 불행 등 주인공의 좌절을 그려내고, 그로부터 극복의 결말을 맺는 서사 구조를 많이 보인다. 심지어 좌절의 극복은 발복(發福)이라는 더 큰 행운으로 전화(轉化)된다. '좌절과 극복'의 설화 문법은 불가능 속에서도 가능성을 찾아내는 긍정의 힘을 보여주지만, 비관에 빠져있는 대상들에게는 미화된 상상력이나 위로의 판타지로만 수용될 가능성이 높다.

비관에 빠진 대상들은 '좌절과 발복'의 서사들을 두고, "주인공과 나는 다르다" 혹은 "주인공은 복이 많다"는 식으로 자기와 설화의 간극을 크게 인지한다. 설화 주인공은 이미 주어진 것이 많은 상태라고 해석하고, 자신에게는 설화 주인공 같은 능력과 조력자가 부재하다고 하며 극복 가능성의 문을 닫아버린다. 이는 문학치료학의 관점으로는 서사접속[23]이 원활하게 이루어지지 못하는 현상이라고 할 수 있다. 즉 운명에 대한 수동적 태도는 '좌절과 극복'의 서사를 내면화하는 일에 큰 방해 작용을 일으킨다는 것이다.

그래서 <전생의 인연으로…> 설화는 '좌절-극복'의 설화 문법을 가능하게 하는 핵심적 연결고리를 품고 있다는 점에서 중요하다. 핵심적 연결고리는 바로 주인공의 불행에 대해 모두가 "왜?"라는 의문을 품고 '전생 발견하기'로 그 답을 찾고 있다는 점이다. 뜻밖의 불행에 괴로워하는 주인공이 "왜?"라고 자신과 배우자의 존재, 그리고 부부관계에 대한 질문을 던지고 사유를 시작하기 때문이다. 전생 화소를 둘러싼 주인공의 '사유' 활동이 좌절에서 벗어나 자기 행복을 찾게 하는 원동력이 된다는 것이다. 하이데거는 '존재의 물음을 묻는 행위'로부터 현존재는 자신의 실존(Existenz) 즉 질문의 대상으로서 자신의 존재를 스스로 '선택'할 수 있는 능동체로 거듭날 수 있다고 하였다.[24] 즉 불행에 대한 질문은 자기 존재와 인생을 스스로 선택할

23 정운채는 문학치료학 서사이론에서 '작가'와 '작품'과 '독자' 사이에 일어날 수 있는 왜곡 내지 소통 장애에 대하여 '서사접속능력(서사능력)'을 주목하고, 그 극복을 위한 방안으로 '흥관군원(興觀群怨)'을 논한 바 있다. (정운채, 「서사접속 및 서사능력과 문학연구의 새 지평」, 『문학치료연구』 24, 한국문학치료학회, 2012, 153-170면.)

수 있는 가능성을 열어준다고 할 수 있다.

불가에서 말하는 전생론 역시 우리로 하여금 자기 존재와 인생을 스스로 선택할 수 있는 길을 열어주는 철학에 가깝다. 불가에서는 현생의 존재와 내생에 환생한 존재 사이는 인과율로 연결되어 있으며, 원인과 결과가 반복되면서 일종의 연속성을 갖는다고 말한다. 전생에 대한 관습적 인식은 대체로 '현생을 결정하는 강력한 힘'이라고 간주된다. 이 설화에서도 불행한 부부 인연을 야기한 강력한 '과거'로서 전생이 존재한다. 벗어날 수 없는 운명의 힘으로서 전생에 대한 관습적 인식은 과거와 현재를 인과율로 연결하는 윤회사상에 뿌리를 두고 있다고 할 수 있다.

그 인과율은 업[karma]으로 설명된다. 행위는 몸[身], 입[口], 생각[意]으로 이루어지고 이를 삼업(三業)이라고 한다. 즉 오랜 과거로부터 반복된 몸과 말, 그리고 생각의 행위가 지금 현재의 자신을 만들고, 개별적 인간의 실존 형태를 구성한다는 것이다. 실존을 구성하는 모든 것의 근원을 설명하는 근거가 바로 업이다.

부부갈등 설화의 전생 화소를 고찰할 때 중요한 점은 업의 소재(所

---

24 자신의 운명에 질문을 던지는 행위의 중요성은 하이데거의 실존 개념으로 설명할 수 있다. 현존재는 '존재의 물음을 묻는 자'이다. 즉 인간의 존재는 '존재의 물음을 묻는 주체'에게서 비롯된다는 것이다. 결국 묻는 자로서의 현존재는 존재를 물음으로써 '주어진 상황 안에서 스스로 자신의 존재를 문제 삼고 선택하는 자'라고 할 수 있다. 그것을 하이데거는 '실존(Existenz)'이라고 했다. '있음(existentia, 전재성 혹은 눈앞에 있음)과 구별되는 실존은 "이 세상을 살고 있으면서 자기의 존재 자체를 최대의 문젯거리로 삼는 태도"이며, 이에 현존재는 자신 스스로를 물음의 대상으로 바라보며 그 존재를 이해하기에, 존재를 사유하는 방식에 따라 자신의 실존을 선택할 수 있다. 결국 하이데거가 말한 '존재의 물음을 묻는 자'의 현존재는 자신의 '실존'을 선택하는 자라고 할 수 있겠다. (이선일, 『하이데거 『존재와 시간』 (해제)』, 서울대학교 철학사상연구소, 2003, 24-35면.)

在)와 근원에 대한 내용이다. 업을 설명하는 내용들은 부부갈등 설화에서의 전생 화소를 다시금 생각해보게 한다. 그 첫 번째가 업의 소재는 뚜렷하게 규정할 수 없다는 점이고, 두 번째는 업의 근원이 '생각'에 있다는 관점이다.

화엄사상에서는 '끝없이 중첩되어 있는 연기적 실상'[重重無盡緣起]을 논한다. "비유컨대, 세 묶음의 갈대를 빈 터에 세워놓을 때, (그 셋이) 서로 의존해서 서 있는 것과 같다. 만약 그중에서 하나를 제거하게 되면 나머지 둘도 서 있을 수가 없고, 그 가운데 둘을 제거하면 나머지 하나가 서 있을 수 없는 것과 같다."(蘆束經)고 했다. 그래서 현생의 원인으로서 업이 어디에 있고, 업이 어떤 시기에 비로소 여물어 어떤 결과를 낳게 하는지 쉽게 단정할 수 없다는 것이다.[25]

그리고 불가에서는 모든 업의 근원은 '생각'이라고 말한다. 예컨대 한 밤중에 길을 가다가 바나나 껍질을 밟은 승려가 개구리를 밟은 것으로 착각해서 몹시 괴로워하다가 결국 그 업보로 인하여 좋지 못한 세계에 태어나게 되었다는 이야기가 있다. 이 일화는 세 가지 행위 중에서 심리적인 요인을 가장 중요한 요소로 보고 있다는 것을 말해준다.[26]

---

25 "왕이 물었다. '존자여, 이 명칭과 형태[정신과 육체, 즉 인격적 개체]에 의하여 선행이나 악행을 짓게 되는 업은 어디에 머뭅니까?' '대왕이여, 그림자가 형체를 떠나지 않는 것처럼 업은 인격적 개체에 수반됩니다.' '업은 '여기에 있다. 저기에 있다'고 지적할 수 있습니까?' '그럴 수 없습니다.' '비유를 들어주십시오.' '대왕이여, 아직 열리지도 않은 과일을 '여기 있다, 또는 저기 있다'고 지적할 수 있습니까?' '존자여, 그럴 수 없습니다.' '대왕이여, 마찬가지로 생명체의 연속이 끊어지지 않는 한 '그 업이 여기 있다, 또는 저기 있다'고 지적할 수 없습니다.'" (성정형, 『밀린다팡하』(해제), 서울대학교 철학사상연구소, 2004, 132면.)

26 위의 책, 46면.

정신은 육체보다 변화의 정도가 빠르고 예측 불가능하다. 그만큼 업과 그 결과로서의 현생은 더욱 예측 불가능하며, 변화무쌍하다. 바나나 껍질을 밟지 않은 행위(사실)보다 '착각'의 업(두려움)이 더 강력한 힘을 발휘하는 것처럼, 우리의 정신적 작용을 통해서 현재와 다가오는 미래는 끊임없이 변화한다. 그리고 꼭 반드시 죽고 다시 태어나는 과정을 거치지 않아도 변화무쌍한 정신으로 말미암아 우리가 살아가는 삶의 모습도 계속 변화할 수 있다.[27] 그만큼 업의 결과로서 현생은 계속 변화할 수 있다는 것이다.

이러한 업의 특성은 윤회사상의 핵심인 자아에 대한 집착을 버리는 '무아(無我)'의 경지에 강력한 설득력을 더한다. 업이 변화무쌍한 정신작용에 의해 구성된다는 점과, 그 소재를 뚜렷이 규정하기 어렵다는 점, 이러한 업으로 말미암아 자아는 '욕계·색계·무색계'[28] 어디로든 윤회할 수 있기에, 결국 고정된 실체로서의 자아는 존재할 수 없는 것이다. 즉 끊임없이 변화하는 생각의 업으로 우리의 윤회도 끊임없이 변화할 수 있다는 의미이다.

필자의 좁은 견해에 따라 이해한 바에 준하면, 윤회사상은 "우리는 왜 이토록 비참한가?"라는 질문에 축적된 업의 결과라고 답을 준

---

27 불가에서는 업의 결과가 죽음과 재생의 과정을 거치지 않고, 한 생애에서도 들이닥칠 수 있다고 하였다.

28 불교적 세계관이 말하는 삼계는 '욕계·색계·무색계'이며, 중생들은 삼계 안에서 생과 사를 거듭하며 존재양태를 바꾸어 간다. 욕계는 육체적 욕망이 지배하는 세계이고, 색계는 육체적 욕망으로부터 자유롭지만 일종의 신체를 가진 신적 존재들의 세계이며, 무색계는 육체가 없는 정신적 존재들의 세계이다. 불교에서 말하는 해탈이란 이러한 삼계 자체를 벗어나는 것을 의미하는데, 무색계의 존재라고 할지라도 그 곳에서 태어나게 만든 조건[인연]이 다하면 다시 그의 업에 따라 다른 곳에서 태어나야 하기 때문이다. (성정형, 앞의 책, 2004, 39면.)

다. 그 업의 축적 기간은 현생의 '나'가 기억하지 못하는 먼 과거로부터 현재까지도 계속된다. 그리고 업은 변화무쌍한 근원(생각)에서 비롯되기에, 한 가지로 규정할 수도 없고 역시 업의 결과인 윤회 역시 단정될 수 없다. 지금도 변화하고 있는 정신작용에 의해서 새로운 업들이 쌓이고, 성큼성큼 다가오는 미래의 '나'는 어떠한 세계로 윤회할지 알 수 없는 것이다.

이는 곧 현재 정신작용의 변화로 미래의 '나'가 존재할 세계도 변화될 수 있다는 것을 의미한다. 고정된 실체로서의 자아는 없고 삼계를 끊임없이 윤회한다는 무아윤회적 사고는 바로 운명의 변화무쌍함을 나타냄과 동시에, '운명 변화의 가능성'도 내포하고 있다는 것이다. 즉 사람이 자신에 대해 물음을 물을 때(사유와 생각을 시작할 때) 곧 자아(혹은 존재)를 스스로 선택할 수 있는 길이 열린다고 할 수 있다.[29]

다시 설화로 돌아가면, 주인공은 "왜?"라는 질문에서부터 자신과 배우자의 관계를 사유하기 시작한다. 사유의 시작으로 전생을 발견하면서 비로소 그에게는 부부관계를 스스로 선택할 수 있는 기회를 잡게 되는 것이다.

설화에서 주인공이 "왜?"라는 질문을 던짐으로써 부부의 전생을 발견하는 과정은 '나'가 인지하지 못한 '나와 배우자'에 대한 앎의 과정이었다. 그는 사유함으로써 현생(결과)을 전생(원인)으로 이해한

29 무아윤회는 곧 고정된 실체로서의 자아를 부정하는 바로, 하이데거의 실존(Existenz)의 의미와 상통한다. 무아와 실존은 상반된 개념이지만, 자신의 존재를 이해하려는 인간에 대한 철학은 인간의 자아를 고정된 것으로 묶어두지 않는다는 점에서 유사한 의미를 지향하고 있는 것이다.

것이다. 이러한 인과율적 해석은 주인공의 의식 변화과정을 포함하여, 새로운 행위(업)과 결과(미래)를 생산해 낸다. '아내가 떠났다'라는 현생의 고뇌를 '내가 떼어냈다'는 전생의 원인으로 이해하면서 비로소 '나는 아내의 변심을 이해한다'의 행위까지 도달할 수 있게 된다는 것이다.

이러한 변화과정을 정리하면 다음과 같다.

| 운명 | 운명 속 사건 | 사유의 변화 과정 |
|---|---|---|
| 현생 | 아내가 떠났다. | "왜?"라는 질문을 던지고, 나와 아내의 존재를 사유하기 시작함 |
| 전생의 발견 | 내가 떼어냈다. | 현존재적 '나'의 기억(혹은 인지)이 지닌 한계를 인정함 |
| 현생의 변화 | 나는 아내의 변심을 이해한다. | 나와 아내의 존재를 재규정하고, 새로운 실존으로 거듭남 |

위와 같이 이 설화의 전생과 현생은 '과거－현재－미래'라는 물리적 시간 원칙을 뛰어넘어 등장한다. 그러니까 이 서사는 순차적인 시간의 흐름보다 주인공의 사유 과정에 더 무게 중심을 두고 전개되는 것이다. 물리적인 시간과 달리, 주인공의 정신세계 안에서는, 즉 하이데거가 말한 현존재로서 이 사태는 '현생의 불행에 대한 사유－전생의 발견－새로운 실존을 선택'이라는 과정으로 정리될 수 있다.

이렇게 설화에서 전생은 지나간 과거로만 의미되지 않는다. 이때의 전생은 주인공이 인생을 다시 사유하게 하는 새로운 깨달음이며, 미래를 뒤바꿀 수 있는 '현생의 정신작용'이다. 이는 불가에서 말하는 현생의 업[karma]을 이루는 '생각' 그 자체에 해당된다. 즉 주인공의 머릿속에 떠오른 '전생'은 결국 현생의 업이며, 가까운 미래를 바꿀 수 있는 업이라고 할 수 있다.

이렇게 볼 때 전생은 '나'가 기억하지 못한 과거이면서도, 당시 '나'가 발견하지 못한 사태의 이면이라고도 해석될 수 있다. 불가에서 말하는 첩첩히 쌓인 업과 같이 말이다. 전생의 '나'는 현생의 '나'와 같지 않으나 연속된 것이라고 하듯, 아내가 떠난 시점의 '나'를 확신할 수 없으므로 지금 현생에서 벌어진 사태인 '아내의 떠남'은 확고한 진실이 될 수 없다. '아내가 떠났다'라는 현생의 사태는 과거를 기억하지 못하는 불완전한 존재로서의 '나'의 판단에 불과하다. 그리고 전생이 보여주는 나와 아내의 관계는 내가 지각과 인지 혹은 기억의 끈을 놓고 있던 시점의 사태일 수도 있다. 전생과 현생이 같은 존재도 아니고, 그렇다고 다른 존재로의 삶이라고 단정할 수 없듯이, 이 설화에 담긴 전생과 현생의 부부 인연은 나에게 일어났지만, 나의 정신세계에서 선택적으로 인지되고 기억되는 장면의 조각들일 수 있다는 것이다. 즉 주인공의 사유과정은 그러한 삶의 장면들의 퍼즐을 맞춰가며, 아내와 자신의 관계를 통찰하는 것이라 하겠다. 이러한 점에서 진중한 사유의 결과로서 '전생 발견하기'는 사태의 이면을 발견하고 통찰하는 지점이라고 할 수 있다.

이러한 해석이 가능할 수 있는 단서는 한 편의 구연 자료에서 발견된다. 이 전승주체는 부귀한 남편을 떠나 가난한 숯장수에게로 간 아내의 내면에 대해 설명을 덧붙인다.

뭐 넘이야 머라 카기나 말기나 오두막집에 둘이 그래사도, 숯껑을

꼽어가 팔어도 지맛이로 고만 거기 인자 지 연이꺼네 떡 들어붙어 살고,[30]

구연자는 남이 뭐라고 하거나 말거나 보기에 구차스러워도 가난한 숯구이총각과 사는 삶은 아내에게 "지(자기) 맛"이고 "지(자기) 연"이다. 그렇게 구연자는 부부관계 당사자들의 만족도는 주변의 평가와 다를 수 있음을 이야기한다. 이처럼 타인의 내면은 쉽게 파악할 수 있는 대상이 아니다. 그 어떤 것이 그들에게만 보이고, 서로의 욕망을 채워주는지는 외부의 시선으로 쉽게 알아차릴 수 없다.

여게는 잠시 있다가 그 중이 안내삐랐으만 되는데, 먼저 내삐리는 거를 고통을 받았이이꺼네, 자게도 고오 쪼매 살아주고 그 사람을 버리뿌고 나오는 기라. 전부 이치에 없는 일은 안 나서고 사람이 청춘 과부로 되기나, 청춘에 넘, 청춘에 천없이 좋은 가잿이라도 이별하고 사는 기, 와 오만 기 전부 근거 없이는 안되고, 다 이치가 전부 있어가.[31]

그리고 이 자료는 다른 각편과 달리 '전생'에 대한 특별한 해설을 덧붙인다. 이[蝨]가 중의 몸에서 붙어살다가 돼지의 몸으로 옮겨간 것을 두고, 다른 각편들은 그 은공을 갚기 위해서 현생의 부부 연이

30 서상이(여, 78), 대구시 설화35 전생의 인연으로 만난 정승 마누라와 숯구이 총각(최정여, 『한국구비문학대계』 7-13, 한국정신문화연구원, 1985, 156-160면.)

31 서상이(여, 78), 대구시 설화35 전생의 인연으로 만난 정승 마누라와 숯구이 총각(최정여, 『한국구비문학대계』 7-13, 한국정신문화연구원, 1985, 156-160면.)

그렇게 되었다고 설명하는 데에 그친다. 그런데 이 구연자는 '중이 이를 내버린 행위'에 대해서 이가 받았을 "고통"을 이야기한다. 그래서 조금 살아주었다가 "그 사람을 버리뿌고 나오"게 되었다고 설명한다. 그러면서 오만 것이 "전부 근거 없"는 것은 없고, 부부 인연에서 이치가 없는 것은 없다고 말한다.

여기에서 인연의 이치는 이유 없는 현상은 없다는 의미로, 즉 아내의 변심이 주인공 정승의 업과 관련되어 있음을 의미한다. 정승이 기억하지 못하는 전생의 행위는 아내에게 고통을 남겼다. 그러니까 이[蝨]가 받은 고통은 부부관계에서 나는 인지하지 못하지만 나로 인한 아내의 고통과 상처, 곧 주인공이 기억하지 못하는 과거의 실수일 수 있다. 그래서 주인공의 전생 발견하기는 기존의 한계를 넘어 사유의 확장으로써 내가 기억(혹은 인지)하지 못했던 지점 발견하기이며, 이는 곧 '나'의 한계를 인정하는 과정에 해당된다.

그리고 이 각편은 다른 자료들과 달리, 전생을 발견한 정승이 이후에 어떤 삶을 살았나를 이야기한다.

> "인자는 하(何) 섭섭은가 말으시고 이치에서 그러이 인지, 남쪽으로 몇살 묹은 성받이가, 어느 성받이가 나설기이꺼네 그 성받이한테 장개로가마 그래 거게서여 그래 삼정승 육판사가 나고 그렇기 좋은 자리가 나서이꺼네, 그래가 그어 가여 그 연(緣)을 옳기 만난다고 그래 걱정하지말고 가시라."
>
> 고, 그래 키 주거등.
>
> 그래가 집에 와가 있시이 참, 그래 인연을 만내가 새로 그래 장개가

> 가, 그렇게 잘 살고 숯껑쟁이는 지는 한평상을 거어서 살게 되고 죽을 딴에꺼정 인제 거게 머리가 파뿌리 되두룩 그 사람하고 살게 되고, 그래서 그래 사더란다.[32]

정승에게 전생을 이야기해준 도사는 '이치에 따라서' 이제 정승이 새로운 배우자를 만나게 될 것을 예고한다. 그리고 정승은 좋은 인연을 만나 장가를 가고 한 평생 행복하게 살았다고 한다. 그렇게 '전생 발견하기'는 주인공이 아내의 변심에 괴로워하는 현생을 지나쳐 알맞은 배우자를 만나 새로운 현생을 살게 한다.

여기에서 중요한 점은 주인공의 '전생 발견하기'가 진중한 사유의 결과로서 아내의 변심이라는 사태의 이면, 곧 부부관계에 대한 아내의 입장을 깨닫게 한다는 것이다. 이는 문학치료학에서 말하는 부부서사의 주안점과 맞닿아 있다. 부부서사의 주안점은 관계의 지속(持續)에 있으며, 그것은 배우자의 소망을 중심으로 관계를 운용할 때를 말한다.[33] 그리고 배우자의 소망을 중심에 두는 일은 먼저 배우자의 소망을 이해하는 과정이 선행되어야 한다.

보통 사람들은 상대의 소망을 잘 알고 있다고 확신하지만, 실제로 '나'가 베푸는 호의라는 것은 그저 '내가 그에게 해주고 싶은' 나의 소망에 그칠 때가 많다. 정승이 애초에 아내의 변심을 두고, 그렇게

---

32 서상이(여, 78), 대구시 설화35 전생의 인연으로 만난 정승 마누라와 숯구이 총각(최정여, 『한국구비문학대계』 7-13, 한국정신문화연구원, 1985, 156-160면.)

33 정운채, 「문학치료학의 서사이론」, 『문학치료연구』 9, 한국문학치료학회, 2008, 247-278면.

고귀하고 편히 살던 아내가 왜 가난한 숯구이총각에게 갔는가 하는 고뇌에 빠진 지점과 관련된 것이다. 고귀하고 부유한 삶은 정승의 소망에 가까운 행복이었지, 아내의 소망이었다고 단정할 수는 없다. 이 설화 자료의 전승주체가 "지(자기) 맛"이고 "지(자기) 연"이라고 한 것처럼 그렇게 다른 사람의 소망은 쉽게 파악되기 어려운 것이다.

그리고 실제 배우자의 소망을 이해하고 지지하는 일 역시 쉽지 않다. 배우자의 소망은 대체로 내가 그토록 싫어하는, 혹은 괴로운 일을 감당해야 하는 무게감을 동반하는 경우가 많다. 즉 상대의 소망을 알아차린다는 점과 그것을 이해하고 지지하는 일은 '전생 발견하기'와 같이 인고(忍苦)의 과정이 될 수 있다. 이 설화는 그것을 무심코 벌인 내 행위까지 기억하는 과정, 인지하지 못했던 나의 과오까지 깨닫는 과정이라고 말하는 것이다.

그래서 이 설화에서 그려낸 부부의 이별은 상대의 소망을 중심에 두고 그것을 이해하고 지지해주는 배우자의 몫을 의미한다고 할 수 있다. 이별 역시 관계의 지속일 수 있다는 구비설화다운 해석이 가능한 지점이다. 그리고 왜 주인공이 그 시련 이후로 알맞은 제짝을 만나 행복하게 살 수 있는가 하면, 바로 배우자의 소망을 깨닫고 그것을 받아들이는 경지에 도달했기 때문이라고 할 수 있다. 이제 주인공은 충분히 '배우자의 소망'을 능히 탐색할 수 있는 자로 거듭났기 때문이다. 이것이 좌절에서 극복, 그리고 발복까지 이어지는 설화의 문법을 가능하게 하는 전생 화소의 역할인 셈이다.

이렇게 전생의 발견을 통해 주인공은 '아내에게 버림받은 남편'에서 '아내의 변심을 이해한 남편'으로 변화할 수 있었다. 그리고 주인공은 이 깨달음의 과정을 통해 아내의 변심을 이해하고 이별을 받아들일 수 있는 단계로 나아간다. 존재에 대한 물음을 물어 사유를 시작하면서 자신이 인지하지 못했던 부부관계의 이면을 이해할 수 있는 자로서 '부부관계에서 고통 받지 않는 실존'을 선택하게 된 것이다. 곧 '전생 발견하기'는 내 존재와 삶을 스스로 선택할 수 있는 계기를 의미한다. 그리고 실존의 선택은 행복한 삶의 새로운 시작을 불러들였다. 결국 '전생 발견하기'는 주인공으로 하여금 이별을 감내하게 하고, 괴로움에서 벗어나 새 삶을 시작하게 하는 원동력이라고 할 수 있는 것이다.

## Ⅳ. 전생 화소의 부부갈등 설화를 활용한 문학치료

이 설화에 그려진 '전생 발견하기'는 문학치료 현장에서 어떠한 역할을 할 수 있을까? 문학치료가 여타의 치유방법론과 구별되는 가장 분명한 지점은 '서사분석'에 있다. 연구자가 자기서사를 진단하고 적합한 작품서사를 탐색하는 과정도 그러하지만, 문학치료 참여자 역시도 끊임없이 '서사분석'을 해야 하는 테라피이다. 작품서사로 자기서사를 보충·강화·통합하는 문학치료는 굳게 닫힌 자기 마음에 새로운 서사의 길내기를 해야 하는 어려운 과정이다. 말 그대로 참여자가 작품서사를 '이해 가능한 형태'로 내면화하는 작업이라고 할 수 있는데, 이는 서사를 분석하는 활동으로 가능하다. 그래서 문학치료 활동은 보통 대체로 자기 내면에 닮은 서사와 자기 내면에서 받아들이기 어려운 서사를 견주고, 무엇이 그 차이를 만들었는가를 고민하게 하는 과정으로 이루어진다.

기존 연구에서 밝힌 바와 같이, 문학치료 현장에서 <전생의 인연으로…> 설화는 배우자 혹은 연인의 변심에 괴로워하는 대상을 위한 치유의 작품서사가 될 수 있다. 어떤 사람이 아내의 변심에 괴로워하며 불같은 분노로 자신과 주변의 삶을 망가뜨리고 있다면, 그에 대한 문학치료는 <전생의 인연으로…>의 서사로 그의 마음에 새로운 길내기에 초점을 맞추어야 할 것이다.

여타 이별을 논하는 서사와 달리 이 설화는 특장이 있다. 그것은 상대를 위한 배려와 포용으로 용서를 강요하지 않는다는 데에 있다. 아내의 변심에 고통 받는 이에게 용서와 포용을 권하는 일은 어쩌면 또 다른 형태의 폭력이 될 수 있다. 다행히 이 설화는 그렇지 않다. 다만 사태를 소화할 수 있는 사유의 시간을 제공한다.

그래서 이 설화는 전생과 현생, 그 가운데 전생 화소의 심오한 의미가 문학치료 참여자의 '서사분석' 활동을 활성화시킨다는 점에서 의미가 깊다. 문학치료사(문학심리분석상담사)와 참여자가 함께 "왜?" 라는 질문을 던지고, 대상으로 하여금 그 답을 찾게 하는 과정이 진행되는 것이다. 그리고 전생 발견하기를 통해서 주인공은 어떤 변화가 있었는가를 해석하게 하는 데에 집중할 수 있다.

이때의 <전생의 인연으로…> 설화는 참여자의 사유 과정에 길잡이가 된다. 설화의 서사가 대상의 사유 속에서 '인생살이의 시뮬레이션'[34] 기능을 하게 된다는 것이다. 주인공의 좌절과 극복의 서사 맥락에 따라 '전생 발견하기'의 의미를 분석하면서, 그 전과 후로 이어지는 사유 변화 과정을 체험하는 것이다. '"왜?"라는 질문을 던지고, 나와 아내의 존재를 사유하기 시작함 → 현존재적 '나'의 기억(혹은 인지)이 지닌 한계를 인정함 → 나와 아내의 존재를 재규정하고, 새로운 실존으로 거듭남'의 과정을 경험하는 것이 그 문학치료 활동이 될 것이다.

이렇게 문학치료 대상은 주인공의 사유 변화 과정을 경험하면서, 아내의 변심으로 인해 분노로 점철되기 쉬운 내면에서 새로운 서사의 길내기를 시도할 수 있다. 서사의 갈림길에서, 아내의 변심에 분노하는 자로서 지옥과 같은 삶에 안주할 것인가, 혹은 아내의 변심을 이해하는 자로서 성숙한 부부관계를 지속하는 삶으로 나아갈 것인가 하는 존재와 삶을 스스로 선택하는 것이다. 그리고 서사 맥락에 따라 전생 화소를 분석하는 과정에 참여하면서 '전생 발견하기'가 곧 '아내의 변심'이라는 충격적 사건을 이해 가능한 형태로 다시 사유하는 일이었음을 깨닫고, 이로써 아내가 떠나갔다는 판단에서

34 정운채는 인간을 위한 치유학에서 '서사'가 가진 장점을 설명할 때 그 특성인 '다기성(多岐性)'에 주목하였다. "서사의 다기성(多岐性)이란 서사가 진행되는 동안 요소요소마다 서사의 분기점(分岐點)들이 있고, 이 분기점에서 다른 서사로 나아갈 수 있는 서사의 갈림길들이 있다는 것이다. 그리고 서사를 기억한다는 것은 서사가 진행되는 동안 만나게 되는 서사의 분기점들에서 어떠한 서사의 갈림길을 선택해나갈 것인지를 기억하는 것이다. 그러한 점에서 서사는 하나의 시뮬레이션(simulation)이다. 우리들에게 서사가 중요한 것은 서사의 분기점에서 서사의 갈림길을 선택해 나갈 적에 어떠한 상황이 전개될 것인지를 보여주는 시뮬레이션이기 때문이다. 그리고 서사가 시뮬레이션으로서의 구실을 제대로 해내기 위해서는 그 서사와의 거리가 확보되어야 한다. 서사와의 거리를 확보하는 방법은 간단하다. 될 수 있으면 많은 서사들을 기억하는 것이다."라며 작품서사가 내면의 자기서사를 보충·강화·통합하는 문학치료의 과정을 논의한 바 있다. (정운채, 「서사의 다기성과 문학연구의 새지평」, 『문학치료연구』 23, 한국문학치료학회, 2012, 195-226면.)

내가 아내를 떠나보낸 것일 수도 있다는 사유로 확장·변화하면서 새로운 서사로의 길내기를 가능하게 할 수 있다. 그 과정에서 좌절에 대한 분노는 배우자에 대한 이해와 이별에 대한 수용력으로 변화할 수 있을 것이다.

물론 이 과정이 말처럼 쉬운 시간은 아닐 것이다. 분노에 매몰된 사람이 하나의 텍스트에 집중하고 사유하기란 쉽지 않을 것이고, 전생 발견하기가 임시방편적인 위로와 판타지에 불과하다고 치부할 가능성도 높다. 그럼에도 가능성을 품을 수 있는 까닭은 "왜?"라는 질문은 운명에 수동적 태도를 지닌 이들도 쉽게 품을 수 있는 궁금증이기 때문이다. 그렇게 "왜?"라는 질문을 던지기 시작했다는 것만으로도 새로운 서사로의 길내기는 충분히 가능성이 있으며, 서사 분석 내지 인생에 대한 진중한 사유를 시작하게 하는 힘이 될 수 있다.

## 참고문헌

**기본 자료**

박순호, 『한국구비문학대계』 5-7, 한국정신문화연구원, 1987.
임재해, 『한국구비문학대계』 7-9, 한국정신문화연구원, 1982.
정상박, 『한국구비문학대계』 8-13, 한국정신문화연구원, 1986.
정운채 외, 『문학치료 서사사전』 제3권, 도서출판 문학과치료, 2009.
최정여, 『한국구비문학대계』 7-13, 한국정신문화연구원, 1985.
최정여, 『한국구비문학대계』 7-15, 한국정신문화연구원, 1987.
최정여, 『한국구비문학대계』 8-5, 한국정신문화연구원, 1981.

**논문 및 단행본**

김금숙, 「설화 <호랑이 눈썹>의 서사 의미 연구: 일본, 중국, 인도에서 전승되고 있는 설화와의 비교를 중심으로」, 『어문연구』 42-3, 한국어문교육연구회, 2014.

김대숙, 「전생설화의 전승양상과 의미지향」, 『국어국문학』 106, 국어국문학회, 1991.
박계홍, 「再生說話의 再生意識」, 『언어·문학연구』 제5집, 충남대 영어영문학과, 1985.
박연숙, 「구전설화 <호랑이 눈썹>의 한일 비교」, 『일본어문학』 65, 일본어문학회, 2014.
성정형, 『밀린다팡하』(해제), 서울대학교 철학사상연구소, 2004.
신동흔, 『삶을 일깨우는 옛 이야기의 힘』, 우리교육, 2012.
윤승준, 「<도깨비감투>와 <호랑이 눈썹>, 그 상반된 욕망의 서사」, 『실천민속학연구』 29, 실천민속학회, 2017.
이강옥, 「부부 짝 바꾸기 이야기의 존재 양상과 죽음명상 텍스트로서의 가치」, 『우리말글』 68, 우리말글학회, 2016.
이선일, 『하이데거 『존재와 시간』 (해제)』, 서울대학교 철학사상연구소, 2003.
장덕순, 『한국설화문학연구』, 서울대학교 출판부, 1981.
정운채, 「문학치료학의 서사이론」, 『문학치료연구』 9, 한국문학치료학회, 2008.
정운채, 「서사의 다기성과 문학연구의 새지평」, 『문학치료연구』 23, 한국문학치료학회, 2012.
정운채, 「서사접속 및 서사능력과 문학연구의 새 지평」, 『문학치료연구』 24, 한국문학치료학회, 2012.
정운채, 「연극성 성격장애의 심층적 원인으로서의 연극성서사」, 『고전문학과 교육』 21, 한국고전문학교육학회, 2011.
조희웅, 「韓國說話의 硏究」, 『국문학연구』 11, 국문학회, 1969.
하은하, 「바람난 배우자에 대한 설화 속 대응양상과 이를 활용한 문학치료적 설계」, 『고전문학과 교육』 21, 한국고전문학교육학회, 2011.
飯島吉晴, 『竈神と厠神 異界と此の世の境』, 講談社学術文庫, 2007.
伊藤清司, 『昔話 伝説の系譜 東アジアの比較説話学』, 第一書房, 1991.

# 삶의 단절성, 그리고 죽음의 연속성

## 외국영화 〈스틸 라이프(Still life)〉(2013)

김혜미(한림대학교 생사학연구소 HK연구교수)

## Ⅰ. 아직 살아는 있는, 정물화 같은 삶

영화 <스틸 라이프(Still life)>(2013)는 우베르토 파솔리니 감독의 영화로 70회 베니스 국제영화제에서 오리종티 감독상, 파시네티 최고작품상, 국제예술영화관 연맹상, 특별예술영화상 등 총 4개 부문에서 수상을 하며 호평받은 영화이다. 한국에는 2014년 6월에 개봉하여 관람객에게 미명을 떨친 바 있다.

영화의 제목을 통해 확인할 수 있는 것처럼 영화 <스틸 라이프>는 누군가의 삶에 대한 이야기를 담고 있다. 그런데 삶에 대하여 이야기하고자 하는 제목과는 다르게 주인공 존 메이는 죽은 사람들과

일하는 사람이다. 존 메이는 고독사한 사람들의 장례를 치러주는 구청 공무원으로 일하며 고인의 지인들을 찾아내 장례식에 참여하라는 연락도 담당한다. 그런데 영화의 마지막에는 타인의 죽음을 준비해 주던 존 메이가 갑작스러운 죽음을 맞이하면서 고독사를 하게 되는, 다소 놀라운 결말을 보여주고 있다.

영화는 고독사를 한 사람들의 마지막을 준비해주던 사람이 고독사를 맞이함으로써 죽음에 대한 여러 가지 시사점을 제공하고 있다. 먼저 첫 번째로 죽음을 준비할 수 있는가에 대한 의문이다. 사람은 언젠가 죽게 되어있지만, 죽음에 대한 준비는 잘 이루어지지 않고 있다. 현재 성인이나 노인 등을 대상으로 간간히 죽음준비교육이 진행되고 있고, 대상자 스스로도 그 필요성을 느끼고 있긴 하지만 그 이외 청소년, 청년 등 다른 대상들은 죽음준비교육의 필요성을 인지하지 못하고 있다.

영화가 타인의 고독사를 처리해 주던 사람의 고독사를 그려내 던져주는 두 번째 시사점은 삶에 대한 고민이다. 영화 <스틸 라이프>의 주인공 존 메이의 삶은 평탄하고 무난하다 못해 심히 단조롭다. 주변의 인간관계도 특별하게 나타나지 않고, 영화에서 주인공의 대사 또한 많지 않다. 죽음을 준비하는 사람인 존 메이는 죽은 사람보다는 말이 많지만, 그렇다고 생명력 있는 삶을 살고 있어 보이진 않는다.

그렇다면 타인의 죽음을 준비해주던 존 메이의 삶의 모습은 죽음에 대한 이해를 가능하게 하는가에 대한 의문이 든다. 존 메이는 타인의 죽음을 준비해 주었지만, 자신의 죽음에 대한 준비를 구체적으로 하지는 않았다. 지금을 살아가고 있는 사람들은 당장 내일 먹을 것은 준비하지만, 죽음에 대해서는 준비하지 않는다. 죽음은 지금 일어나는 일이 아니며 삶과는 동떨어져 있다고 인식하기 때문이다.

그러나 삶과 죽음은 동떨어져 있는 것이 아니다. 죽음은 삶과 반드시 함께 하는 과정이다. 그렇다면 삶을 죽음의 한 과정으로 살펴보고, 죽음과 함께 살고 있는 인물을 고찰함으로써 삶과 죽음의 속성을 살펴보는 일이 필요하다고 하겠다. 이는 죽음과 삶의 경계선에 대한 이해를 더욱 심화시킬 수 있을 것으로 본다. 이 글에서는 타인의 죽음을 준비하는 내용을 담고 있는 영화 <스틸 라이프>를 통해 죽음과 삶의 속성을 살펴보고자 한다. 언제나 죽음과 함께 일하는 인물의 삶의 모습과 죽음을 대하는 태도를 통해 삶과 죽음의 속성을 확인해 볼 수 있을 것이다.

## Ⅱ. 영화 〈스틸 라이프(Still life)〉의 서사적 특징과 인물 특성

영화 <스틸 라이프(Still life)>(2013)는 장례식으로 시작한다. 서로 다른 여러 번의 장례식 장면을 연속적으로 보여줄 동안 장례식의 참석자는 한 명이다. 그는 '존 메이'라는 사람으로, 런던 케닝턴 구청 소속 공무원이며 고독사한 사람들의 지인을 찾고 장례식을 치러주는 일을 한다. <스틸라이프>가 현대 사회에서 망자의 경건함이 추락하는 세태를 묘사한 것이라는 평가를 받은 것처럼[1] 영화에서 고인을

1 김성규, 「죽음의 경건함과 인간적 구원」, 『영어권문화연구』 제9권3호, 동국대학교 영어권문화연구소, 2016, 51쪽.

추모해 주는 사람은 고독사 담당 공무원 한 명 뿐이다. 영화는 전반적으로 대사가 없고 잔잔한 분위기로 흘러간다. 또한 아무도 찾아오지 않는 장례식과 같은 황량한 이미지를 처음부터 끝까지 가지고 간다. 먼저 영화 <스틸 라이프>의 줄거리를 간단하게 정리하면 다음과 같다.

> 존 메이는 런던 케닝턴 구청 소속 공무원으로 고독사한 사람들의 장례식을 치러준다. 장례식이 끝난 후 존 메이는 사무실에서 사건이 종료된 사람들의 사진을 챙겨 집으로 돌아갔다. 존 메이는 모든 물건이 칼같이 정돈된 집으로 돌아가 토스트 한 조각과 참치 캔을 접시에 담아 먹고 사건이 종료된 사람들의 사진을 앨범에 정리했다. 존 메이는 고인의 집에서 챙긴 물건, 사진 등을 토대로 그의 삶을 애도하는 글을 쓰고, 자신만 참가한 장례식에서 자신이 쓴 애도의 글을 고인과 함께 들었다.
>
> 사무실에서 전화로 고인들의 지인을 수소문 하던 존 메이는 새로운 사건이 생겼다는 전화를 받고는 집을 찾아갔는데, 자신과 같은 구조를 하고 있는 맞은 편 아파트였다. 존 메이는 항상 그랬던 것처럼 고인인 빌리 스토크의 일생을 정리하기 위해 그의 물품을 이것저것 챙겨왔다. 존 메이가 다시 구청 부서로 돌아오자 부장은 존 메이에게 부서가 합병되었다며 담당자에게 모든 문서를 넘기라고 하고는 해고를 통보한다. 그러고는 앞으로 산 사람과 일해보라고 한다.
>
> 집으로 돌아간 존 메이는 빌리 스토크의 딸만 정리되어 있는 앨범을 보고 직접 그의 지인들을 찾아다니기 시작한다. 빌리 스토크가 일했던

식품가공공장, 빌리 스토크의 여자친구, 빌리 스토크 동네 사람 등을 만나며 빌리 스토크가 방탕한 생활을 했던 사람임을 알게 된다. 존 메이는 찾아갔던 지인들에게 빌리 스토크의 장례식에 와 달라고 부탁하였고, 그들은 모두 거절한다.

부서 정리를 하지 않는 존 메이에게 부장은 죽은 사람은 죽은 것이라며 오늘부로 정리를 하라고 하고는 퇴근한다. 빌리 스토크의 앨범을 다시 보던 존 메이는 뛰어 나가 부장에게 빌리 스토크 건만 마무리 짓고 나가겠다고 하였고, 부장은 비용은 대줄 수 없지만 그렇게 하라고 하였다.

존 메이는 빌리 스토크의 딸을 만나 감옥에 갔던 그의 이야기와 아내의 이야기를 듣는다. 존 메이는 빌리 스토크의 딸을 위로하고, 빌리 스토크의 딸에게 감사하다는 말과 이제는 충분하다는 말을 듣는다. 그리고 딸 또한 장례식에는 참여하지 않겠다고 하였다. 존 메이는 딸에게 들은 빌리 스토크의 군대 동료를 찾아가 그가 준비해 준 식사를 하고, 빌리 스토크가 함께 했던 노숙자와 한 병의 술을 함께 마셨다. 그 과정에서 빌리 스토크가 사람들에게 인기가 많고, 전쟁 트라우마가 있었던 사람임을 알게 되었다.

존 메이는 빌리 스토크를 위해 좋은 관과 좋은 자리를 골랐다. 빌리 스토크의 딸을 다시 만난 존 메이는 빌리 스토크의 장례식과 관련된 사항을 그녀에게 설명해 주었다. 설명을 들은 빌리 스토크의 딸은 장례식에 참여하겠다고 한 후, 장례식이 종료되면 같이 차를 마시자고 하였다. 존 메이는 좋다고 하며 자신은 시간이 많다고 했다.

집에 물건을 사서 돌아가는 길에 존 메이는 교통사고로 갑자기 죽게

> 되었고, 자신이 치러 주었던 많은 장례식처럼 아무도 없는 존 메이의 장례식이 진행되었다. 반면 빌리 스토크의 장례식은 자신이 찾아다녔던 많은 사람들이 모두 찾아와 북적이는 장례식이 되었다. 존 메이의 장례식과 같은 날 진행된 장례식에서 빌리스토크의 딸은 존 메이를 계속 찾았지만 그가 없어 궁금해 하였다.
>
> 존 메이가 땅에 묻히고 사람들이 돌아가자 어둠이 깔리고 무덤에서 빌리 스토크가 나왔다. 그리고 존 메이가 추도해 주었던 많은 영혼들이 하나, 둘 나와 모두 존 메이의 무덤을 둘러싸 그를 추모하였다.

영화 전반부에서 존 메이는 고독사 한 사람들의 장례를 치러주는 업무를 진행함에 있어 자신의 사무실을 떠나지 않는다. 고독사 한 사람들의 지인에게 연락을 하고 장례식에 오라는 연락을 하게 될 때에도 지인들을 직접 찾아가진 않는다. 전화를 받는 상대 또한 직접 얼굴을 맞대고 이야기하지 않으니 거절 또한 쉽게 이루어진다. 존 메이가 참석해 달라는 장례식에 오길 거부하는 것이다.

고인의 지인들을 직접 찾아가지 않았던 존 메이는 '해고' 당하는 것을 기점으로 사무실을 빠져나가는 경험을 하게 된다. 해고를 당하던 시기, 존 메이는 마지막으로 담당하게 된 '빌리 스토크' 사건을 진행하게 된다. 자신과 같은 아파트에 살고 있는 빌리 스토크의 지인을 찾아다니게 되면서 존 메이는 드디어 공간의 이동을 한다. 그동안 존메이는 공간 이동을 하지 않았다. 잘 정돈된 자신의 사무실에서 자신에게 정해진 일을 했을 뿐이다. 그런데 공간의 이동을 하게 되면서 다른 방식으로 일을 시작하게 된 것이다.

공간의 이동은 변화를 의미한다.[2] 원래의 자리에서 벗어나 익숙하지 않은 공간에 들어가게 되면 그 누구도 그동안의 방식으로는 살아갈 수 없다. 새로운 방식으로 사람들을 대하고, 대처해야 한다. 사무실에 있을 때, 존 메이는 전화로 사람들을 만났고 전화가 끊어지면 그 관계도 끊어진 상태였다. 사람들 간의 관계 지속은 어려운 상황의 환경에 있었다고 할 수 있다. 하지만 익숙하지 않은 공간으로 나가게 되면서 존 메이는 사람들을 직접 대면하게 된다. 그 중에서는 두 번 이상 만나게 되는 사람들도 있다. 존 메이가 관계의 지속의 방향을 찾은 것이라고도 볼 수 있다. 존 메이가 옮겨다닌 공간의 이동을 정리하면 다음과 같다.

존 메이의 사무실 ► 빌리스토크 지인들의 공간 ► 빌리 스토크의 공간

먼저 '존 메이의 사무실'이다. 존 메이의 사무실은 타인이 들어오지 못하는 자기 만의 공간이다. 존 메이는 자신이 원하는 대로 고독사한 사람들의 죽음을 대면하는 업무를 진행한다. 타인의 방해 없이 업무를 진행하는데, 이 때 존 메이는 모든 업무를 전화로 한다. 직접 대면하지 않는 것은 자신이 누군가를 찾아가지 않는다는 의미도 있지만, 누군가를 자신의 공간에 들이지 않는다는 의미도 있다. 존 메이는 누군가와 소통하지 않는 공간에 머물러 있는 것이다.

2 신동흔, 『왜 주인공은 모두 길을 떠날까?』, 샘터, 2014, 47면.

존 메이의 사무실과 같은 효과를 주는 장소가 하나 더 있는데, 바로 존 메이의 집이다. 존 메이는 방하나, 거실 하나가 있는 작은 집에서 혼자 살아간다. 사무실도 누군가와 소통하지 않는 공간인데, 집에 또한 반려견 하나 없이 혼자 살아가는 공간으로 구성해 두었다. 사무실과 집, 두 공간을 통해 살아있는 사람과 소통하지 않는 존 메이의 상황을 보여주고 있는 것이다.

그런데 자신과 같은 구조의 공간에 살고 있었던 빌리 스토크의 죽음, 그리고 해고라는 사건을 통해 존 메이는 사무실 밖으로 나가게 된다. 해고 통보를 받던 날 아침 시작된 빌리 스토크의 사건에 대해 구청과장은 그 사건까지만 3일 안에 해결하고 일을 그만두라고 한다. 일을 그만 두기 전, 구청과장은 이제 산 사람들과 일해 보라고 언급한다. 집으로 돌아가 빌리 스토크의 앨범을 살펴본 후, 존 메이는 집을 나서서 사무실로 가지 않는다. 빌리 스토크의 지인들, 즉 살아있는 사람들을 만나러 출발한다.

빌리 스토크 지인들의 공간은 각양각색이다. 식당, 공장, 집, 요양원, 길거리 등. 공간을 종합하여 살펴보면 사람들이 삶을 살아갈 때 갈 수 있는 자연스러운 공간이라고 할 수 있다. 이때 존 메이는 빌리 스토크 지인들의 공간에서 빌리 스토크에 대한 이야기를 들으며 그를 이해할 수 있게 된다. 공간의 이동이 거듭될수록 타인을 이해하는 부분이 높아지는 것이다.

고인에 대한 이해가 높아질수록 고인이 좋아하는 것을 파악하기는 쉬울 수 밖에 없다. 이후 빌리 스토크의 공간, 즉 최후의 안식처로 존 메이가 고른 공간은 자신이 찾아가는 공간이 아닌 직접 만들어낸 공간이다. 타인이 가장 최적의 공간에서 편안히 쉴 수 있도록 만들어 준 공간인 것이다.

이때 영화 전반을 통해 보면 존 메이가 공간의 이동을 하게 되는 기준은 빌리 스토크와 관련된 업무와 일정하게 관련되어 있다는 것을 알 수 있다. 다시 말해 존 메이의 업무는 존 메이의 집 건너편에 혼자 살던 '빌리 스토크'라는 사람의 죽음을 기준으로 세 부분으로 나누어 볼 수 있는 것이다. 첫 번째, 빌리 스토크의 죽음 이전의 업무, 두 번째, 빌리 스토크의 지인을 찾아다니는 업무, 세 번째 빌리 스토크의 장례식을 준비하는 업무이다. 다음 장에서는 공간의 이동과 유기적으로 연결되어 있는 존 메이의 업무 변화 양상을 통해 영화에서 언급하고자 하는 삶과 죽음의 의미를 추출해 보고자 한다.

## Ⅲ. 삶의 단절성, 그리고 죽음의 연속성

앞서 언급하였듯 존 메이의 공간 이동은 빌리 스토크의 업무를 기준으로 다시 나누어 볼 수 있다. 먼저 첫 번째, 빌리 스토크 죽음 이전의 업무 부분을 살펴보고자 한다. 존 메이가 하는 업무 중 하나는 고독사한 사람들의 장례식에 사용할 음악을 고르는 일과 고인의 삶을 정리한 낭송문을 만드는 것이다. 고인의 삶을 정리하는 글귀를 적기 위해 존 메이는 고인이 소중히 여겼을 법한 몇 가지 물건과 고인의 사진을 챙겨간다.

> 우린 이곳에 모여 제인 포드의 삶을 기리려고 합니다. 세계가 평화를 얻은 1945년 여름. 스카버러에서 포드 부부의 외동딸로 태어나 혼란스러운 시기에 예고 없이 찾아 온 귀한 사랑의 결실로서 부모의 기쁨이 되었습니다. 작은 즐거움에도 감사하는 자세로 맑은 날 해변의 온기와 소박한 목걸이와 립스틱 하나에도 기뻐했습니다. 플라멩고 댄스를 좋아하며 붉은 드레스를 입고 멋진 춤을 뽐내곤 했죠. 황혼엔 수지라는 고양이를 보살피며 많은 날을 함께 하고, 즐거운 성탄절을 보내기도 했습니다.[3]

존 메이는 자신 혼자 사용하는 작은 사무실로 돌아가 고인의 삶을 정리한다. 고인의 집에서 가지고 온 사진과 물건을 토대로 존 메이는 고인의 삶을 추측하여 그럴듯하게 작성한다. 위의 인용문에서 보는 바와 같이 존 메이는 고인의 집에서 가지고 온 사진과 물건들이 글에 잘 녹아 들어가도록, 고인이 정말 그렇게 살았을 것처럼 표현한다. 그런데 그가 글로 정리하는 고인의 삶은 진짜의 고인의 삶의 모습처럼 보이긴 하지만, 정말 그렇게 살았는지 확인할 길은 없다.

존 메이가 고인의 삶을 정리하고 고인의 지인에게 연락하는 일을 하는 사무실은 온통 하얀 벽으로 둘러싸여 있고, 물건들의 정리가 잘 되어 있다. 흡사 결벽증이 있는 것처럼 비뚤어진 책 하나, 사무집기 하나 없다. 이러한 모습은 집에 돌아가서도 계속된다. 존 메이는 퇴근 후 정돈된 책상 위에 빵과 참치 캔으로 저녁을 때우고 잠에 든

---

3 영화 <스틸 라이프> CD 16:35~17:40

다. 중년이 다 된 존 메이는 혼자 살며 결벽증적 모습을 보이는 것이다.

존 메이의 결벽증적인 성격은 그의 삶에 살아있는 다른 사람들을 불어들이기 어려운 것을 의미한다. 결벽증이 있는 사람들은 자기만의 공간에 자신의 법칙대로 물건들을 정리하곤 한다. 그런 공간에 타인이 들어와 그 법칙을 어그러뜨리게 되면 그 사람들은 참을 수 없어 한다.

그런데 결벽증적 모습을 보이는 존 메이의 공간에 들어와 있는 사람들이 있다. 바로 고독사 사건이 종료된 고인들이다. 존 메이는 고독사 사건이 종료된 고인의 사진을 집으로 가지고 와서 자신의 개인 앨범에 정리한다. 이 때에도 그의 결벽증적인 성격이 드러난다. 원래 자기의 자리일 것 같은 가위, 풀 등을 가지고 사진의 모서리 부분이 망가질 것을 염려하여 모서리에 종이를 대고 앨범에 붙인다. 존 메이의 결벽증적 성향은 존 메이의 집에는 산 사람은 들어올 수 없지만, 고인들만 들어올 수 있다는 것을 설명해 준다.

그런데 혼자 살 것만 같은 존 메이가 고인들의 사진을 정리하는 모습을 보여주는 것은 그의 공간에 죽은 자와 산 자가 공존하는 것을 표현하고자 하는 장치이다. 존 메이는 혼자 살지만 사실상 혼자 사는 것은 아니라고도 할 수 있다. 현대 사회에서 죽음을 인식하는 가장 큰 문제는 죽음과 삶을 분리해서 생각하는 일이다. 인간은 죽는 것을 알면서도 죽음에 대해 이야기하는 것을 꺼려하는데, 이는 죽음을 금기로 여기며 공포와 두려움의 대상으로 인식하기 때문이다.[4] 많은 죽음을 겪으며 존 메이는 이미 삶의 한 과정으로 죽음이 있다는 것을 인식하고, 그들을 집안으로 받아들인것이다. 이 때 존 메이는 집안에 들인 고인들의 생전 삶을 알지는 못한다. 그들의 겉모습은 사진을 통해 기억하고는 있지만 실제 어떤 사람이었는지 그들이 살았던 삶에 대해서는 인식하지는 못한 채 고인들을 애도하고 있는 것이다.

존 메이가 앨범에 고인들을 정리하며 애도하는 이유는 그의 현재 모습이 고인들의 생전 모습과 닮아있기 때문이다. 존 메이의 삶은 타인과 함께하지 않는, '혼자'있는 모습들이다. 존 메이는 결혼을 하지 않은 채 혼자 단절되어있지만 깨끗한 생활을 영위하려고 하고 있다. 그리고 고인들이 생전에 살았던 삶의 모습도 '혼자'있는 모습들이다. 삶에서 존 메이와 고인들 모두 혼자인 삶의 방식을 채택하고 있다. 이는 존 메이에게 타인과 교류하는 장면이 나타나지 않는 것과 고인들이 '고독사'를 했다는 정보를 통해서 존 메이와 고인들이 혼자 만의 삶을 살았을 것을 추측할 수 있다.

우리가 삶이라고 명명하며, 살아있다고 표현할 때에는 혼자서 살아가는 모습을 의미하는 것은 아닐 것이다. 그런데 현대인의 모습은 단절되고 고독한 모습으로 종종 나타난다. 물론 주체적으로, 혼자서 즐겁게 살아가는 것은 문제가 되지 않는다. 그러나 삶이 단절되어 고독하게 되는 것은 결국 인간의 삶이 피폐해져가는 것이 될 뿐이다.

영화의 전반적인 분위기는 이러한 삶의 피폐함을 반영하듯 어두침

4 박형국, 『죽음과 고통, 그리고 생명』, 모시는 사람들, 2015, 23쪽.

침하다. 물론 영국이라는 배경이 주는 분위기도 있을 것이다. 하지만 그 배경을 영국으로 한 것도 어두컴컴한 날씨, 우울한 날씨를 통해 단절되고 고독한 삶의 모습을 보여주고자 하였을 것으로 본다. 이는 영화의 제목을 통해서도 확인할 수 있다. 'Still Life'는 '정물화'라는 뜻을 가지고 있다. 존 메이의 삶의 모습은 정물화처럼 정형화되어 있으며 능동적으로 움직이지 않은 채 단절 되어 있다.

그런데 단절된 삶의 모습을 보이던 존 메이가 언제나와 같이 업무를 진행하던 도중 또 한 사람의 고인을 업무로 맡게 된다. 그는 '빌리 스토크'라는 사람이다. 연락을 받고 간 그의 집은 존 메이의 집 건너편으로 존 메이와 같은 구조의 아파트에서 존 메이와 같이 혼자 살던 사람이었다. 존 메이는 자신이 집을 지나 빌리 스토크의 집으로 간다. 자신의 인생으로 걸어가는 것처럼 빌리 스토크의 집으로 들어가는 것이다.

존 메이는 빌리 스토크의 집 창문을 통해 자신의 집을 본 후 평소처럼 빌리 스토크의 방을 돌아보며 그를 애도할 수 있는 물품들을 챙겨나간다. 그 때까지도 존 메이는 빌리 스토크가 마지막 업무가 될 것이라는 사실을 알지 못한 채 예전과 같이 고인에 대한 애도의 방식을 취한다. 그런데 사무실로 돌아간 존 메이는 과장의 갑작스러운 해고 통보를 받게 된다. 존 메이가 장례식에 너무 많은 비용을 소비하고 있다는 것이 그 이유였다. 22년 동안 해 왔던 일이 하루아침에 없어져 버렸지만 존 메이는 그 사실을 담담하게 받아들이고자 한다.

이 부분부터 영화는 두 번째 부분, 빌리 스토크의 지인을 찾아다니는 업무로 넘어가게 된다. 존 메이의 애도 방식은 이때부터 사무실과 집을 벗어나 밖으로 확장되는 양상을 보인다. 공간의 이동이 시작된 것이다. 22년 동안 존 메이는 고인의 지인을 찾을 때, 사무실에서 전혀 벗어나지 않은 채 지인들에게 장례식에 참석하였으면 좋겠다는 연락을 전화로 하곤 했지만, 사람들은 거절하였다. 존 메이는 해고를 계기로 이런 방식에서 탈피하여 사람들을 직접 만나기 시작한다.

존 메이가 사람들을 만나는 일은 죽음과 만나던 일에서 산 사람, 즉 삶과의 만남을 시작한 것을 뜻한다. 지속적으로 죽은 사람과의 소통만 지속하던 존 메이는 다른 방향의 소통을 시작한 것이다.

> 구청 과장 : 이번에는 살아있는 사람들과 일해 보세요.[5]

존 메이를 해고시키며 구청 과장은 이제 산 사람과 일하라고 한다. 존 메이는 그 동안 죽은 사람들과 일을 해온 것이며, 고인이 죽기 전의 삶을 추측만 해 왔다. 사실 구청 과장은 지금의 일과는 다른 일을 하며 산 사람들과 일을 해 보라고 한 것이었는데, 해고 통보를 계기로 존 메이는 기존 업무의 방법을 바꾼다. 그리하여 빌리 스토크의 행적을 밟아가며 죽은 사람을 통해 산 사람들을 만나게 된다.

존 메이는 빌리 스토크와 식품 공장에서 함께 일 한 동료, 함께 살았던 여자, 동네 사람, 감방 간수, 딸, 군대 동료, 함께 지낸 노숙자들을 만난다. 존 메이가 처음 만났던 사람인 식품공장 동료는 빌리 스토크의 괴팍한 성격과 일을 못하는 점을 이야기했지만, 그래도 동료

5 영화 <스틸 라이프> CD 25:47

들의 휴식시간을 위해 싸워준 사람이라는 점을 이야기해 주었다. 또한 여자가 끊이지 않았는데 불안한 표정을 늘 하고 있어서인 것 같았다고 하였다.

공장 동료를 통해 본 빌리 스토크는 남들과는 좀 다른 성향의 사람으로 보일 수 있다. 그런데 그의 괴팍한 행동은 이후 빌리 스토크의 또 다른 지인들을 만나러 다니는 것을 통해 이해할 수 있게 된다. 지인을 통해 알게 된 빌리 스토크는 의협심을 발휘하는 사람이었다. 동료의 휴식시간을 위한 투쟁 뿐 아니라 재소자들을 위한 모금 활동을 하였으며, 군대 시절 동료인 점보가 죽을 위기에 당면했을 때 구해주었다. 또한 존 메이는 빌리 스토크가 불안해하며, 폭력적인 성향을 보여 감방 생활을 전전했던 것은 전쟁을 경험한 후, 외상후 스트레스 장애(PTSD)를 경험했기 때문으로 파악할 수 있게 되었다. 빌리 스토크의 지인들은 그의 단편적인 모습을 보았지만, 존 메이는 그의 지인을 모두 만남으로써 그의 입체적인 모습을 살펴볼 수 있었으며, 이로 인해 그를 이해할 수 있게 되었다.

사람들을 직접 만나는 과정에서 존 메이는 빌리 스토크가 단지 괴팍한 인물이 아니라 외상후 스트레스 장애로 힘겨운 삶을 보냈으며, 딸을 사랑해 딸의 사진을 모은 앨범을 간직하고 있었고, 의협심을 가진 사람이라는 것을 알게 되었다. 존 메이는 그 동안 자신이 사진과 물건을 통해서 고인의 일생을 창작했다가 지인들을 직접 만나게 됨으로써 대상을 다각도로 이해할 수 있게 되었고, 이를 통해 실제 고인의 실제 일생을 애도할 수 있는 낭송문을 적어내려 갈 수 있게 된 것이다.

또한 존 메이는 빌리 스토크의 지인들을 만나면서 세 가지 변화를 겪게 된다. 첫 번째 타인이 차려준 식사를 먹는다는 것이다. 존 메이는 그동안 대부분 집에 돌아가 혼자 식사를 했다. 본인이 식사 준비를 하였으며 혼자 밥을 먹었다. 누군가가 차려주어 누군가와 대화를 나누며 식사를 하지 않았으나 사람들을 만나며 사람들과 함께 식사를 하는 '식구(食口)'의 면모를 보이게 되는 것이다.

두 번째, 노숙자와 술을 나누어 먹는 것이다. 존 메이는 결벽증이 있어 보일 정도로 정돈된 생활을 하고 있었다. 하얀 벽과 칼 같이 정돈된 물건들을 통해 볼 수 있듯, 깨끗한 생활을 영위하고 있었다. 그런 그가 사람들을 만나기 시작하면서 한 병의 술을 노숙자와 나누어 마시게 된다. 그것도 병에 있는 술을 따라서 나누어 마시는 것이 아니라 병 채로 입을 대서 한 번 씩 돌려 마신다.

세 번째 인간관계를 시작하려 한다는 것이다. 존 메이는 빌리 스토크의 딸을 찾아가게 되고 그녀를 위로하게 된다. 그는 빌리 스토크의 업무 이전에 고인들의 지인들에게는 전화로만 위로를 했었다. 전화를 통한 업무 차원의 위로가 아닌 직접 대면을 통한 위로는 타인에게 감동을 주었고, 이를 통해 연애까지 시작할 수 있게 되었다.

이러한 세 가지 변화는 사람을 직접 대면하게 되면서 겪는 변화라고 할 수 있다. 존 메이가 처음 빌리 스토크의 지인을 찾으러 가게 된 경위는 빌리 스토크를 위함이었지만 결국, 그 과정은 모두 자신에게 돌아오게 된 것이다.

존 메이는 자신이 만난 모든 빌리 스토크의 지인들에게 그의 장례식에 올 것을 권유한다. 그러나 빌리 스토크를 알고 있다는 모든 지인과 가족들은 그의 장례식에 올 것을 거부한다. 그럼에도 존 메이는 그의 장례식을 준비하기 시작한다. 이 부분에서부터 영화는 새로운 국면으로 들어선다. 이는 세 번째 부분인 '존 메이의 장례식을 준비하는 업무 부분'을 통해 확인할 수 있다.

존 메이는 이전보다 더 적극적으로 장례식을 준비한다. 흡사 자기 친구의 장례식을 준비하는 것과 같다. 어떤 관이 빌리 스토크에게 어울릴 것인지 고르고, 양지 바른 곳이 어느 지점일 것인지 확인하는 과정을 거친다. 빌리 스토크의 딸이 찾아왔을 때, 존 메이는 자신이 했던 일을 하나하나 세세히 설명하는 모습을 보이는데, 이 때 즐거워 보이기까지 한다.

> 이 곡이 아주 괜찮아요. 장송곡은 아니지만 **직접 들으면, 직접 보시면, 직접 들으면 아는 곡**일 거에요. 그리고 아, 비석을 봐야죠. 적색 화강암이란 건데 빨갛진 않고 **적갈색이에요. 부친께서 군대에서 쓰시던 베레모 색깔. 부친께서 좋아하실 겁니다.** 그리고 뒷자리도 보세요. **좋아하시면 좋겠어요.** 맑은 날엔 정말 멀리까지 보여요. 날씨가 안 좋아도 워낙 트인 곳이라 **직접 느끼시기엔, 고인께서 느끼시기엔 바깥 같을 거에요.** 땅 속이 아닌 것 같죠.[6]

위의 인용문은 존 메이가 빌리 스토크의 딸에게 장례식을 준비한 것들에 대해 설명하는 내용이다. 빌리 스토크가 좋아했던 곡, 빌리

6 영화 <스틸 라이프> CD 1:13:53~1:14:30

스토크의 군대 생활에 맞춘 비석 등을 통해 장례식을 준비하는가 하면 묏자리 또한 트인 자리로 선정하여 고인이 멀리 까지 볼 수 있도록, 고인이 직접 느낄 수 있도록 좋은 자리를 골라 두었다.

존 메이의 대사를 통해 확인할 수 있는 것은 존 메이가 죽은 사람을 위해 일 하는 것이 흡사 산 사람을 위해 일하고 있다는 인상을 준다는 점이다. 먼저 존 메이는 장송곡을 준비하지 않고 좋아하던 노래를 준비했다. 좋아하는 노래를 장송곡으로 선택하면서 존 메이는 '직접 들으면'이라고 언급한다. 일반적 상식으로 죽은 사람이 노래를 직접 들을 수 없는 것은 당연하다. 그런데도 존 메이는 직접 듣는다고 생각한다. 또한 탁 트인 전망의 묏자리를 선택하면서 '직접 느끼시기엔' 좋아할 것이라고 언급한다. 이러한 존 메이의 생각은 죽은 사람과 산 사람의 경계를 무너뜨린 모습을 보여준 것이라고 할 수 있다.

존 메이는 평소 단절된 삶의 방식을 택해왔다. 결혼도 하지 않은 채 혼자 모든 것을 해결하고, 혼자 만의 공간에 단지 고인들만 허락한 상태였다. 앞서 존 메이가 자신의 공간에 산 사람이 아닌 죽은 사람들만 들임으로써 고인을 애도하고 있다고 언급하였다. 그런데 앞서 진행한 고인들을 애도하는 모습은 고인들의 삶에는 침투하지 않은 모습을 보였다. 단절된 삶의 모습을 보인 존 메이는 고인들의 죽음 이후에만 고인들을 자신의 공간에 받아들인 것이다.

하지만 빌리 스토크의 장례식을 준비하는 업무를 통해 확인해 보았을 때, 존 메이는 고인의 삶까지 자신의 삶에 받아들인 모습을 볼 수 있다. 고인이 살아있을 때 좋아했던 것에 더하여 죽음 이후에도 쾌적하게 지낼 수 있는 묏자리를 제공하는 과정을 통해 빌리 스토크를 대신해 그의 삶을 되돌아보고, 죽음 준비를 진행하게 된 것이다.

또한 존 메이는 고인을 진정으로 이해해 보고자 하는 행위를 하게 된다. 이는 빌리 스토크가 감옥에서 재소자들을 위한 모금활동을 하기 위해 창틀에 가죽 허리띠를 묶고 이빨로 오래 매달리기를 하는 행동을 존 메이가 따라한 것을 통해 확인할 수 있다. 존 메이는 빌리 스토크의 지인을 찾아다니며 그의 인생을 돌아보는 것에 더하여 그의 인생을 이해하고자 빌리 스토크가 했던 행동을 그대로 따라해 본 것이다.

존 메이는 빌리 스토크 삶의 전적을 직접 찾아보는 과정을 통해서 그가 좋아할 만한 것으로 그의 죽음을 준비하였다. 또한 빌리 스토크 삶 속에서 단절되었던 가족, 지인들을 빌리 스토크의 장례식에 참석할 수 있도록 도와주었다. 이러한 과정을 통해 보면 존 메이는 삶과 죽음을 이어줄 수 있는 매개자의 역할을 하게 된 것이라고 할 수 있다.

죽음은 삶의 과정 중 마지막 여정이라고 할 수 있다. 죽음은 살아가는 우리 모두에게 있어서 피할 수 없는 과정이다. <스틸 라이프>는 죽음과 삶이 하나의 과정이라는 것을 명확하게 보여주기 위하여 존 메이가 갑자기 죽는 장면을 넣는다. 존 메이의 죽음은 영화를 보는 사람으로 하여금 당혹감을 줄 수밖에 없다. 존 메이가 이제야 타인을 자신의 삶에 받아들이고 함께 하고자 하는 마음을 지니게 되었을 때, 자동차 사고로 인하여 갑자기 죽는 장면을 넣었기 때문이다.

존 메이의 장례식은 그가 빌리 스토크의 죽음 이전, 자신이 치러주었던 장례식과 꼭 같다. 지인이 없었던 그의 장례식에는 아무도 참석하지 않는 고독한 장례행렬이 이어진다. 그의 장례식에 사용되었던 장송곡이나 그의 시신이 담긴 관 또한 그가 좋아하던 것이었는지 모를 것으로 준비되어 있다. 그에 반해 빌리 스토크의 장례식에는 그의 지인과 가족들이 모두 참석하는 상반된 장면으로 나타난다. 자신의 마지막 업무였던 빌리 스토크의 장례식이 거하게 진행되고, 관이 볕이 잘 드는 묏자리로 이송된 동안 존 메이는 어디인지도 모를 장소에 안치된다.

그런데 중요한 부분은 존 메이가 안치되고 사람들이 모두 돌아간 이후이다. 빌리 스토크를 비롯한 존 메이의 앨범 안에 감겨있던 사진 속 인물들이 영혼이 되어 나와 존 메이의 묘지 앞에 둘러서서 그를 애도한다.[7] 죽음이 끝이 아니라는 것, 죽음은 삶과 연결되어 있는 연속성을 보여주는 또 하나의 부분이라고 할 수 있다. 죽음 또한 삶의 한 부분이며, 삶의 또 다른 모습으로 진행된다는 것을 보여준다. 존 메이가 살아있을 때 애도했던 고인들과의 관계가 존 메이가 죽었을 때에도 지속되고 있는 것이다.

영화 <스틸라이프>는 존 메이의 죽음으로 다소 당황스러운 결과를 맺고 있는 것으로 보이기도 하지만, 영화에서 말하고자 하는 메세지는 그의 죽음으로 더욱 확실하게 나타나고 있다. 이는 삶과 죽음이 유리되어있지 않다는 것, 즉 삶과 죽음은 하나의 과정이며 지속성을 가지고 있다는 점이다. 앞서 Still Life라는 제목이 정물화라는 뜻을 가지고 있으며 멈추어진 존메이의 삶의 모습을 보여주고자

7 이 장면을 김성규는 "인간이 인간을 구원한다"는 맥락으로 분석하고 있다.(김성규, 앞의 글, 58~59쪽.)

한 것이라고 언급하였다. 그런데 영화의 제목은 단지 멈추어진 삶의 모습만을 의미하고 끝내고자 하지 않는다. 영화의 제목 'Still Life'는 중의적 의미를 가지고 있다. 그대로 직역하면 '여전히 살아있다'라는 의미로도 해석될 수 있다. 죽음 이후에도 여전히 살아있음을 강조하고자 한 것이다. 살아 있을 때의 존 메이의 모습은 정물화처럼 볼 수 있지만 빌리 스토크의 고독사를 추적해 나가며 '여전히 살아있는' 존재가 된 것이다.

## Ⅳ. 삶 그리고 죽음, 하나의 선

영화 <스틸 라이프>는 존 메이가 업무를 진행하는 과정을 통해 단절된 삶과 죽음의 속성을 보여주고자 하였다. 삶의 단절성과 죽음의 연속성은 우리가 그간 알고 있던 삶과 죽음의 속성과는 다르게 표현되어, 역설적으로 느껴지기까지 한다. 존 메이는 살아 있을 때의 단절된 인간관계의 모습을 보였지만, 죽은 사람들과는 지속적으로 교류하고 있었다. 또한 빌리 스토크의 지인을 찾아가고 그의 장례식을 준비하는 업무를 통해 타인을 이해하게 되고, 살아있는 사람과 죽은 사람의 경계를 허무는 태도를 갖게 되었다. 삶과 죽음이 하나의 과정이라는 것, 그것이 Still life에서 말하는 중요한 '죽음'의 이야기이다.

## 참고문헌

김성규, 「죽음의 경건함과 인간적 구원」, 『영어권문화연구』 제9권 3호, 동국대학교 영어권문화연구소, 2016.

김수정, 「문학을 통해 다가간 죽음」, 『인격주의 생명윤리』 2권 2호, 카톨릭생명윤리연구소, 2012.

김혜미 외, 『지역사회 생명존중문화 확산을 위한 자살예방네트워크 "동행(Go with U)"』, 감리회 태화복지재단 사회복지연구소, 2016.

박형국, 『죽음과 고통, 그리고 생명』, 모시는 사람들, 2015.

신동흔, 『왜 주인공은 모두 길을 떠날까』, 샘터, 2014.

양정연, 「타이완 생명교육의 전개와 시사점」, 『철학논집』 제41집, 서강대학교 철학연구소, 2015.

정운채 외, 『문학치료 서사사전』 2, 문학과치료, 2009.

『자살위기개입 핸드북』, 서울시자살예방센터, 2011.

제2부

# 어떻게 죽을 것인가,<br>어떻게 살 것인가

이야기, 죽음을 통하다

제4장

# 죽음이 바꾸어 놓은 인생*

## 외국영화 〈라스트홀리데이〉

박재인(건국대학교 인문학연구원 HK연구교수)

## Ⅰ. 결말이 예상되더라도 보고 싶은 영화 〈라스트 홀리데이〉

과거에는 문학이 정치, 교육, 오락 등 인간 생활의 중심에 놓여있었다. 현대에는 문학의 역할이 위축되었다고 하지만 꼭 그런 것은 아니다. 현대인들이 일 년에 책 한 권을 채 읽지 않는다고 하지만, 문학은 과거의 모습이 아닌 다른 형태로 인간의 일상에 늘 들어와 있기 때문이다. 그것의 대표적인 예가 영화이다. 영화가 우리 삶의 중

* 이 글은 박재인, 「영화 <라스트 홀리데이>의 작품서사와 조지아의 문제 해결 과정」, 『영화와문학치료』 1, 서사와문학치료연구소, 2009, 161-190쪽. 논문을 수정 보완한 것이다.

요한 자리를 차지하고 있고, 문학으로서의 기능을 해내고 있다는 사실을 부정할 사람은 없다. 그렇기에 문학을 연구하면서 현대영화에 주목하는 것은 매우 당연한 일이다. 소설이나 시와 같은 다른 문학 장르의 작품을 분석하고 그 작품이 지니는 가치와 의의를 규명하는 일에 힘을 쏟는 것처럼 이제 영화에도 그 힘을 분배하여야 한다.

문학치료학에서도 마찬가지이다. 문학치료가 우리의 자기서사를 치유의 대상으로 삼는다면, 우리가 가장 가까이 대하고 있는 문학 텍스트의 작품서사에 귀를 기울이는 것은 당연하다고 할 것이다. 특히 한국사회는 영화에 있어서 우리나라 작품 뿐 아니라 외국작품에 대해 매우 개방적이고 수용태도를 보이고 있다. 그렇기 때문에 외국에서 창작된 작품 역시 한국 현대인들에게 중요한 서사이며, 많은 영향을 미칠 수 있는 서사로 인정할 수 있다.

한 영화작품이 국경을 넘어 사랑을 받는다는 것은 그 작품의 서사가 이 시대를 살고 있는 사람들의 보편적인 문제를 다루고 있다는 것을 의미한다. 보편적인 문제를 다룬다는 것은 그 만큼 작품의 가치가 높다는 것과 문학치료적 효용성이 높다는 것을 의미하기도 한다. 그러므로 문학 연구는 물론이고 문학치료에서의 영화, 특히 우리나라에서 관심을 많이 보인 외국 영화에 대한 연구는 큰 의의를 지닌다고 할 수 있다.

뿐만 아니라 문학치료의 방식으로 작품을 분석하면 작품에 드러난 문제의식을 더욱 뚜렷하게 파악할 수 있다. 문학치료는 사람의 인생을 서사로 본다. 여기에서 말하는 서사란 인간관계의 형성과 위기와 회복에 대한 이야기이다.[1] 즉, 문학치료는 사람을 관계 안에서 파악하고, 사람이 어떤 방식으로 관계를 맺는가에 주목한다. 문학치료에서는 서사를 바탕으로 성립한다고 본다. 그래서 문학치료에서는 작품을 볼 때, 작중 인물을 인간관계 안에서 파악하고 그 인물이 어떤 방식으로 관계를 맺는가에 주목한다. 이렇게 문학치료의 서사이론은 문학과 인간의 실제 삶을 연결하는 연결고리로서 중심에 있는 것이다. 그러므로 문학치료의 서사이론은 작품서사의 주체가 어떤 문제를 겪고 있으며 그것에 대해 어떤 방식으로 해결하려는가를 파악하는 가장 전략적인 방법론이라고 할 수 있다.

영화 <라스트 홀리데이>는 미국 2006년에 개봉하여 박스오피스 3위에 오른 흥행작이다. 우리나라에서 개봉되지는 않았지만 다수의 우리나라 사람들이 감상했으며 좋은 반응을 얻었다. 이 영화는 <스모크>, <조이 럭 클럽>의 홍콩 출신 명감독 웨인 왕이 담당했으며, 50년대의 같은 제목의 작품을 리메이크한 작품이다. 어떻게 보면 <라스트 홀리데이>는 동서양과 약 60년 동안의 시대를 함께 아우르는 보편성을 지닌 작품이라 할 수 있겠다.

이 작품은 의사의 실수로 시한부 인생을 선고받은 주인공이 죽기 전까지 자신이 해보고 싶었던 일들을 하는 과정을 코믹하게 엮은 것으로, 흔한 모티브와 스토리의 작품이기 때문에 친근감 내지 진부함을 느낄 수 있을 것이다. 연구자의 주관적 판단에 의거해서 이 작품에 대해 가장 적절한 평을 고른다면, "영화가 앞으로 어떻게 진행될지 안다 하더라도 그 여정이 너무 재미있어서, 엄청나게 까다로운

1 정운채, 「인간관계의 발달 과정에 따른 기초서사의 네 영역과 <구운몽>분석 시론」, 『문학치료연구』, 한국문학치료학회, 2005. 9면.

관객이 아니라면 이 영화에 대해 불평하기는 불가능할 것이다."[2]가 아닐까 한다.[3]

이 영화의 진정한 묘미는 시한부 선고가 오진이었음을 알게 되는 우스꽝스러운 결말이 아니라 그 '과정'에 있다. 이 작품의 가치가 결말이 아닌 주인공의 문제 해결과정에서 더욱 빛이 나고 있다는 의미이다. 그래서 영화의 모티브나 스토리가 다소 진부한 면이 있다 하더라도 즐겁게 영화를 감상할 수 있는 것이다.

---

2 홍성진, <홍성진의 영화해설> 네이버 영화, (http://movie.naver.com/index.html)

3 연구자 이외에도 많은 감상자들이 위와 같은 평가를 했다. "화장실가고 싶어도 못 가게 만드는 영화...^^* - 제목처럼.. 한시도 눈을 뗄 수 없게 만드는 내가 본 영화 중에서 베스트 1위의 영화일 듯 싶다."(chef9370, 네이버 영화 커뮤니티, 06.06.17) "많이 볼 수 있는 설정이다... 겁 없이 돈 쓰고 들이대는 시한부 인생에게 사람들이 지레 겁을 먹고 설설 기어다니고 의외로 일도 잘 풀리게 된다는 내용은 베스트 극장이나 우리나라의 수 많은 영화에서도 다뤄지곤 했다. 다만 이 영화와 지난 영화들이 다른 점은, 주인공은 전혀 오버하지 않고 극을 아주 차분하고 깔끔하게 이끌어간다는 점,"(tapioca1004, 네이버 영화 커뮤니티, 06.12.31) "누가 봐도 뻔한 시한부인생이 잘못 판명되어 일어나는 해프닝이다. 하지만 이 영화는 전개가 시원시원하고 여러 가지로 웃겨주는 영화? 그점에서 마음에 들고 나름 여러 의미를 주기 때문에 괜찮은 영화로 생각된다. 영화를 보게 되면서 처음에는 지루하다 생각될 수 있지만 가면 갈수록 웃게 되고, 소심했던 조지아가 바뀌는 모습들을 좋게 표현하였고 호텔에서의 만난사람들과의 여러 일들이 우연치 않게 흘러가면서 보 는내내 흥미진진하였고 이런 따뜻한 영화를 오랜만에 만나는 거 같아 좋았다." (twosinbi, 네이버 영화 커뮤니티, 09.02.12) "뭐랄까? 뻔한 스토리에 살짝 유치한 구성? 그렇지만 재미있었던 영화!!" (indrasun, 네이버 영화 커뮤니티, 07.09.03) "최고의 영화^^솔직히 처음부분을 볼 때는 일반 평범한 흑인 여자(퀸).. 그리고 평범한 배경인물을 보고.. 지루한건 사실이다 ..-_-(중략) 자신의 삶에 대해 뒤돌아보고 싶다면 한번쯤은 "라스트 홀리데이"를 봐두는 것도 괜찮다." (flower914k, 네이버 영화 커뮤니티, 08.10.06) "처음부터 결말이 보이는 영화다. 하지만 매우 재밌고 가슴 따뜻한 영화다. 그만큼 뻔한 내용을 가지고 매우 잘 요리한 영화다." (eureka, 네이버 영화 커뮤니티, 08.10.15)

## Ⅱ. 자신의 소망을 밀쳐두었던 조지아의 변화

<라스트 홀리데이>의 줄거리는 다음과 같다.

1) 조지아는 백화점에서 주방기구를 파는 직원으로 소극적인 삶을 살고 있다.
2) 조지아의 취미는 요리로 그녀는 수준급의 실력을 갖고 있다. 조지아는 음식을 완성해서 사진을 찍어 '꿈꾸는 일들'이라고 적어놓은 파일에 붙인다. '꿈꾸는 일들' 파일은 조지아가 꿈꾸는 것들로 가득하다. 조지아가 만든 음식, 조지아가 가고 싶은 곳, 그리고 조지아가 짝사랑하는 숀의 사진도 있다.
3) 조지아는 백화점에서 숀에게 음식을 대접하다가 찬장에 머리를 부딪쳐 병원에 실려 가게 되는데, 조지아는 병원에서 자신이 3주 밖에 살 수 없다는 통보를 받고 절망한다.
4) 조지아는 집에 돌아와 울면서 '꿈꾸는 일들' 파일을 보며 자신의 삶을 한탄한다.
5) 조지아는 백화점 상사에게 가서 자신의 죽음을 알리려고 하지만 상사는 조지아의 말은 듣지 않고 계속 전화만 받고, 백화점 사장 매튜의 연설문 내용만 강요할 뿐이다. 조지아는 문득 이런 식으로 시간을 낭비할 필요가 없다는 생각을 하며 그만둔다고 하고 상사의 사무실을 나가버린다.
6) 조지아가 화가 난 채 백화점을 빠져나오자 숀이 조지아를 따라 나온다. 숀은 조지아에게 데이트 신청을 했지만, 조지아는

몇 주 후면 자신이 죽을 것이라는 생각에 바빠서 가지 못하겠다고 거절한다. 그러자 숀은 실망하면서 이미 표 값은 지불했으니 일단 가지라며 조지아의 손에 억지로 표를 한 장 쥐어준다.

7) 조지아는 남은 몇 주 동안이라도 자기가 해보고 싶었던 일들을 하기 위해서 떠나기로 결심한다. 그리고 자신이 평소에 가고 싶어 하던 별 다섯 개짜리 퍼프호텔을 예약한다. 그리고 은행으로 가서 퇴직연금, 저축, 주식 등 가지고 있던 모든 재산을 현금으로 바꾼다.

8) 조지아는 비행기를 타고 헬기로 이동하여 퍼프호텔에 도착한다. 이를 본 퍼프호텔의 사람들은 그녀가 매우 부자라고 생각하게 되는데 그 중에는 로비를 하기 위해 상원의원 딜링스와 함께 온, 조지아가 근무했던 백화점 사장 매튜도 있다.

9) 조지아는 아름다운 옷을 입고 자신이 평소 선망하던 디디에 주방장의 음식을 먹는다는 사실에 기뻐하며 호텔 식당으로 들어선다. 그 식당에는 딜링스 의원과 매튜의 일행들도 있었는데, 딜링스 의원은 조지아의 아름다움에 반해서 그녀에게 집중했고, 매튜는 딜링스 의원이 조지아에게 관심을 보이자 비서 번즈에게 누구인지 조사하라고 말한다. 번즈는 아까 벨보이에게서 들은 바로는 아주 부자이며 딜링스 의원과 아는 사이 같다고 말한다. 이에 매튜는 조지아를 경계하기 시작한다.

10) 조지아는 디디에가 매일 다른 요리를 한다는 사실을 알고는 그가 만든 모든 메뉴를 주문하고 매튜 일행은 모두 지방을 빼고 주문한다. 요리사 디디에는 매튜 일행의 주문을 마음에 들

어하지 않았으나 조지아의 주문에 기뻐하며 요리한다. 디디에는 주방에서 나와 매튜가 부르는 것을 모른 척하고 조지아에게 먼저 가서 인사를 한다.

11) 한편 숀은 조지아의 행동이 이상하다고 생각하여 조지아를 진단했던 닥터 굽타를 찾아가 조지아에 대해 물어본다. 닥터 굽타는 조지아가 죽어가고 있다고 말하는데, 숀은 그 말을 듣고 충격에 휩싸인다.

12) 그 사이에 조지아는 퍼프호텔에서 편안히 쉬면서 행복을 누린다.

13) 딜링스 의원은 조지아에게 강한 관심을 보이고, 조지아와 많은 일정을 함께 하면서 호감을 표현한다. 조지아는 그 동안 해보고 싶었던 모험을 마음껏 시도하는데 사람들은 용기 있는 조지아의 모습에 감탄하고 호텔에서 영웅대접을 받는다. 이에 매튜는 조지아를 자기 사업의 경쟁자라고 의심하면서 딜링스 의원이 조지아에게 호감을 표하는 것을 불안해한다.

14) 숀은 조지아의 집을 찾아갔다가 조지아가 퍼프호텔로 갔다는 사실을 알게 된다.

15) 시간이 점차 흐르고 조지아는 방으로 들어가 유서를 쓰고 생을 마감할 준비를 한다.

16) 한편 숀은 조지아를 위해 비행기를 타고 퍼프 호텔을 향해 날아간다.

17) 조지아를 사업 경쟁자로 오해한 매튜는 조지아의 정체를 알아내기 위해 호텔 직원들 중 유일하게 조지아에게 불만을 갖고 있던 군터에게 사주를 한다.

18) 군터는 매튜의 사주를 받아 조지아의 정체를 알아내기 위해 방을 뒤지다가 조지아가 죽어가고 있다는 사실을 알게 된다. 군터는 조지아에게 처음에 조지아에 대해 안 좋은 감정을 가졌던 것을 사과하며, 왜 여기서 이렇게 지내냐며 사랑하는 사람과 같이 있으라고 한다. 조지아는 그 때 숀을 떠올리며 그렇게 해야겠다고 하며 짐을 싼다.

19) 서로에게 가고 있던 숀과 조지아는 눈사태 때문에 도로가 막혀 만나지 못한다.

20)주방장 디디에도 조지아가 죽어가고 있다는 말을 듣고 슬퍼하며 조지아와 함께 요리를 한다. 조지아는 디디에와 함께 요리를 하면서 더없이 행복해 한다.

21) 한편 닥터 굽타는 조지아가 병에 걸린 것이 아니라 CT기계에 이상이 생겨 오진을 한 것임을 알게 된다.

22) 딜링스의원과 매튜, 조지아가 함께 저녁식사를 하는데 딜링스가 조지아를 더욱 신뢰하고 호감을 표하는 모습을 보이자, 갑자기 매튜가 조지아가 백화점 직원이며 부자행세를 하고 있다고 폭로한다. 이에 조지아는 웃으며 자신이 죽어가고 있다는 사실을 밝힌다. 이에 딜링스 의원을 포함한 사람들은 모두 매튜를 비난하고, 더욱 조지아를 응원한다.

23) 매튜의 비서 번즈까지 조지아에게 가서 사과하고 자신도 자기를 위한 삶을 살겠다는 말을 하고 있는데, 갑자기 벨보이가 오더니 매튜가 자살기도를 하려고 호텔 꼭대기 창문 난간에 앉아있다고 말한다.

24) 조지아가 매튜의 옆으로 가서 매튜를 설득하고 있는데 갑자기 숀이 등장한다.

25) 그 때 군터는 닥터 굽타에게서 조지아의 진단이 잘못되었다는 내용의 팩스를 보고 달려와 조지아에게 그 사실을 전한다. 조지아를 포함한 많은 사람들이 그 사실에 기뻐한다.

26) 새 삶을 찾은 조지아는 '꿈꾸는 일들'파일을 '현실의 일들'이라는 파일로 바꾸고, 자신의 식당을 열어 매일 매일 최선을 다해 살아간다.

27) 다른 사람들도 모두 자신의 꿈을 찾아 행복하게 산다.

이를 간략히 하면, "조지아는 매사에 소극적으로 사는 여성이다. 조지아는 시한부 선고를 받게 되어 남은 삶이라도 하고 싶었던 일들을 하며 보내기 위해 자신의 모든 재산을 정리하고 떠난다. 조지아는 그 과정에서 삶의 진정한 행복을 느끼며, 죽음을 초연하게 받아들인다. 그러던 중 자신의 시한부 선고가 오진이었음을 알게 된다. 조지아는 이 일을 계기로 자신이 꿈꾸는 일들을 실현하는 일에 보다 적극적으로 임하는 삶을 살기로 한다."이다.

먼저 이 서사가 어떤 영역의 서사에 속하는지를 판단하기 위해서 서사의 주체에 주목하여야 한다. 서사의 주체인 '나'가 대하고 있는 '세상'은 무엇이며, '나'는 '세상'을 어떤 방식으로 대하는지를 살펴보아야 한다.[4]

---

4 문학치료는 "서사란 인간관계의 형성과 위기와 회복에 대한 이야기"라고 정의하여, 서사의 근원이 되는 지점이나, 서사의 기본적인 영역에서 인간관계가 핵심이

이 작품의 서사의 주체인 '나'는 조지아라는 인물이다. 이 인물이 대하는 대상인 '세상'은 잘못된 시한부 선고 사건을 중심으로 구분할 수 있다. 조지아가 대하는 인물이 다수 등장하기 때문에 대상을 인물로 한정하면 논의 전개에 혼란이 생길 수 있다. 그러므로 시한부 선고 사건을 중심으로 작품의 장소적 배경이 바뀌기 때문에 논의의 편의를 위해서 장소적 배경을 기점으로 하여 조지아가 '세상'을 대하는 태도를 비교하는 방식으로 분석하려고 한다.

영화에서 시한부 선고 사건 전의 조지아는 자신이 근무하는 백화점과 교회, 집에서 주로 생활한다. 그리고 시한부 선고 사건 후의 조지아의 삶은 그녀가 그토록 원하던 퍼프호텔에서 이루어진다. 이들은 다만 장소적 배경만을 의미하는 것이 아니라, 조지아가 마주하는 일, 사람들이 있는 곳이기도 하다. 그야말로 문학치료학에서 말하는 '세상'이 바뀐 것이다.

먼저 백화점과 교회에서의 시한부 선고 사건 전의 조지아를 살펴보도록 하겠다. 조지아는 백화점 요리기구 판매직원이다. 일주일에 한 번은 제품 사용 설명회를 통해 자신이 원하는 요리를 하지만, 백

---

라고 본다. (정운채, 「문학치료학의 서사이론」, 『문학치료연구』9, 2008, 252면.) 여기서의 '나'는 서사의 주체로서의 '나'이며, '세상'은 서사의 주체가 마주해야 하는 대상으로서의 '세상'이다. 서사의 주체 '나'가 '세상'을 대할 때의 핵심문제가 무엇이냐에 따라 그 주체의 서사 영역을 자녀서사, 남녀서사, 부부서사, 부모서사로 구분할 수 있으며, 서사의 주체 '나'가 대상인 '세상'을 대할 때 각 서사 영역의 핵심문제를 어떻게 행하느냐에 따라 가르기서사, 밀치기서사, 되찾기서사, 감싸기서사의 양상으로 구분할 수 있다. 그러므로 문학치료의 서사이론의 방식으로 작품서사를 분석하기 위해서는, 서사적 주체인 '나'가 '세상'과 어떤 관계이며, 어떠한 방식으로 대하는지를 살펴보는 일이 필요하다. (정운채, 「문학치료학의 서사이론」, 『문학치료연구』9, 2008. 247-278면.)

화점에서의 조지아의 주된 업무는 요리가 아닌 판매이다. 그러므로 조지아는 백화점에서는 자신이 원하는 일인 요리보다는 판매에 집중하여야 한다. 게다가 백화점 사장은 물질적 욕망으로 가득한 인물이며, 그 백화점의 중간 관리 상사까지도 매우 물질적이며 억압적인 태도로 직원들을 다룬다. 조지아에게 백화점은 억압받는 공간이다.

마음의 안식을 찾기 위해 종교 활동을 하는 교회에서도 조지아는 더 큰 목소리로 찬양하지 못한다는 이유로 목사로부터 구박을 받는다. 가장 사적인 공간인 집에서도 마찬가지이다. 이웃아이는 조지아의 비밀스러운 '꿈꾸는 일들'이라는 파일을 함부로 뒤져보는 무례한 행동을 서슴지 않는다. 이렇게 시한부 선고 사건 전의 조지아가 대하는 '세상'들은 모두 조지아를 함부로 대하며 조지아의 가치를 인정해주지 않는다.

시한부 선고 사건 후의 조지아는 자신이 원하는 모든 것을 망설이지 않고 시도하는 인물로 변화한다. 조지아의 삶은 백화점, 교회, 집에서 떠남으로부터 시작되어 퍼프호텔에서 이루어진다. 먼저 백화점, 교회, 집을 떠나는 시점에서 조지아는 그 동안과는 다른 방식으로 '세상'을 대하기 시작한다.

우선 자신을 억압하던 백화점과 목소리가 작다고 구박하던 교회에서 조지아는 처음으로 불만을 토로하며 자신의 생각을 마음껏 표출한다. 자신의 말을 들어주지 않고 휴대폰만 신경 쓰는 상사에게 그 휴대폰을 부숴버리는 행동으로 맞선다던지, 찬양하는 시간에 목청 높여 하느님께 원망을 토로하는 등 시한부 선고 사건 전에 볼 수 없었던 과감한 행동방식을 보인다. 이러한 조지아의 행동방식에 따른 결과는 매우 긍정적이다. 최고의 실적을 보유한 직원이라는 솔직한 상사의 평가와 조지아의 울부짖음에 환호하는 교회 사람들의 반응만 보아도 알 수 있다.

이를 시작으로 비행기에서 바른 소리를 하여 일등석을 차지하는가 하면, 퍼프호텔에 헬기로 등장하고 대통령실에 투숙함으로써 사람들에게 엄청난 부자로 인식되어 모든 이들이 조지아 앞에서 쩔쩔매는 대우를 받는다. 더 이상 놀림 받고 구박 받는 조지아가 아닌 것이다.

퍼프호텔은 그야말로 조지아의 '꿈꾸는 일들'이 실현되는 공간이다. 퍼프호텔은 조지아가 꿈꿔왔던 최고급 호텔이자, 조지아의 꿈의 핵심인 '요리'의 우상, 디디에와 만나는 공간이기도 하다. 디디에의 요리를 맛보는 일을 포함하여 바라던 일을 서슴없이 하면서 조지아는 진정한 행복을 느낀다. 그리고 점차 자기 인생을 일구어가는 방법을 체득한다.

그럼에도 기한된 시간은 문턱에 와있고, 조지아는 실현하지 못하고 남겨둔 '꿈꾸는 일들'의 마지막과 마주하게 된다. 바로 자기가 짝사랑했던 숀이다. 이에 조지아는 숀과의 사랑이라는 자신의 소망에 맞서겠다는 다짐을 한다. 그 시점에서 시한부 선고가 오진이었음이 밝혀진다.

시한부 선고 사건 전에 조지아의 삶에서 조지아의 '꿈꾸는 일'의 중심이 되는 것은 '요리'와 '숀과의 사랑'이다. 요리와 숀과의 사랑은 시한부 선고 사건 전에는 억압되었던, 다만 '꿈꾸는 것들'에 지나지 않았다. 하지만 퍼프호텔에서의 여러 경험을 통해 조지아는 제대로 자기 인생을 일구어가는 방법을 체득했기 때문에 이 둘 앞에서 용감해질 수 있었다. 결국 조지아는 '요리'와 '숀과의 사랑'이라는 두 마리의 토끼를 잡은 성공적인 인생을 살게 되는 것이다.

정리하면, 조지아가 대하는 세상은 시한부 선고 사건 전의 조지아를 억압하고 저평가하는 세상과 시한부 선고 사건 후의 자유롭고 당당한 조지아를 고평가하는 세상이다. 당연히 조지아는 시한부 선고 사건 후의 세상을 대하면서 행복과 만족감을 누린다. 그 이유는 위에서 살펴본 것처럼 단순한 공간의 이동 때문이 아니라 조지아가 세상을 대하는 방식의 차이 때문이다. 그 중심에는 그녀가 꿈꾸는 '요리'와 '숀과의 사랑'이 있다. 조지아가 세상을 대하는 방식의 차이에 따라 조지아가 꿈꾸는 것들은 억압받다가 서서히 숨통이 트이게 된다.

'요리'와 '숀과의 사랑'으로 대표되는 조지아가 꿈꾸는 것들은 '나의 소망'이라고 할 수 있다. 그리고 시한부 선고 사건 전에 조지아가 '세상'을 대하는 방식은 자신보다 '세상의 법칙'을 중심에 두고 행동했다면, 시한부 선고 사건 후의 조지아는 '나의 소망'을 중심에 두고 세상을 대한다. 이렇게 했을 때 조지아는 자신의 삶에 만족하고 행복을 누릴 뿐만 아니라, 세상으로부터 정당하고 긍정적인 평가를 받게 된다.

정리하면 <라스트 홀리데이>의 작품서사는 세상을 대할 때 '나의 소망'을 중심에 두어야 하는 남녀서사 영역에 속하며, 조지아의 행동방식은 '세상의 법칙'에 중심에 두고 세상을 대했다가 세상에 회의를 품고, 모든 억압을 초극하고 자신의 소망을 중심에 두는 과감한 행동방식으로 방향선회가 이루어졌으므로 이성되찾기서사 양상에 속한다고 할 수 있다.

## Ⅲ. '죽음' 앞에서 용감해진 조지아, 소망을 이루다

문학치료에서는 남녀서사의 주안점을 '선택'이라고 한다. 이 선택은 다른 사람의 선택이 아니고 나의 선택이다. 자녀서사와는 에너지 방향이 다르다. 자녀서사의 순응은 순응해야할 것이 매우 거대한 것으로 다가오는 서사이다. 그러나 남녀서사의 선택은 선택해야할 것이 거대한 것으로 다가오지 않는다. 거대한 것으로 다가오면 선택할 수가 없다. 선택의 여지가 없는 것이다.[5]

남녀서사의 영역에서 주체들은 이 선택의 문제를 잘 해결하기 위해서 '세상'보다 '나'에 주목해야 한다. 자녀서사의 영역에서 순응이 주안점일 때에는 '나'보다 '세상', '세상'의 법칙에 주목하여야 한다. 결국 자녀서사는 '세상의 법칙'에 초점이 있는 것이다. 이에 반해 남녀서사는 '세상'보다는 나를 주목해야 하고, '법칙'보다는 '소망'을 더 주목해야 하고, '법칙'보다는 '소망'에 더 주목해야 한다. 결국 '나의 소망'에 초점이 있는 것이다. 이것이 바로 문학치료에서 제시한 남녀서사 영역에서 행해져야 할 선택의 방법이다.

<라스트 홀리데이>는 조지아의 부모나 부부, 자녀와의 관계에 대해서는 철저히 배제하고 전개되어 간다. 그것은 이 작품이 조지아의 남녀서사를 초점에 두고 전개되어 간다는 것을 의미하기도 하며, 영화에서 말하고자 하는 문제가 바로 조지아의 남녀서사 영역에 있음을 의미하기도 한다.

---

5 정운채, 「문학치료학의 서사이론」, 『문학치료연구』 제9집, 2008, 259면.

이 작품의 문제가 남녀서사영역에 있다는 것은 조지아가 대하는 세상의 특성만 보더라도 알 수 있다. 조지아가 시한부 선고를 받고 가장 안타까움과 문제의식을 느끼는 대상도 바로 '꿈꾸는 것들'이라는 파일에 담긴 자신의 소망에 있다. 조지아의 시한부 선고 사건 전의 삶에서는 선택의 문제를 잘 해결하지 못했다. 자신의 소망을 중심에 두지 못한 것이다. 작품에서 조지아의 소망은 '요리'와 '숀과의 사랑'으로 대표되는 여러 가지 것들로, 모두 꿈꾸는 일들의 파일에 저장되어 있다. 꿈꾸는 일들의 파일만 보더라도 조지아는 누구보다 정확하게 자신의 소망을 알고 있으며 강하게 원하는 인물이다. 이렇게 조지아가 강하게 원하는 자신의 소망을 중심에 두지 못하는 가장 큰 원인은 바로 다음으로 미룰 수 있는 시간적 여유에서 비롯된다. 조지아는 그렇게 자신이 꿈꾸는 것들, 관심사들, 이상형이라 말하며 저 멀리로 보내버리는 삶의 태도를 견지한 것이다.

자신의 소망을 멀리 하며 늘 다음으로 미뤘던 가장 큰 이유는 현실적 제약에서 벗어나지 못했기 때문이다. 자신의 소망보다는 세상의 법칙, 직장상사와 금전적 두려움 같은 현실적 억압을 더 중심에 두고 선택해 왔다. 조지아는 자신의 남녀서사의 영역에서 세상의 법칙을 중심에 두고 선택을 하고 있었으며, 바로 이 점이 조지아의 삶의 문제였던 것이다.

조지아의 삶이 문제가 있다는 것은 작품 초반의 시한부 선고 사건 이전의 삶에서 조지아가 받는 정당하지 못한 대우나 그것에 대한 조지아의 반응이 잘 보여준다고 할 수 있다. 자신을 희롱하는 동네 건달들에게 조차 대응하지 못하는 조지아는 자신의 소망을 중심에 두고 선택하지 못하는 남녀서사에 문제를 지닌 인물인 것이다.

바로 이 때 시한부 선고 사건은 조지아의 문제 있는 삶의 태도를 바꾸는 큰 동력을 제공한다. 자신의 삶이 얼마 남지 않았다는 것이 조지아에게 큰 힘을 제공한 것이다. 시한부 선고는 삶의 기한을 확연하게 알게 되는 일이다. 그 앞에서 보통은 좌절하고 낙담하며 생의 마무리를 준비한다. 그런데 이 영화에서는 무엇보다 '지금 이 순간' 그리고 '자신'이 소중해지는 계기를 마련해준다. 자기 삶에 시간적 여유가 없다는 것을 느낀 후에 조지아는 더 이상 지체할 수 없다고 생각한 것이다. 그래서 그동안 자신을 억압했던 '세상'을 대할 때에 한껏 자신의 목소리를 높여 자신의 '소망'을 확실하게 중심에 두고 선택을 하게 된다.

죽음을 마주한 조지아의 변화는 '죽음'에 관한 철학과 맞닿아 있다. 하이데거는 인간 존재를 '죽음에의 존재'로 규정하면서 죽음은 인간을 인간이게 하는 가장 독특한 현실이며, 죽음을 어떻게 맞이하는가에 따라 '진정한 삶'(authetic existence)과 '거짓된 삶'(inauthentic existence)으로 대별된다고 말했다.[6] 또한 죽음에 관한 긍정의 해석학적 입장을 제시한 프랭클은 사람이 죽음을 인식하면서 진부한 삶의 양식을 이전보다 진실된 생활로 바꿀 수 있기 때문에 죽음을 껴안는 것은 의미 있는 삶의 행복을 위한 중요한 기술이 된다고 말했다.[7]

---

6 윤영호, 「웰다잉(well dying) 문화 형성을 위한 불교의 죽음관 연구」, 『철학연구』 130, 대한철학회, 2014, 173쪽.

7 최용성, 「영화를 활용한 웰빙 및 웰다잉교육의 통합적 접근」, 『윤리교육연구』 39, 한국윤리교육학회, 2016, 258쪽.

조지아 역시 시한부 선고를 계기로 '죽음'을 인지하면서, 자기 인생의 한정성을 깨우치고 지금 이 순간의 자신이 소망하는 것에 집중하는 진실된 삶을 살기 시작한 것이다. 즉 죽음에 가까워지자 비로소 진짜 삶에 가까워진 아이러니한 상황인 셈이다.

자기 소망을 더 이상 미루지 않는다는 조지아의 삶의 태도 변화는 굉장히 전략적이고 점진적으로 행해졌다. 먼저 가장 안정적으로 긍정적인 결과를 얻을 수 있는 수준의 단계에서 가능성이 희미한 높은 수준의 단계로까지 순차적인 변화를 꾀한다. 그 단계의 초두에 있는 것이 백화점, 교회, 집으로 부터의 일탈과 단순한 '돈 쓰기'이다. 마요네즈와 같이 사소한 물건까지도 쿠폰으로 구입할 정도로 알뜰했던 조지아는 자신이 그동안 성심성의껏 모아왔던 돈을 물 쓰듯이 쓴다. 물질적인 가치의 상징인 돈은 조지아가 꿈꾸는 것들의 핵심과는 거리가 있다. 조지아는 자신이 꿈꾸는 것들과 가장 멀리 있던 자신을 억압했던 것들과 돈이라는 물질적 가치로부터 변화를 꾀하기 시작한 것이다.

그 다음으로는 스노우보드와 베이스점프를 함으로써 목숨을 거는 위험한 모험을 감행한다. 이 역시 조지아가 꿈꾸는 일들에 해당하는 것들이지만, '요리'나 '숀과의 사랑'만큼 조지아의 삶에서 핵심적인 소망이라고 보기는 어렵다. 그러한 부수적인 자신의 소망을 하나하나 행하면서, 조지아는 이러한 단계적 변화를 통해 많은 확신과 용기를 확보한다. 그 후에 '숀과의 사랑'을 성취하고자 시도한다. 이 또한 시한부 선고 사건 전에 숀의 주위에만 어른거리던 것과는 다른 태도라고 할 수 있다. '숀과의 사랑'에도 성공한 조지아는 더욱 큰 용기와 자신감으로 자신의 궁극적인 꿈인 '요리'를 선택할 수 있게 된다.

시한부 선고로 인해 더 이상 미룰 수 없다는 강한 동기와 단계적인 삶의 태도 변화가 삶의 큰 문제를 해결하는 중요한 힘이 되었다. 조지아는 본래 많은 능력과 가능성을 지닌 인물이라는 정보는 작품 초반부터 수시로 제공되었다. 모든 사람을 감동시키는 요리솜씨며, 숀의 애정공세며, 직장에서의 최고의 실적 등과 같은 능력과 사람을 따뜻하게 감싸는 선한 심성이 그것을 의미한다. 하지만 '다음에…….'라며 자꾸만 미루던 소극적인 삶의 태도가 그 모든 가능성을 차단했던 것이다. 시한부 선고 사건이 조지아가 문제를 깨고 나오게 하는 강한 동력을 부여하였고, 조지아의 총명함과 현명함이 단계적으로 차근차근 변화를 주는 전략을 세우게 한 것이다.

선택을 할 때 사람들은 최선의 선택을 하기 위해서 고심한다. 갖가지 생각이 꼬리에 꼬리를 물기도 한다. 그 이유는 최선의 선택을 해야 그것을 지속시키는 것을 감당해낼 수 있기 때문이다. 사람들은 최선의 선택을 하려고 고심하다가 엉뚱한 길에 접어들 때가 많다. 그것이 바로 선택의 어려움이다. 문학치료에서는 '나'의 서사의 주체가 대하는 '세상'을 선택할 때에는 무엇보다 '나의 소망'을 중심에 두어야 한다[8]고 한다. 그러지 못하면 '세상의 법칙'과 같은 제약에 의해서 움츠러들게 되고 '나의 소망'을 제대로 직시하거나 견지하지 못한다면, 선택의 문제를 잘 해결해 낼 수 없는 것이다. <라스트 홀

8 정운채, 「문학치료학의 서사이론」, 『문학치료연구』 제9집, 2008, 259면.

리데이>는 이러한 문제와 해결과정을 잘 보여주는 작품이다.

## Ⅳ. 죽음이 바꾸어 놓은 인생, 두려움보다 희망으로

이 글은 영화 <라스트 홀리데이>를 대상으로 하여 문학치료의 서사이론을 이용해 작품을 분석하였다. <라스트 홀리데이>는 모티브나 스토리보다는 인물의 문제와 그 해결 과정이 부각된 작품이다. 문학치료의 서사이론이 인물의 문제와 그 해결 과정을 뚜렷하게 밝힐 수 있는 방법론이기 때문에, 문학치료의 서사이론 방식으로 작품을 분석함으로써 주인공 조지아의 문제와 그 해결 과정을 명확히 드러내고자 하였다.

먼저 <라스트 홀리데이>의 작품서사가 어느 서사 영역의 어떤 양상의 작품인지를 밝히기 위해, 서사의 주체인 조지아가 대하는 '세상'은 어떠한 성질의 대상인지 파악하였다. 그리고 시한부 선고 사건 전후의 조지아의 '세상'을 대하는 태도를 중심으로 비교 분석하였다. 그 결과 <라스트 홀리데이>의 작품서사는 남녀서사 영역에 속하며 이성되찾기서사 양상을 나타낸다고 할 수 있다.

그 다음 조지아의 문제와 그 해결과정을 뚜렷하게 드러내기 위해, 남녀서사의 '선택'의 문제와 관련지어 검토하는 작업을 하였다. 시한부 선고 사건 전의 조지아는 '나의 소망'보다는 '세상의 법칙'을 중심에 두고 '선택'하는 문제를 지녔던 인물이다. 시한부 선고 사건 후에 조지아는 더 이상 미루거나 지체할 수 없다는 것을 깨닫고, '나의 소망'을 중심에 두고 과감하고 용기 있게 '선택'을 하게 되었다. 조지아의 문제 해결 과정에는 '나의 소망'에서 부수적인 것들을 용기 있게 '선택'하는 것부터 시작하여 점차적이고 단계적으로 '선택'을 시도하는 특징이 드러난다. 결국 조지아는 소망의 핵심인 '요리'와 '숀과의 사랑'을 과감하게 선택하여 성취하는 행복한 삶을 살게 된다. 이것이 바로 조지아의 문제해결 과정이다.

문학치료의 서사이론 방식으로 작품을 분석할 때는, 서사의 주체가 겪는 문제가 우리 삶의 어떤 문제이며 그 인물이 그 문제를 어떠한 방식으로 대하고 있다는 것을 분명하게 드러낼 수 있다. 즉, 인간관계에 주목하여 작품을 분석하는 일이 인물의 문제와 그 해결 과정을 명료화 할 수 있다는 것이다.

이 영화에 대한 대중들의 반응을 보면, 많은 사람들이 한 문학작품을 대할 때 무엇보다도 그 서사에 주목하고 있다는 사실을 새삼 깨달을 수 있다. 흔히 영화에 대한 평을 하자면 참신한 모티브와 박진감 넘치는 스토리 전개가 주목을 받아왔지만, 서사의 힘 역시 많은 이들의 극찬을 받아내는 중요한 구실을 하는 것을 알 수 있다.

특히 이 <라스트 홀리데이>는 서사의 힘을 가장 잘 보여주는 작품이다. 조지아가 영화내의 등장인물들을 동화시켰던 것처럼, 이 영화의 감상자들에게까지 조지아가 현실을 극복하고 용감해지는 작품서사의 힘이 영향을 미칠 수 있다. 관객들은 조지아에 몰입하면서 "죽음 앞에서 나는 무엇을 할 것인가"를 함께 고민하고, 두려움을 갖기 보다는 '선택'에 과감해진 조지아에게 동화되어 그 힘을 전해 받게 된다. 그리고 지금 내가 무엇을 위해 살아야 할지 다시금 생각해보게 된다. 두려움보다는 희망으로 무장하고 나의 행복을 위한 선택을 과감하게 실행할 수 있는 용기를 얻는 것이다. 뻔한 스토리의 가짜 시한부 환자의 모험담이 꽤 흥미로운 까닭이 여기에 있다고 할 수 있다.

## 참고문헌


**기본 자료**

웨인 왕, <라스트 홀리데이(Last Holiday), 2006.

**논문 및 단행본**

윤영호, 「웰다잉(well dying) 문화 형성을 위한 불교의 죽음관 연구」, 『철학연구』 130, 대한철학회, 2014.

정운채, 「문학치료학의 서사이론」, 『문학치료연구』 9, 한국문학치료학회, 2008.

최용성, 「영화를 활용한 웰빙 및 웰다잉교육의 통합적 접근」, 『윤리교육연구』 39, 한국윤리교육학회, 2016.

http://movie.naver.com/index.html

# 죽지도 못하는 사람들이 보여주는 노년기의 민낯

한국영화 〈죽여주는 여자〉

박재인(건국대학교 인문학연구원 HK연구교수)

## Ⅰ. 어떻게 죽을 것인가?

인간의 수명이 연장되면서 100세 시대가 도래하였다. 그러면서 이제 단순히 장수하는 것을 넘어서 건강하게 잘 사는 일[well-being]이 중요한 과제가 되었다. 그리고 현대인들은 잘 사는 것을 넘어 바람직한 죽음[well-dying]을 맞이하는 것에까지 중요한 가치를 부여하기 시작했다. 인구 고령화에 따라 죽음을 염두에 두고 살아가는 시간이 늘어나면서 잘 사는 것을 넘어서 잘 죽는 일, 즉 웰다잉 문화가 확산된 것이다. 삶의 질을 위하여 바람직한 죽음 방식을 모색하거나 죽음을 현명하게 대비하는 일이 필요하다는 인식이라고 할 수 있다.

어떻게 죽을 것인가? 최근 김수환 추기경의 선종과 김 할머니의 존엄사 판결이 우리에게 '죽음'에 대한 큰 화두를 남겼고, 이러한 문제를 계기로 촉발되어 인간 죽음의 존엄성이 우리 사회의 중요한 담론으로 대두되었다.[1] 우리는 과연 존엄성을 유지한 채로 아름답게 죽을 수 있을까? 막막하고 두려운 일이다.

전문가들은 현재 우리나라에서 죽음의 질은 매우 낮다고 말한다.[2] OECD 국가들 가운데 자살률 1위, 고령화에 따른 각종 질병의 증가, 가족 해체와 1인 가구의 확산으로 급증하고 있는 고독사 등 현대 한국사회의 죽음은 인간 생로병사의 자연적 흐름으로 읽히기 어렵고, 꽤 비참하며 처량하다. 그렇게 현대인들은 자신과 남겨진 가족들을 위해서라도 '비참한 죽음'을 모면하기 위해 웰빙과 웰다잉을 고민하기 시작한 것이다.

어떤 죽음이 좋은 죽음일까? 한 연구에서는 다음의 일곱 가지 사항을 들어 노년층이 인지하는 '좋은 죽음'에 대해서 이야기하였다.

(1) 부모를 앞선 자녀가 없는 죽음

(2) 자녀가 임종을 지켜주는 죽음

(3) 자식에게 부담 주지 않는 죽음

---

1 윤영호, 「웰다잉(well dying) 문화 형성을 위한 불교의 죽음관 연구」, 『철학연구』 130, 대한철학회, 2014, 161면.

2 심형화, 「웰다잉에 관한 한국인의 주관성 연구」, 『기본간호학회지』 18-1, 한국간호과학회 기본간호학회, 2011, 88면.

(4) 부모 노릇 다하고 맞는 죽음

(5) 고통 없는 죽음

(6) 천수를 다한 죽음

(7) 준비된 죽음[3]

여기에서 말하는 '좋은 죽음'은 자신과 가정을 돌볼 수 있을 만큼 윤택한 삶이 전제되어야 하며, 나쁜 질병에 걸리지 않고 고통 없이 준비된 죽음이다. 말은 쉽지만 참 어렵고도 심오한 길이다. 특히 일곱 번째 항목 '준비된 죽음'이란 무슨 의미인지 명확하게 헤아릴 수 었다. 그래서인지 이제 우리 사회는 죽음을 준비하는 일에 대한 여러 가지 방책을 내어놓고 있다.

'잘 죽자'는 인식이 확산됨에 따라 우리 사회 곳곳에서는 웰다잉을 위한 방책을 제안한다. 정책적으로는 호스피스·완화의료 수요의 시급성이 제기되고 있으며,[4] 다수의 매체에서 웰다잉의 방법론들을 대중적으로 확산하고 있고, 각종 기관에서는 웰다잉을 위한 실천적 교육까지 실행하고 있다.

수많은 영역에서 죽음을 논하고 있는 가운데 이 글은 현대영화 예술에서 그려내는 웰다잉의 철학을 이야기하고자 한다. '죽음'은 그 자체로 예술의 중요한 미학적 의미를 지녀왔고, 죽음을 맞이하는 인

---

3 김미혜 외, 「노인이 인지하는 '좋은 죽음' 의미 연구」, 『한국사회복지학』 56-2, 한국사회복지학회, 2004, 198-199면.

4 신동은 외, 「웰다잉 국가 전략에 대한 일반 국민들의 인식 및 수용도」, 『한국호스피스.완화의료학회지』 16-2, 한국호스피스완화의료학회, 2013, 90면.

간의 모습은 예술적 영역에서 가장 잘 다룬 화두이다. 그리고 영화는 현대인들의 죽음 인식을 대변하는 중요한 예술영역이다. 시한부의 삶, 가족과 연인의 죽음 등 다양한 주제로 사람의 인생과 죽음의 문제를 다뤄왔다.

현대사회에서 영화는 그 어떤 예술물보다 우리 삶에 깊숙이 침투하는 가장 대중적인 예술이다. 천만이라는 숫자로 기록될 만큼 현대인들이 사랑하는 예술작품이자, 소설보다 더 대중적인 서사물이다. 언론 보도와 다큐멘터리, 관련 문헌자료 및 서적으로 미치지 못하는 영역까지 닿을 수 있는 파급력 있는 매체로, '예술'적으로는 현대인들의 감성을 자극하고, 그 '서사'로는 현대인들의 인지적 변화에 깊이 관여한다고 할 수 있다. 그래서 이 글은 현대사회 속 죽음의 의미, 특히 웰다잉 철학에 대한 가장 대중적인 예술로서 영화적 답변을 살펴보고자 한다.

최근 영화를 통한 웰다잉 교육을 시도하고자 하는 연구결과들이 생산되고 있다.[5] 웰다잉 교육을 목적으로 한 영화 분석들은 흔히 죽음을 마주한 주인공들이 혼란을 지나 아름답게 죽음을 수용하게 되는 과정을 그려낸 작품들을 중심으로 웰다잉을 논한다. 아름다운 죽음을 그려냄으로써, 혹은 죽음을 맞이하는 당사자와 주변인들의 관계를 감동적으로 그려냄으로써 웰다잉에 대한 사유를 웰빙의 의지로 이어지게 한다.

---

5 김건, 「영화를 통해 본 아름다운 삶의 마무리, 웰다잉」, 『문학과 영상』 14-3, 문학과영상학회, 2013, 641-664면; 최용성, 「영화를 활용한 웰빙 및 웰다잉교육의 통합적 접근」, 『윤리교육연구』 39, 한국윤리교육학회, 2016, 241-269면.

그런데 이 글은 그와는 반대로 웰다잉하지 못한 비참한 모습을 보여주는 영화 한 편을 논하려고 한다. 2016년에 개봉한 이재용 감독의 <죽여주는 여자(The Bacchus Lady)>가 그것이다. 이 영화는 좋게 죽지 못하는 다수의 인물을 그려내며 현재 한국사회의 비참한 죽음문화의 일면을 대변하고, 자본이 힘이 되는 구조 속에서 인간이 얼마나 추악한가를 보여주고 있다.

그런데 이 영화에 대한 감상평은 특별하였다. 한국사회의 어두운 면을 비추는 내용에서 비판의 목소리가 높을 것이라 예상되었으나, 그와는 달리 이 영화를 감상한 관객들은 많은 경우 자신의 삶을 성찰하는 소회를 드러냈다. 다시 한번 자신의 인생을 되돌아보게 되었다는 목소리가 많았다.[6] 그러니까 인간 죽음의 비참함을 통해서도 웰다잉과 웰빙의 철학이 사유되는 효과를 가능하게 하는 것이다. 그래서 이 글은 이 영화의 스토리 가운데 어느 지점이 그러한 사유를 이끌어내는지 살펴보고자 한다.

## Ⅱ. 죽음을 돈 주고 사는 사람들

영화 <죽여주는 여자>는 한국의 대표적인 여배우 윤여정이 파격적인 연기를 선보이는 작품이다. 윤여정은 종로 일대에서 노인 남성들을 상대하며 하루하루 살아가는 65세 '박카스 할머니' 소영 역할

6 네이버 영화 리뷰(https://movie.naver.com/movie/bi/mi/review.nhn?code=146508)

을 담당한다. 영화의 초반부터 윤여정이 맡은 배역은 심상치 않은 인물임을 드러난다.

"개새끼…."

진한 립스틱을 바른 노년 여성 소영이 산부인과로 들어서고, 성병 진단을 받은 후에 자신에게 성병을 옮긴 남자를 욕한다. "개새끼"라고 그녀가 내뱉는 욕설은 생경한 감정을 들게 한다.

그렇게 영화 초반부에 노출된 문제는 노년들의 성욕이었다. 흔히 생각하기에 '성욕'이라는 말에서 멀찌감치 떨어져 있을 것만 같았던 노년기의 실상은 그렇지 않았다. 자신의 욕망을 받아줄 곳이 없어 방황하는 노인들은 박카스 할머니 소영을 찾았다.

박카스 할머니, 이는 한국사회 노년층의 성 문제로 이슈화되었던 사실이다. 주로 서울의 공원이나 광장에서 손님을 찾는 매춘부를 가리키는 말로, 고령 남성들을 대상으로 해당 음료를 팔면서 성매매하는 여성들을 이렇게 불렀다. 영국 BBC의 기사로 세상에 노출된 이 문제는 단순히 한국의 성매매 실태를 알려주는 데에 끝나지 않았다. 노인들의 소외와 빈곤, 한국사회가 외면하고 있었던 노인 문제의 현실을 담고 있다는 점에서 그 충격이 컸다. 영화는 이러한 한국사회의 현실을 소재로 이야기를 풀어나감으로써 스크린을 넘어 우리 현실 문제로 바짝 다가선다.

"댁이 죽여준다는…. 소문 듣고 왔으니까 잘 부탁해."

거침없는 접근과 만족도 높은 기술로 인기가 좋은 소영은 성병을 앓는 중에도 많은 이들을 상대한다. 빈곤한 삶에서는 하루도 쉴 수 없기 때문이었다. 큰돈을 벌 수 있다는 말에 동두천 미군기지에 들어섰던 젊은 날부터 환갑이 넘은 지금까지 소영이 할 수 있는 일은 성을 파는 일이었다. 소영은 폐지나 빈 병 줍는 일은 죽어도 하기 싫다며, 자신처럼 늙은 여자가 할 수 있는 일이 별로 없다고 성매매업을 지속해왔다. 그리고 '죽여주는 여자'로 많은 손님을 끌었지만, 끝내 빈곤에서 헤어 나올 수 없었다.

그러던 가운데 소영은 과거에 자주 상대했던 노년 남성 재우와 재회한다. 이 남성과의 재회로 소영은 정말 죽여주는 여자의 길로 빠져든다. 그리고 영화는 노년층의 문제를 단순히 해소하지 못하는 성욕이나 빈곤 문제로 국한하지 않는다. 무력한 신체로 '죽음을 기다리는 삶' 자체인 노년기의 비극을 오롯이 담아낸다.

공원에 그동안 왜 통 안 나왔냐는 소영의 질문에 재우는 "가면 뭘 해. 나 이제 그 짓도 못해. 더 이상 남자가 아닌 거지."라고 답한다. 그러자 소영은 요즘 오빠 말고도 안 보이는 분들 꽤 된다고 하니, 재우는 다들 병들었거나 죽었을 것이라고 하였다. 소영에게 성을 샀던 남성들은 이제 건강한 신체를 잃고 죽음에 가까워진 삶을 살고 있었다. 이들에게 더 이상 소영의 조력이 필요하지 않을 것 같았지만 그렇지 않았다.

그렇게 관련된 사람들의 안부를 묻는 중에 소영은 그의 측근 가운데 자신에게 특별히 잘해주었던 세비로송의 근황을 궁금해한다. 연금을 많이 받는다며 값을 후하게 내어주고, 늘 맞춤 정장을 입고 다니는 청결했던 세비로송이었다. 재우는 세비로송이 중풍으로 쓰러져 1년 넘게 요양병원에 누워있다고 말해주었다. 소영은 세비로송이 있는 요양병원으로 찾아간다.

세비로송은 소영을 만나자마자 미안하다고 한다. 소영이 왜 미안해하느냐고 묻자, 그는 "내꼴이…."라고 답하고 냄새나지 않느냐고 걱정한다. 그 갑작스러운 사과는 자신의 처지에 대한 한탄이었다. 그렇게 깔끔하던 양반이 이제는 대소변도 가리지 못하고 남의 손에 맡겨져 연명하고 있었으며, 자손들에게도 외면받고 있었다.

> "혼자 먹지도 못해. 아무것도 혼자 못해. 죽으려고 해도 혼자 못 죽어. 사는 게 창피해. 죽고 싶어. 뭐냐고 이게. 나 좀 도와줘."

세비로송은 소영에게 속내를 털어놓고 오열한다. 그렇게 윤택하게 살던 그의 노년은 참담했다. 소영은 강렬한 연민에 휩싸여 그의 소원대로 세비로송을 죽인다.

세비로송의 부탁이었으나 소영은 죄의식으로부터 벗어나지 못하고 자신의 죄를 고백한다.

> "좀 이상하긴 한데 가족들끼리 쉬쉬하면서 부검도 안 하고 넘어갔다더라고. 참 잘 죽었어. 밤에 자다가 갔다니까 잘 죽은 거지."
>
> "저 세상에선 좀 편해지셨을까요?"
>
> "죽으면 다 끝나는 거지. 누가 알겠어? 갔다 온 사람도 없고. 참 문제야, 문제. 어떻게 죽어야 잘 죽는 건지."

"좋은 데로 가셨어야 할 텐데."

"그렇게 믿자고. 그렇게 누워서 몇 년 더 사는 게 무슨 의미가 있지."

"꼭 그러셔야 하는데. 제가 보내드렸거든요.

"무슨 소리야?"

"그분이 너무 간절히 원해서 그래서는 안 되는 줄 아는데. 그냥 차라리 언능 가시는 게 낫겠더라고요. 그래서 제가 보내드렸어요."

"어쩌자고 그랬어?"

"그러게요. 제가 미친년이에요."

세비로송의 죽음을 전하는 재우에게 소영은 사실을 털어놓는다. 그러면 안 되는 일인 줄은 알지만 세비로송이 너무도 간절히 원하기에 해주었다는 말이었다. 성을 팔던 소영이 죽음을 팔게 된 첫 번째 사건이었다.

세비로송에 대한 연민과 죄의식 사이에서 고민하던 소영이 그의 자살을 도울 수 있었던 동력은 그의 인생을 잘 알기 때문이었다. 깔끔한 행색, 늘 지갑에 빳빳한 신권을 넣고 다니던 습관, 넉넉한 대가 등 성매매의 상황에서도 최소한의 인격을 유지하던 그를 기억하기에 현재의 비참함을 이해할 수 있었던 것이다. 과거 그의 남모를 성욕 풀이를 감당하던 소영은 그 최후의 욕망까지도 감당해주고, 깔끔하게 살고자 하는 그의 소망을 지켜주었다. 그런데 소영의 연민과 보은(報恩) 섞인 자살방조 행위는 한 번으로 끝나지 않는다.

이후 재우는 소영에게 죽음을 기다리는 노년 남성을 소개한다. 그리고 의지할 데 하나 없는 치매노인 종수를 죽여 달라고 부탁한다.

"그러든지 말든지 두 분이 알아서 하실 것이지 저한테 왜 이러세요?"

"그렇지. 말이 안 되지. 맞는 말이야."

"저분 자존심 같은 것은 저 알 바 아니고요. 말도 안 돼요."

소영은 재우의 제안을 거절한다. 두 사람의 끔찍한 계획에 가담하고 싶지 않다고 강하게 말한다. 소영은 처음 보는 종수의 죽음까지 방조할 수는 없었다.

"내가 왜 이렇게 된 거지."

그러다가 소영은 결국 자신의 신세를 한탄하는 종수의 말을 듣고 그를 죽이는 일을 받아들인다. 소영은 높은 산 절벽 위에 선 종수를 밀어버리면서 그의 소원대로 그를 죽여준다. 여기에서 소영이 하는 '죽여주는' 일은 종수 자신도, 그의 곁에 마지막으로 남은 친구 재우도 하지 못 하는 일이었다. 예전 젊은 시절에 남성들의 성욕을 해소해주던 소영은 이제 노년의 삶을 비참해하면서 죽기를 바라는 남성들의 죽음 욕망까지 감당하고 있는 것이었다.

결국 재우마저도 소영에게 자신의 죽음을 부탁한다. 재우는 소영에게 데이트하자고 불러내어 좋은 레스토랑에 가 저녁 식사를 하고, 고급호텔로 소영을 데리고 간다. 호텔에 들어와 이제 씻겠다는 소영에게 재우는 그럴 필요 없다면서 자신의 계획을 이야기한다. 자살 계획이었다.

> "무슨 미련으로 여태 이렇게 살아 있는 건지. 평소에도 불쑥불쑥 마음을 먹다가도, 막상 저지르려니 덜컥 겁도 나고. 게다가 아무도 없이 나 혼자 죽을 생각을 하니 너무나 아득하고 무서워지더라고. 옆에 누군가 있어 주기만 해도 내가 조금 편히 떠날 수 있을 것 같아서."

재우의 대사에서 이들이 왜 제 스스로 죽지 못하고 끔찍한 일을 소영에게 시키는지 알 수 있다. 혼자 사는 삶이 끔찍해서 죽고 싶지만, 더욱 어려웠던 것은 혼자 맞이하는 죽음이었던 것이다. 이 장면은 노년기의 고민이 어디까지 닿아 있음을 보여준다. 점점 무기력해지는 신체, 그러다 간혹 지독한 병에라도 걸리면 손수 몸을 관리할 수도 없는 처량한 신세가 되고, 주변의 사람들도 하나둘씩 떠나면 혼자서 지독한 외로움과 싸워야 한다. 이제는 그 어떤 희망과 미래도 기대할 수 없으며, 점점 가까워지는 죽음을 기다리는 것이 삶의 전부인 것이다.

재우는 죽음을 맞이하는 길을 함께 해달라며, 한 알의 수면제를 소영에게 건네고 자신은 다량의 수면제를 삼켰다.

> "깨어나지 않은 긴긴 잠을 잔다고 생각하고, 소영씨는 한숨 자고 일어나면 된다고 생각하면 되는걸. 날 위해 좋은 일을 해주는구려. 잊지 않으리다."

재우와 소영은 나란히 침대에 누워 잠이 들었다. 한참 후 잠에서 깬 소영은 재우의 죽음을 확인하고 눈물을 흘렸다. 그리고 보답으로 받은 100만 원 가운데 10만 원만 챙기고 나머지를 불상 앞 시주함에 넣고 기도한다.

이 영화에서는 남자들의 비참한 죽음을 연속해서 보여준다. 이들은 자연스러운 죽음을 기다리지 못하고 재촉하는가? 전신 마비, 곧 닥칠 치매, 가족도 재산도 없는 외로운 삶 등 이들이 생을 마감하려는 이유는 늙음이 가져온 병과 신체적·정신적 무력함 때문이었다. 무기력해진 신체로 오직 죽음만을 기다리는 삶이 비참하여 죽음을 선택하는 것이다.

이들의 죽음은 우리들에게 큰 과제를 남겨준다. 우리는 늙음을 어떻게 준비하여야 하는가? 무엇을 어떻게 해야 할지 준비되어 있지 않아, 막막한 가슴으로 그들의 선택을 응시하게 된다. 이들의 죽음이 보기 불편하기도 하지만, 그렇다고 그들을 비난할 수만은 없는 애매한 자리에 서 있게 된다. 우리는 미래를 위한다며 많은 것을 투자하여 치열한 경쟁에 맞서고, 생의 다음을 위해 종교적 신념을 지켜나가지만, 정작 자신의 '늙음'에 대해서는 진지하게 사유하지 않는다. 그러한 우리의 허점을 찌르듯 이 영화는 적잖은 충격과 함께 무거운 마음을 선사한다.

## Ⅲ. 질주하는 욕망 속 소외된 사람들의 종생(終生)

이 영화는 아직 노년의 길로 들어서지 않았던 이들에게 한 번도 생각해보지 않은 노년의 민낯을 노출하며 충격을 남기는 작품이다.

그리고 우리에게 노년의 삶을 어떻게 준비해야 하는지 경각심을 일깨운다. 무기력해진 신체로 오직 죽음만을 기다리는 삶이 비참하여 죽음을 선택하는 일이 그러했다. 그리고 이들은 왜 스스로 죽지 못하고 소영의 손을 빌려 죽게 되는가? 그 안에서 소영은 사람들이 꺼리고 비난하는 매춘부에서 살인자로 전락하게 되는가? 이러한 쓸쓸한 질문들이 우리에게 삶과 죽음에 대한 사유 과제를 던져준다. 다시 말해 어떻게 죽을 것인지를 포함하여 노년을 준비하기 위해 지금 어떻게 살아야 하는가를 생각하게 한다. 이는 제 스스로 죽지도 못하여 죽음을 돈 주고 사는 남성들의 모습들에서도 그렇지만, 그러한 욕망 속에서 소리 없이 죽어가는 소외된 자들을 통해서도 확인할 수 있다.

이 영화에는 소영과 더불어 사회적으로 소외된 자들의 모습이 등장한다. 소영과 함께 사는 트랜스젠더와 다리 한쪽을 잃은 장애인이 그러하다. 이들은 우리가 일반적으로 '정상'이라고 부르는 범주에서 벗어난 부류이자, 소영과 함께 사는 이들이다.

이들의 직업은 모두 성욕과 관련되어 있다. 소영은 성매매업을 하고 있으며, 트랜스젠더 티나는 밤업소에서 공연을 하며 사람들에게 볼거리를 제공하고 있고, 몸이 불편한 도훈은 성인 장난감을 만드는 일을 한다. 소위 정상인들의 성욕 해소를 돕는 일을 한다는 공통점을 지니고 있으며, 사회 중심으로부터 멀찍이 떨어진 곳에 소외된 사람들이었다. 그리고 가족 아닌 가족의 형태로 서로를 도우며 살아가고 있었지만, 이들의 소외감과 빈곤을 해결될 희망이 보이지 않는 것도 사실이었다.

그리고 영화 초반부터 소영과 함께 나타난 낯선 아이가 우리의 시선을 끈다. 소영이 성병으로 산부인과에 들를 때 작은 아이를 발견한다. 그리고 어떤 필리핀 여성이 사람들에게 붙잡히고, 그 여성은 아이에게 어서 도망치라고 외친다. 아이는 도망치고, 무슨 일인가 싶었던 소영은 도망치는 아이를 붙잡아 집으로 데려간다. 그리고 나서는 성심껏 아이를 보살핀다.

왜 소영은 아무런 연고도 없는 생전 처음 보는 아이에게 정성을 다해 보살폈을까? 사연은 그러했다.

> "주환씨 이러지마."
>
> "조용히 해."
>
> "당신은 5년이나 연락을 끊었잖아."
>
> "나한테 어떻게 이럴 수 있어? 민호는 당신 아이야. 민호도 함께 왔어."
>
> "조용히 못 해?"
>
> "제발 주환씨 이러지마."
>
> "이 여자가 미쳤나!"

한 필리핀 여성이 아이의 아버지인 한국남성을 찾아 산부인과로 왔다. 산부인과 의사인 남성은 필리핀 유학 때 이 필리핀여성과 살았고, 아이를 낳아 그에게 '민호'라는 이름을 지어주었다. 그리고 남성은 한국으로 귀국할 때 여자와 아들을 버리고 왔다. 남성은 한국으로 와서 부잣집 딸에게 장가를 가고, 자녀를 셋이나 두었다. 필리핀 여성은 기다림 끝에 한국으로 찾아왔고, 남성은 여자와 아이를 외면하였다. 결국, 필리핀 여성은 분노 끝에 가위로 남자를 찌르고 경찰에 잡혀갔다. 소영은 이 광경을 쭉 지켜보다가 혼자 남겨진 아이 '민호'를 데려왔다.

> "필리핀에 공부하러 가서 애나 싸질러 낳고. 하여간 무책임한 새끼들은 다 천벌 받아야 해요. 한국 남자 새끼들은 다 똑같지 뭐."

영화의 이야기 속 이야기는 한국의 어두운 면을 고발하듯 코피노(Kopino) 사연을 다룬다. 코피노란, 한국남성과 필리핀 현지 여성 사이에 낳은 자녀를 가리킨다. 다른 영어권 나라에 비하여 물가가 싼 필리핀은 한국의 많은 유학생들이 찾는 곳이다. 그곳에는 많은 탈선이 이뤄지는데, 그 가운데 코피노의 수가 늘어가는 중요 요인이 바로 유학 탈선이다. 대개 그 아버지는 10대 후반에서 20대 초반의 한국 유학생이라고 한다. 따로 이름 불려 지어질 만큼 코피노 문제는 심각하다. 2011년 기사에 따르면 코피노의 수는 1만 명을 넘어서고 있으며, 2017년에는 3만이 넘었다는 이야기도 있다.

이 일은 한국남성들의 무절제한 욕망의 폐단을 보여준다. 자본의 논리로 마음껏 욕망을 풀어낸 그들은 또 다시 자본의 논리로 자신들의 행위에 책임지지 않고 진실을 은폐한다. 영화의 한국남성처럼 대부분의 코피노 아버지들은 그들의 존재를 부정하고 숨기고 싶어한다. 그리고 그 폐단은 한국남성들이 아닌 그들의 소중한 생명인 코피노의 외로움과 빈곤으로만 남게 되는 것이다.

영화는 소영의 특별한 일상을 그려내면서 코피노 사연을 함께 다룬다. 그것은 남성들의 무절제한 욕망 풀이로 인한 폐단을 고발하면서 동시에 소영이 제 스스로 감옥으로 들어가 무연고 사망에 이르게 되는 상세한 사연을 대신하기도 한다.

소영의 실명은 '미숙'이었다. 그리고 한때 동두천에서 미군을 상대하던 일을 했다. 이러한 사실들이 점차 드러나면서 소영의 과거가 밝혀진다.

> "먹고는 살아야겠고, 다들 손가락질 하지만 나 같이 늙은 여자가 벌어먹고 살 수 있는 일이 많은 줄 알아? 꼴에 빈 병이나 폐지 주우면서 살기는 죽기보다 싫더라고. 전생에 나는 무슨 죄를 졌는지 평생을 내가 벌어먹고 살았어. 어렸을 땐 남의 집 식모살이도 해봤고, 공장도 다녀봤고. 그러다가 돈벌이가 괜찮다고 그래서 동두천 미군부대까지 흘러들어 갔는데…."

젊었을 때 빈곤에서 헤어 나올 수 없었던 소영은 돈을 좀 벌 수 있다는 소문을 듣고 '양공주'의 길로 들어서고, 그곳에서 한 미군과 함께 아이를 낳았다. 그 미군은 소영과 아들을 버리고 미국으로 돌아갔고, 혼자 아이를 키울 수 없었던 소영은 어린 아들을 타지로 입양 보냈다.

> "참 잘 생겼네요. 미국사람 맞지요?"
>
> "예. 미국사람이에요. 미국 군인이요. 반은 미국사람이고 반은 한국사람이에요. 혼혈이요."

"그럼 엄마가 한국사람이에요?"

"네."

"엄마는 어디에 있어요?"

"엄마에 대해선 잘 몰라요. 아기였을 때 입양되었거든요."

"정말요?"

"우리 아버진 내가 아기였을 때 나를 버렸어요. 엄마 혼자 나를 키울 수 없어서 입양 보냈죠. 그랬다고 들었어요."

코피노 민호를 위해 햄버거 가게에 들른 소영은 자기 아들뻘 되는 한 미군 남성에게 말을 건다. 그리고 그가 미군 아버지와 한국여성 사이에서 태어난 혼혈아이며, 아버지가 어머니를 버리고 떠난 후 자신은 입양되었다는 사연을 듣는다. 이 미군의 사연은 젊은 날 소영이 경험한 비극과 꼭 닮아 있었다. 소영은 미군의 말을 듣고 혼이 빠져 한동안 아무것도 할 수 없었다.

한편 이주여성 긴급지원센터의 도움으로 민호의 상황은 점차 해결될 조짐이 보였다. 민호의 어머니는 남자 측에서 상해죄로 고소를 해서 구치소에 수감되어 있었지만, 단체의 도움으로 국선변호사를 선임해서 친자확인소송을 진행하였고 이제 곧 민호는 양육비를 지원받으며 살 수 있게 되었다. 민호의 행복이 준비되자, 소영은 소풍을 떠나기로 한다.

"내일 시간들이나 비워놔. 우리 다 같이 소풍이나 가자."

소영은 트랜스젠더 티나와 도훈, 그리고 민호와 함께 즐거운 시간을 보낸다. 그리고 이들에게 후한 저녁 식사를 제공한다.

> "혼자 쓰면 안 될 것 같은 돈이 좀 생겼어."

소영은 죽여 달라는 남자들의 소원을 들어주고 그 대가의 돈을 코피노 민호를 돌보는 데에 썼다. 그리고 마지막 재우의 소원을 들어주고 난 후 소영은 친구들에게 좋은 추억을 선물하기로 한다. 죽음을 팔고 얻은 그 대가는 혼자 쓸 수 없는 돈이라고 판단한 것이다.

그리고 뉴스에서 소영의 일을 살인죄로 모는 기사가 나온다. 뉴스에서는 한 노년여성이 독거노인을 호텔방으로 유인한 뒤 독극물을 먹여 살해했다고 말했다. 재우가 소영에게 부탁한 일은 돈 100만 원에 사람을 죽인 일로 둔갑해 있었던 것이다.

> "그 사람도 무슨 사연이 있겠지. 아무도 진짜 속사정은 모르는 거거든. 다들 거죽만 보고 대충 지껄이는 거지."

평생을 매춘부라 손가락질 받던 소영은 끝내 살인자로 지목된다. 위와 같은 소영의 나지막한 대사는 자신의 인생을 비웃던 이들에게 해주고 싶은 말일지도 모른다.

소영은 순순히 자신의 죗값을 달게 받는다. 소영은 결국 독거노인을 살해한 혐의로 수감된다.

"혹시 봄 돼서 감방 가면 안될까요? 제가 추위를 많이 타서…. 도망 안 갈게요. 차라리 잘됐지 뭐. 어차피 양로원 갈 형편도 안 되고…. 거기 가면 세끼 밥은 먹여주는 거잖아요. 요즘 반찬이 뭐가 나오나. 올겨울은 안 추웠으면 좋겠다."

자신에게 씌여진 죄값에 대해 소영은 변명조차 하지 않았다. 다만, 가족도, 안락한 생활도 없었던 소영은 감옥에서 생을 마감할 뿐이었다. 그리고 그녀의 시신 위에는 '무연고 사망자'라는 쓸쓸한 기표만이 남았다.

다시 처음으로 돌아가, 소영이 왜 남성들의 죽음에 동참했는가를 생각해보자. 소영이 살인자가 되었던 속사정은 단순히 연명을 위한 '돈벌이' 때문은 아니었다. 그녀가 과감한 손길로 죽음으로 초대했던 남성들은 무기력한 신체로 '죽음'만을 기다리던 사람들이다. 그리고 그들에게 가족은 떠나거나, 먼저 죽고 없었다. 이 사회에서 더 이상 존재의 가치를 인정받거나, 제 스스로도 그것을 찾을 수 없었던 나약한 사람들이었다. 소영은 무력화된 신체로 자신의 처참한 몰골을 한스러워하는 이들을 차마 외면하지 못하고, 그들의 소원을 들어주었던 것이다.

그 이유는 자신이 꼭 그랬기 때문이다. 빈 병이나 폐지 줍는 일은 도저히 할 수 없고, 양로원에 들어갈 형편도 아닌 소영은 차라리 감옥에 가게 된 것이 다행이라 여긴다. 감옥에서 주는 세끼 밥을 기대하는 삶이 소영에게는 죽음보다 힘겨운 생(生)이었다. '나를 죽여달라'는 남성들의 비참한 외침을 외면할 수 없었던 이유는 소영이 그 누구보다 살아있음의 비참함을 절감하고 있었기 때문이었다. 여기까지 영화는 비참한 죽음을 그려내면서 '생(生)의 비참함'을 전하고 있다.

영화에서 말하는 바가 여기에서 끝이었다면, 이 영화의 의의는 '노년의 비참한 삶'을 비추는 효과에 그쳤을 것이다. 중요한 것은 무엇이 이들의 삶과 죽음을 비참하게 하였는가에 있다.

다른 사람들의 죽음과 그리고 자신의 죽음을 기다리는 소영은 코피노 민호를 만난 뒤로 '몸을 파는 일' 외에 다른 일도 하기 시작했다. 그녀는 남자들을 상대해주는 대가로 받은 돈으로 그 아이를 보살폈고, 특히 진짜 '죽여주는 일'을 할 때마다 아이에게 더 큰 혜택을 베풀었다. 대가를 바라지 않는 소영의 베풂은 그녀의 젊은 날 비극에서 비롯되었다. 미군 남성에게 버려진 자신, 그리고 자기가 버린 아이…. 오늘날의 코피노 민호가 겪고 있는 비극은 다름 아닌 자신의 과거였기 때문이었다. 소영은 그때 잃은 자식을 떠올리며 코피노 아이에게 관심과 사랑을 퍼붓는 것이었다.

지금까지 소영은 빈곤에서 헤어 나오기 위해 몸을 파는 일을 선택했고, 아이마저 포기했지만 상황은 나아지지 않았다. 그리고 늙은 소영에게 남은 것은 외로움과 빈곤뿐이었고, 하루하루 몸을 파는 일로 연명해갈 뿐이었다. 가족도, 안락한 생활도 없는 그녀가 코피노 민호에게 애착을 가졌던 이유는 자식을 버린 죄책감 때문이었고, 또 희망도 그 무엇도 없는 초라한 현재의 노년기 때문이었던 것이다.

그래서인지 소영은 매번 남성들의 욕망을 풀어주는 대가로 돈을 받으면 민호에게 정성을 베푸는 일로 썼다. 마치 본래 있어야 할 자리로 되돌려주기라도 하듯, 소영은 민호를 위해 아낌없이 베풀었던 것이다.

영화가 소영의 일생을 통해 보여준 것은 죽음 못지않은 생(生)의 비참함이었으나, 그러한 삶에서 줄곧 변하지 않았던 것은 '무분별한 욕망의 질주'였기도 했다. 영화 속 남자들의 죽음은 모두 공통된 특징이 있었다. 이들은 모두 늙음과 질병을 제 삶으로 받아들이지 못하였고, 또 제 스스로 삶을 끝낼 수도 없었다. 그래서 그들은 끝내 소영을 살인자로 만들었다. 소영은 남성들의 성적 욕망을 해소하는 일을 도와준 '죽여주는 여자'에서, 그들의 죽음을 방조하는 진짜 '죽여주는 여자'가 되었다. 젊은 시절부터 자신의 욕망을 스스로 소화하지 못하던 남자들은 자기 삶을 끝내는 일마저도 소영의 손을 빌리고 있었던 것이다. 예나 지금이나 젊은 소영과 박카스 할머니를 찾는 손님들, 성욕에서부터 죽음까지 모조리 소영의 손을 부탁하는 무분별한 욕망의 질주는 노인이 돼서까지도, 죽는 날까지도 끊이지 않음을 보여준다. 그리고 그 안에서 소영은 그로 인해 상처받고 소외되며, 살인죄까지 떠안는다.

이렇게 그 끝은 더없이 초라하고 쓸쓸했으나, 그럼에도 소영의 삶은 남의 손을 빌려 죽는 남자들과는 다른 길이었다. 그녀는 비록 평생을 몸을 팔아 연명한 가난한 매춘부였고, 자살을 방조한 죄인이자 살인자 누명까지 쓰고 무연고 사망자가 되었으나, 코피노 아동 민호에게 새 삶을 선물한 은인이기도 했다. 그녀가 민호에게 대가 없이 베푸는 까닭은 그 아이 역시 무절제한 욕망의 질주 속에 상처받고 소외된 존재이기 때문이었다. 그 아이가 자신처럼 '차라리 감옥에

가는 것이 낫겠다'는 선택을 하지 않게 하기 위한 그녀만의 최선이었던 것이다. 소영과 코피노 민호는 무분별한 욕망의 질주 속 소외된 존재들이었기에, 소영은 비극의 연속을 끊고 싶었던 것일 수 있다. 소영의 행위들은 민호만이라도 생(生)의 비참함 속에서 빠져나오기를 바라는 구원의 손길이었다는 것이다. 이는 무분별한 욕망으로 태어난 안타까운 생명을 제대로 보살피지 못했던 지난날에 대한 성찰이자, 자신이 꼭 마무리 지어야 했던 인생의 과제였을 수도 있다. 그래서 그녀는 덤덤하게 감옥에서 종생(終生)을 받아들일 수 있었을 것이다.

## Ⅳ. 늙음과 죽음, 외로운 방황의 극복을 위하여

자신의 '늙음'과 '죽음'을 상상해본 적이 있는가? 영화 <죽여주는 여자>는 이러한 질문들을 던지는 작품이다. 그리고 어떠한 '늙음'과 '죽음'을 위해 현재 어떻게 살아가고 있는가라는 따끔한 충고도 함께 전한다. 잘 늙고, 잘 죽기 위하여 나는 어떤 삶을 살아야 하는가?

이 영화에서 보여주는 늙음과 죽음은 현대 한국사회가 지닌 죽음문화의 한계점을 비추고 있다. 2016년 조사에 따르면 한국의 노인 자살률은 10만 명 당 120명 경제협력개발기구(OECD) 국가 중 1위이다. 혼자 사는 노인들의 수가 늘고, 빈곤의 문제도 심각하고, 수명이 늘어감에 따라 병을 지닌 채 '죽음'을 기다리는 노년기의 삶이 길어지면서 '죽지 못해 살아가는' 비참한 삶은 영화 속 판타지가 아니라 우리의 현실이었다. 이러한 현실 속에 우리는 늙음과 죽음을 마주하며 인간의 존엄성을 지속할 수 있는지를 고민하게 되었다.

한국사회에서 죽음의 질에 대한 평가가 낮은 가운데, 존엄사에 대한 관심이 증폭되고 있다. 무의미한 연명치료를 중단하는 일 외에 인위적으로 죽음을 앞당기는 적극적인 방식의 안락사까지 긍정적인 평가를 받고 있는 현황이다. 인간으로서 최소한의 품위가 가치를 지킨다는 이유이지만, 윤리적·종교적·법적인 문제들로 고려할 때 대부분의 나라에서는 이를 허용하지 못하고 있다. 그래도 치료를 하더라도 생존할 가능성이 없는 경우 선택하는 존엄사에 대한 긍정적 인식은 빠르게 확산되어 가고 있다. 이러한 죽음에 대한 현대사회의 인식은 바로 영화가 그려낸 노년들의 모습을 통해 확인할 수 있었다.

석존의 첫 말씀을 모은 것으로 평가되는 숫따니빠따(Suttanipāta, 經集)에서 '죽음'에 대해 다음과 같이 기술되어 있다.

> 진실로 태어난 것들은 죽음을 면할 길이 없다. 늙으면 죽음이 온다. 진실로 생명 있는 자의 운명은 이러하다. 잘 익은 과일은 빨리 떨어질 우려가 있다. 이와 같이 생명을 가지고 태어난 자들은 죽지 않을 수 없다. 또 그들은 언제나 죽음에 대한 두려움이 있다. 청년도 장년도 어리석은 자도 지혜로운 자도 모두 죽음에는 굴복해 버린다. 모든 사람은 반드시 죽는다. 그들은 죽음에 붙들려 저 세상으로 가지만, 아버지도 그 자식을 구하지 못하고, 친척도 그 친척을 구하지 못한다. 보라, 친척들이 비통한 마음에 잠겨 있지만 한 사람 한 사람 도살장에 끌려가는 소처럼 사라져 간다. 이렇듯 세상 사람들은 죽음과 늙음으로 인해서 해를 입

는다. 그러나 슬기로운 자는 세상의 참모습을 알고서 슬퍼하지 않는다.[7]

인간에게 죽음은 공포스럽다. 한 번도 가보지 않은 길이기 때문에 더욱이 그러하다. 어떤 학자는 어떤 경우 죽음의 공포는 인간의 영원화를 꾀하게 하지만 그 방법으로 죽음을 극복하려는 것은 전혀 의미가 없다고 말했다.[8]

사람은 죽음에서 벗어날 수 없지만, 오히려 죽음에 대한 공포와 불안을 변형하여 행복한 삶을 위한 에너지로 활용할 수 있다. 자기실현이나 자기 초월을 위해 '죽음'으로 향하는 에너지를 활용할 수 있다는 것이다. 웰다잉과 웰빙을 위한 길은 죽음을 잘 수용하는 일이다.[9]

그러한 의미에서 영화 <죽여주는 여자>는 특유의 패러독스로 죽음을 수용하는 길을 안내한다. 이 영화는 한 번도 늙음과 죽음을 신중하게 사유해보지 않은 이들에게 희망 없는 노년의 삶을 보여주었다. 그것은 소용 가치가 없어진 존재로 추락한 노년의 민낯 자체였다. 한때 자본의 힘으로 자신들의 욕망 풀이에 서슴없이 풀어낼 수 있었던 노인들이 늙고 쓸모없는 존재가 되었다는 사실을 자각하였고, 그 결과 그들은 '죽음'을 선택했다. 하지만 스스로 죽지도 못하는 인물들은 그것마저도 자본의 힘으로 다른 사람의 손을 빌렸고,

7 윤영호, 「웰다잉(well dying) 문화 형성을 위한 불교의 죽음관 연구」, 『철학연구』 130, 대한철학회, 2014, 163면.

8 빅터 프랭클 저·이시형 역, 『삶의 의미를 찾아』, 청아출판사, 2005, 91면.

9 최용성, 「영화를 활용한 웰빙 및 웰다잉교육의 통합적 접근」, 『윤리교육연구』 39, 한국윤리교육학회, 2016, 259면.

비참한 생을 종결하기 위해 비참한 죽음을 맞이했다. 이들의 행보는 우리에게 일찍부터 비참하지 않게 죽기 위한 대비를 하라는 충고는 남긴다.

그리고 그들을 죽음으로 안내했던 소영의 모습에서는 '죽음을 앞두고 무엇을 해야 하는가'라는 질문을 남긴다. 그녀는 성을 파는 일 외에 아무것도 할 수 없는 자신의 한계를 깨닫고, 죽음을 준비하며 단 한 가지 일에 성심을 다했다. 그것은 자신들의 욕망에 빠져 질주해왔던 남성들의 생을 종결하고, 그로 인해 태어난 애처로운 생명에 명 잇기를 해주었다. 그녀의 대가 없는 순수한 베풂은 남성들의 욕망 풀이에 희생당한 애처로운 생명을 구원하는 일이었다.

영화 속 소영의 행보는 곧 미래의 죽음을 전제로 하고 현재를 잘 살아내는 방법을 모색하는 일과도 같았다. 무작정 죽음을 앞당기는 사람들과 대비하여, 소영의 죽음은 자신이 해야 할 일을 해내는 가치 있는 삶으로의 마무리라고 할 수 있었다. 과오를 깨닫고, 미약한 자신의 힘으로 그 일을 마무리하려는 자체로 소영의 죽음은 '무연고 사망'이라는 기표에 더 많은 의미를 담아낸다. 죽음을 인정하였을 때 자신이 할 수 있는 일을 한다는 것만으로도 그 가치는 충분했다는 것이다.

죽음은 곧 삶이다. 웰다잉을 논하는 연구자들은 죽은 뒤에 어떻게 될지 궁금하기보다 지금 자신의 삶에 대해서 살피라고 한다. 왜냐하면, 사람은 누구나 자신이 살아왔던 방식 그대로 죽게 마련이기 때문이라는 것이다. 죽음준비는 삶을 잘 살아내는 것 이외에 다른 것일 수 없으며, 잘 사는(well being) 사람만이 잘 죽을 수 있고(well dying)

반대로 잘 죽을 수 있기 위해서는 잘 살아야 한다고 말한다.[10] 고로 잘 죽는 일은 곧 잘 사는 일이라는 것이다.

우리는 잘 죽기 위해 현재를 어떻게 살아야 하는가를 고민해야 한다. 죽음을 염두에 둘 때 내가 해야 할 일이 무엇인가를 사유해야 한다. 현대사회의 새로운 과제, 웰다잉의 길은 현재 자신의 삶을 가치 있게 하는 일이라고 할 수 있다.

## 참고문헌

**기본 자료**

이재용 감독, <죽여주는 여자(The Bacchus Lady), 2016.

**논문 및 단행본**

김건, 「영화를 통해 본 아름다운 삶의 마무리, 웰다잉」, 『문학과 영상』 14-3, 문학과영상학회, 2013.

김미혜 외, 「노인이 인지하는 '좋은 죽음' 의미 연구」, 『한국사회복지학』 56-2, 한국사회복지학회, 2004.

빅터 프랭클 저·이시형 역, 『삶의 의미를 찾아』, 청아출판사, 2005

신동은 외, 「웰다잉 국가 전략에 대한 일반 국민들의 인식 및 수용도」, 『한국호스피스.완화의료학회지』 16-2, 한국호스피스완화의료학회, 2013.

심형화, 「웰다잉에 관한 한국인의 주관성 연구」, 『기본간호학회지』 18-1, 한국간호과학회 기본간호학회, 2011.

윤영호, 「웰다잉(well dying) 문화 형성을 위한 불교의 죽음관 연구」, 『철학연구』 130, 대한철학회, 2014.

이병찬 외, 『죽음준비교육과 삶』, 효사랑, 2007

최용성, 「영화를 활용한 웰빙 및 웰다잉교육의 통합적 접근」, 『윤리교육연구』 39, 한국윤리교육학회, 2016.

https://movie.naver.com/movie/bi/mi/review.nhn?code=146508

10 이병찬 외, 『죽음준비교육과 삶』, 효사랑, 2007, 77면.

# 가족 속의 죽음, 나 홀로의 삶

## 소설 〈내 생에 하루뿐일 특별한 날〉

김혜미(한림대학교 생사학연구소 HK연구교수)

## Ⅰ. 원작과 영화 사이

전경린의 소설 <내 생에 하루뿐일 특별한 날>은 2002년 변영주 감독을 통해 <밀애>로 영화화되면서 더욱 큰 주목을 받은 작품이다. 영화화되었다는 점에서 소설 <내 생에 하루뿐일 특별한 날>은 주로 원작과 영화의 비교를 통해 작품에 대한 평가가 이루어졌다고 할 수 있다.[1] 예를 들어 한 기획기사에서는 영화 <밀애>를 원작과 비교하

1 정경운, 「여성의 '몸'을 보는 두 개의 서사 : 문자와 영상-전경린의 『내 생에 꼭 하루뿐일 특별한 날』과 변영주의 『밀애』를 중심으로」, 『현대문학이론연구』 제26권, 현대문학이론학회, 2005, 277~300면; 김미영, 「외도를 통해 본 여성의 몸-영화 <밀애>와 <경축, 우리사랑!>을 중심으로」, 『국어문학』 제49집, 국어문학회,

며 원작의 정사 장면을 영화에서 잘 반영하지 못한 것에 주목하였다.[2] 이는 불륜이라는 소재에만 관심을 보였기 때문에 나타나는 현상이라고 볼 수 있다. 영화의 일부에만 집중한 나머지 소설의 다른 이야기들의 모두 사장되어 버린 것이다.

영화를 중심으로 작품을 분석한 다른 논의를 살펴보면, 영화 <밀애>에 대하여 억압기제에 둘러싸인 몸이 '성애적 욕망'을 통해 스스로 몸의 주인으로서 세계와 소통할 수 있다고 이야기하고 있다.[3] 즉 성적 욕망이 이전에는 갇혀 있던 미흔을 밖으로 끌어낼 수 있었다는 것이다. 비슷한 논의로 김미영은 「외도를 통해 본 여성의 몸-영화 <밀애>와 <경축 우리사랑!>을 중심으로」에서 미흔이 외도를 통해 자신의 정체성을 구현한다고 이야기한다.[4] 이 때 두 사람의 논의는 매우 닮아 있는 것을 알 수 있다. 한 여성이 남편이 아닌 다른 남자와 성관계를 맺는 과정에서 자신의 본 모습을 찾아냈다는 것이다. 또한 본 논의는 이야기를 몸의 측면으로 접근하여 여성의 성적(性的) 개방성이 곧 자아정체감 확립으로 통한다는 연결고리를 만들고 있다.

그러나 이 같은 시각도 작품의 의도를 모두 드러내기에는 미흡하다. 또한 미흔이 자신의 정체성을 찾는 과정에서 다른 사람에 의해

---

2010, 155~173면; 김혜미, 「영화<밀애>에 나타난 인물 특성과 미흔의 독립과정」, 『영화와문학치료』 제4집, 서사와 문학치료연구소, 2010.

2 고구마, <밀애 VS 내 생에 꼭 하루뿐일 특별한 날>, 기획 시리즈 원작 그리고 영화 이야기(1), 『씨네서울』, 2003.1.27.
인터넷기사(http://www.cineseoul.com/magazine/magazine.html?magazineID=503)

3 정경운, 앞의 글, 277~300면.

4 김미영, 앞의 글, 155~173면.

변화된 것을 진정한 변화로 볼 수 있는지 의문이다. 물론 미흔은 자신이 갈 새로운 길을 찾았고, 그 과정에서 외도가 이루어진 것은 사실이다. 하지만 미흔의 변화의 원인을 다른 사람에게서 찾는다면 미흔의 독립을 정확히 읽어내지 못한 것이 된다.

출판사 서평을 살펴보면, 『내 생에 꼭 하루뿐일 특별한 날』은 '작가가 그동안 작품 속에서 제기했던 질문, 즉 인간과 세계의 이면에 존재하는 심연, 즉 존재의 본질은 무엇인가라는 격렬하고도 섬뜩한 질문에 대한 스스로의 대답'이라고 밝히고 있다.[5] 출판사 서평을 통해 소설은 육체적이고 성적인 정사장면에 집중하기 이전에 작가가 보여주고자 했던 것이 명확하게 있다는 것을 언급하고 있다.

그리하여 이 글에서는 작가의 의도와 <밀애>에서 나타난 미흔의 존재의 본질을 더욱 명확히 살펴보기 위해 원작에 더욱 주목하고자 한다.[6] 소설 <내 생에 하루뿐일 특별한 날>에 나타나는 인물 특성과

5 출판사 서평

6 논의의 원활함을 위하여 영화 <밀애>의 줄거리를 제시하면 다음과 같다. 줄거리는 『영화와 원작의 서사적 거리』를 참고하였다.
(1) 크리스마스이브, 남편과 같이 일했다는 여자가 미흔의 집으로 찾아왔다. 술에 취한 여자는 미흔에게 자신이 미흔의 남편과 연인관계였다는 것, 자신이 임신을 했다가 낙태를 한 것 등을 이야기하다 화가 난 나머지 딱딱한 물건으로 미흔의 머리를 때렸다. 미흔은 그 이후 지독한 두통을 앓게 되는데, 외상이 없어진 이후에도 그 두통은 계속되었다. 또한 미흔이 무기력증에도 계속 시달려 멍하니 있는 날이 많아지게 되자, 미흔의 남편은 가족을 데리고 한적한 시골로 이사를 했다. 시골로 이사한 후에도 미흔은 멍하게 있다가 버스에서 내리지 못한다든지, 자신 앞에 있는 밥과 반찬을 모조리 먹어버린다든지, 하루 종일 앉아서 티비를 보는 등 제대로 된 생활을 하지 못했다. (2) 그러던 어느 날, 딸을 학교에 데려다 주고 돌아오던 중 미흔의 차가 멈췄다. 시골 길 한가운데 멈춰버린 미흔은 도움을 청할 곳을 둘러보다 폐가를 발견하였다. 이 때 경적 소리가 들려 미흔이 자신의 차로 돌아가자 미흔의 차 때문에 지나가지 못한 인규의 차가 정차되어 있었다. 인규가 미흔의 차를 둘러볼 동안 미흔은 아무런 표정 없이 멍하니 서 있었다. 기름이 없다는 것을 알게 된

인규는 자신의 차로 미흔을 데리고 기름을 사러갔다. 인규는 미흔의 차에 기름을 넣어주고는 "괜찮아요?" 라고 물었다. 미흔은 인규의 질문에 인규를 한 번 쳐다보고 고맙다는 말도 하지 않은 채 돌아갔다. (3) 미흔이 옆집 사람에게 폐가에 관련된 이야기를 묻자, 옆집 사람은 그 집의 며느리가 간부를 집에 들였다가 시아버지에게 들켜 시아버지를 살해한 이야기를 하였다. 그 이후에도 미흔의 멍한 행동은 계속되었다. 이러한 미흔의 상태를 본 미흔의 남편은 자신은 노력하는데 미흔은 노력하지 않는다며 짜증을 냈다. 남편의 말에도 미흔은 계속해서 멍한 상태를 유지했다. (4) 하루는 미흔이 멍한 상태를 유지해도 머리가 너무 아프자 읍내에 있는 병원으로 향했다. 병원의 의사는 인규였는데, 미흔은 인규에게 신경안정제를 처방해 달라고 했다. 인규는 처방전을 건네며 노는 시간에 잠만 자니까 머리가 아픈 것이라며, 급하게 돌아가려는 미흔에게 노는 시간에 게임을 하자고 제안하였다. 방법은 서로를 애인처럼 생각하면서 넉 달 동안 같이 놀고 섹스도 하는데, 그 기간 중에 사랑한다고 말하면 거기서 끝나는 게임이라고 했다. 미흔이 그런 게임을 왜 하냐고 묻자 인규는 사는 게 지리멸렬하고, 여자한테 얽히기 싫고, 어떻게 하면 게임에서 지지 않을 줄 알고 당신이 마음에 들기 때문이라고 대답했다. 미흔이 인규의 제안에 대답하지 않고 병원을 나갔는데 인규는 그런 미흔을 보고 자신의 제안을 받아드리게 될 것이라고 말했다. (5) 미흔의 딸이 방과 후에 자신의 친구도 데려다주기를 원해 미흔은 딸의 친구 집인 국도의 작은 휴게소로 갔다. 그 때 한 여자가 옷이 찢어진 반라의 상태로 도망을 나왔고 뒤이어 술취한 채 깨진 병을 들고 나오는 남자가 달려 나왔다. 미흔은 서둘러 여자를 차에 태워 한적한 곳으로 갔다. 여자는 그 남자가 남편이라고 말하며 자신의 신세한탄을 했다. (6) 비가 오는 날, 하루 종일 지루하게 있던 미흔은 창밖으로 인규가 차를 끌고 나가는 것을 보고 자신도 차를 끌고 따라 나섰다. 미흔은 인규의 차 안에서 게임을 할 때마다 이겼냐고 물었다. 인규는 이 게임에 이기는 사람은 없고 지는 사람만 있다고 했다. 미흔은 이 게임을 하는 여자들이 권태로운 여자인지 타락한 여자인지 물었다. 인규는 세상엔 당신처럼 스스로 나빠지고 싶어 하는 여자들이 있다고 말했다. 미흔이 인규의 손을 잡자, 인규가 미흔에게 키스를 하고 둘은 모텔로 향했다. 미흔은 사고 이후 남편과는 하지 못했던 섹스를 인규와 격렬하게 했다. 미흔은 자신이 잘 했냐고 묻고, 인규는 미흔에게 온몸이 빨려 들어갈 것 같았다고 대답했다. 둘은 소소한 대화를 나누다 다시 섹스를 했다. 이 일이 있은 이후 미흔은 잡지를 보면서도 웃었다. (7) 미흔이 인규와 다시 만나기로 약속을 한 날, 미흔의 남편은 가족끼리 온천에 가자고 하였다. 미흔은 남편의 제안에 계속 안 갈 핑계를 대다가 결국 같이 온천에 갔다. 그러고는 딸과 둘이 있을 때 인규에게 전화를 걸었는데 인규가 받지 않자, 미흔은 초조해 하였다. (8)늦은 밤, 미흔은 맨발로 창문을 통해 빠져 나가 인규가 사는 윗집으로 갔다. 미흔이 발을 다쳤다고 웃으며 말하자 인규는 화를 내며 이런 위험한 짓은 좋아하지 않는다고 했다. 미흔이 약속을 지키지 못해서 왔다고 하자 인규는 약속은 바다에 띄워놓은 부표 같은 것이라 정해진 것은 없는 것이라고 했다. 인규의 말에 미흔은 차갑게 돌아섰다. 집으로 가자 남편이 미흔을 찾고 있었다. 미흔은 산책을 했다고 둘러댔다. 그 날 밤, 미흔은 사고 이후 처음으로 남편과 성관계를 할 주인공이 변화하는 과정에 집중할 것이다. 이는 영화의 정사 장면에 가려 보이지 않았던 작품의 의도를 파악하는 작업이 될 것으로 보인다.

## Ⅱ. 소설 〈내 생에 하루뿐일 특별한 날〉에 나타난 주요 인물 특성

소설 <내 생에 하루뿐일 특별한 날>은 평범하고 소박한 삶을 살며, 행복감을 느낀다고 생각하던 미흔이라는 인물이 남편의 외도를 확인하게 되는 내용으로 시작한다. 이후 무기력증에 빠져 제대로 된 삶을 이어나가지 못하는 미흔은 자신 또한 외도를 하게 되면서 활기를 되찾게 된다. 그런데 '맞바람'이라는 소재를 통해 작품을 읽게 된다면, 앞서 언급하였던 정사장면에만 집중하게 된다. 이 글에서는 작품이 성적으로 자극적인 소재를 보여주고 있다는 편견을 걷어내고, 그 작품 안에 담겨있는 의미를 파악하는 것을 목적으로 한다. 작

---

수 있었다. (9) 미흔의 언니 제삿날, 미흔은 제사를 위해 친정집에 들렀다가 인규와 약속한 장소로 나갔다. 인규는 차 안에서 미흔에게 너무 많이 왔다고 했다. 인규는 4시간동안 늦는 미흔을 기다리면서 다시 한 여자에게 너무 많이 빠져버렸다고 했다. (10) 아침까지 대화를 나누다 인규가 미흔을 집에 데려다 주는 도중, 동네 사람들이 버스 안에서 둘이 함께 있는 장면을 목격하게 되었다. 소문은 삽시간에 동네에 퍼졌고 미흔의 남편에게까지 소문이 들어갔다. 소문이 퍼졌어도 미흔은 인규를 만났는데, 미흔의 남편은 미흔이 모텔에서 나오는 것을 보고 미흔을 패대기쳤다. (11) 국도의 작은 휴게소에서 미흔은 인규와 다시 만났다. 인규는 미흔의 머리를 감겨주고, 상처에 약을 발라주고 우는 미흔을 꼭 안아 주며 함께 떠나자고 하였다. 그런데 함께 떠나던 도중 교통사고로 인규가 죽었다. (12) 미흔은 그대로 집을 떠나 1년 동안 혼자 살았다. 미흔은 인규에게 사랑한다고 말하지 못한 것을 후회했지만, 이전보다 더 잘 살고 있다고 느꼈다. 그리고 '활력은 불행으로부터 시작된다.'고 생각하며 미흔은 혼자 사진관에서 사진을 찍었다.(김석회 외, 『영화와 원작의 서사적 거리』, 도서출판 문학과치료, 2010, 478면.)

품에 대해 살펴보기 위하여 먼저 전경린의 소설 <내 생에 꼭 하루뿐일 특별한 날>의 작품 줄거리를 제시하면 다음과 같다.

> (1) 크리스마스이브 날, 남편의 연인이 찾아와 미흔에게 간통 사실을 밝히고 미흔의 머리를 세게 쳤다. 그날 이후 미흔은 외상이 사라졌음에도 끊이지 않는 두통에 시달려야 했다. 또한 미흔은 생활의 활기를 잃고 무기력하게 지냈고 남편과의 관계도 이어갈 수 없었다. (2) 미흔이 시골로 이사 오고 차가 고장 났을 때 동네의 사설우체국장인 규가 도와주었다. 멍한 미흔을 보고 규는 '구름 모자 벗기' 게임을 하자고 제안했다. 그 게임은 사랑이 지속되는 넉 달 동안 서로를 허용하는 것이고, 사랑한다고 말하면 안 되는 게임이라고 했다. 미흔은 거절했다. (3) 시아버지의 칠순 잔치가 있던 날, 혼자 하루 종일 일하고 집으로 돌아온 미흔은 잠을 잤다. 꿈에서 낯모르는 사람들이 집에 들어와 나가지 않고 당당하게 있었다. 미흔은 그 사람들에게 나가라고 했지만 나가지 않았다. 그 사람들을 내보내지도 못하고 집을 나가지도 못하는 자신을 보면서 미흔은 왜 자신이 집을 떠날 수 없는 지에 대해 의아해했다. 꿈에서 깬 후 미흔은 규를 찾아가 규의 제안을 허락했다. 규와의 관계를 하게 된 후, 미흔은 남편과의 관계도 이어나갈 수 있게 되었다. 그러나 남편과 성관계를 할 때면 미흔은 두 사람과 섹스를 하는 것처럼 느꼈다. (4) 미흔은 여느 때처럼 규와 국도휴게소에서 만나 외출을 했다. 그날 둘은 아무도 살지 않는 동네에 가서 관계를 맺고 돌아오다 자신의 동네로 돌아가는 버스를 만났다. 버스 안에는 동네 사람들이 많이 타고 있었는데, 버스의 사람들은 미흔과 규가 탄 자동차를 놀라

쳐다보았다. 규는 당황했지만 이내 주말에 언니의 제사 때문에 친정에 간다는 미흔에게 그 근처에서 만나자고 하였다. (5) 미흔은 언니의 제사에 가며 자신의 어렸을 때를 생각했다. 미흔은 열두 살 때 이후 엄마에 대한 일종의 장애가 있었다. 중학교 교사였던 아버지가 도시로 전근을 가자 엄마는 언니와 남동생만 데리고 도시로 떠났다. 뚜렷하게 자신을 할머니에게 남겨놓은 이유는 몰랐지만 도시로 간 엄마는 칠년 동안 한 번도 자신을 보러 오지 않았다. 그 이후 미흔은 자신에게 가족은 할머니 밖에 없다고 생각했는데, 그 할머니도 이제 죽고 없었다. 그리고 대학에 가서 효경을 만났는데, 효경은 그 이후 미흔 인생에서 결정적인 남자가 되었고 대학을 졸업하자마자 그와 결혼을 했다. (6) 제사 준비를 서둘러 마친 미흔은 규를 만나러 갔다. 규는 우리 둘이 너무 많이 왔다며 마을에 도는 자신들에 관한 소문을 미흔에게 말해주었다. 미흔은 규에게 더 이상 만나지 말자고 하였지만, 둘은 그 이후에도 불안한 만남을 지속했다. 그러다 규가 더 이상 미흔에게 전화하지 않고 미흔이 우체국으로 찾아가도 미흔을 피했다. (7) 미흔이 규를 찾으러 돌아다니다가 길에서 규를 찾게 되었다. 규가 주위의 눈치를 보자 미흔은 자신의 차를 타고 휴게소로 달렸고 규도 그녀를 좇아갔다. 둘은 함께 모텔에 갔다가 다시 만날 것을 약속했다. (8) 미흔이 모텔에서 나오는 것을 기다리고 있던 남편은 미흔을 집으로 끌고 가 목을 조르고 폭력을 휘둘렀다. 미흔이 헤어지자고 하자 남편은 절대 놓아주지 않을 거라며, 차라리 같이 죽자고 하였다. (9) 미흔은 아들을 학교에 데려다 주고 오는 길에 규에게 전화해 약속을 취소하자고 했다. 미흔이 울고 있자 규는 미흔을 만나러 왔고 미흔이 맞은 것을 보았다. 규는 그런 미

> 흔을 보고 둘이 떠나자고 하며 사랑한다고 말했다. 둘이 떠나던 중간에 자동차 사고가 났고 미흔은 병원에서 퇴원 후 집으로 돌아오게 되었다. 또한 미흔은 규가 많이 다쳤다는 소문만 들을 수 있었다. (10) 그러나 이내 미흔은 집에서 도망쳐 나와 혼자만의 생활을 시작했다. 혼자 생활 한 후 넉 달쯤 지나자 남편이 찾아왔다. 남편은 미흔을 데리고 설악산으로 가 절에서 비빔밥을 먹고, 모텔에 들어가서 잠을 청했다. 남편은 미흔에게 네가 없어 허전해 널 데리러 왔는데, 지금 보니 널 데리고 돌아갈 우리 집이 이제 없다고 하며 미흔을 놓아주었다. 미흔은 그 날 이후 한 여름의 작은 사건이 장롱 속에 들어 있던 자신을 깨웠다고 생각하며 혼자 지냈다.[7]

이 작품에서 주로 등장하는 인물은 미흔, 규, 미흔의 남편인 효경이다. 소설의 시작은 미흔과 효경의 관계에 집중하고 있다. 영화는 소설에 비해 미흔과 효경의 관계가 순탄한 부부의 모습을 하고 있는 것을 강조하는 장면을 보여주기도 한다. 그러나 소박한 행복은 잠시일 뿐, 크리스마스이브의 밤, 바로 효경의 내연녀가 찾아오는 장면으로 넘어간다. 갑자기 술에 취한 채 찾아와 남편의 아이까지 지웠다는 내연녀는 화가 난 나머지 미흔의 머리를 세게 내려 쳤고, 이후 미흔은 무기력증과 알 수 없는 두통에 시달리게 된다.

순탄했던 가족 관계가 깨지게 되면 당연히 당사자는 아픔을 겪을 수밖에 없다. 타의로 인해 충격적 사건을 경험하게 된다면 당사자가

7 김석희 외, 위의 책, 295~312면.

겪는 갑작스러운 충격은 더욱 크다. 그런데 충격을 흡수하는 정도는 사람에 따라 다르다. 예를 들어 부모의 죽음이라는 충격적 사건을 경험하였을 때, 슬프긴 하지만 일반적인 생활을 영위하는 사람이 있는 반면 식음을 전폐하고 자신까지도 죽겠다며 나서는 사람도 있다. 사람마다 같은 사건을 경험하더라도 서로 다른 반응을 보이는 것이다.

> 여리다, 사람들은 전에 나를 그렇게 표현했다. 나는 유순하고 조용했고 어릴 때부터 청결했고 사람들이 여리다고밖에는 표현할 수 없는 어떤 야릇한 연약함이 있었다. 나는 머리를 눈에 띄게 기른 적도 없었고 손톱에 에나멜을 칠한 적도 없었고 너무 짧은 스커트를 입은 적도 없었다. 친구도 늘 한 명뿐이었다. 소녀 때는 그림 그리기를 좋아했지만 대학은 불문과를 갔다. 학과에서 불어 연극을 했을 때 무대에 서보기도 했고 학교 문학상에 수필이 당선되기도 했다. 그리고 대학에서 두 해 선배인 효경을 만났다.[8]

미흔이 말하는 자신의 성격은 '여리다'이다. 여린 미흔은 '유순하고 조용'했고, 게다가 '청결'하기까지 하였다. '여리다'는 말로 대변되는 미흔의 성격은 충격적 사건이 발생하였을 때, 이를 극복하기는 어려울 수도 있다는 것으로 재해석된다. 미흔은 유순하고 조용하기 때문에 자신에게 어떤 일이 생겨도 이를 되바라지게 따지거나 화를 내지도 못한다. 이와 같이 점철된 미흔의 성격은 남편의 내연녀가

---

8 전경린, 『내 생에 꼭 하루뿐일 특별한 날』, 문학동네, 1999, 23면.

찾아왔을 때, 그리고 그들의 관계를 소상히 들었을 때에 그 충격을 감내해내지 못하는 것이다.

소설 <내 생에 하루뿐일 특별한 날> 1장의 제목은 '훼손'이다. 무엇인 훼손된 것일까? 소설을 통해 보자면, 그것은 '가정'이다. 그동안 미흔이 예쁘게 꾸려 놓은 가정이 남편의 외도로 인하여, 남편의 내연녀로 인하여 훼손된 것이다. 미흔의 입장에서 보았을 때 말 그대로 이제 자신의 가정은 못쓰게 된 상태가 되어 버린 것이다. 가정이 훼손되었다고 생각하기 이전 미흔이 완벽한 자신의 가정을 만들고자 한 이유는 아마도 그녀의 부모로 인해 기인했을 수 있다. 미흔은 이 전에도 가정이 훼손된 경험을 한 적이 있는데 바로 엄마와의 관계에서 그러한 모습을 보였다. 미흔의 엄마는 남편이 전근을 가게 되었을 때 친할머니에게 미흔을 떼어 놓고 가버렸다. 미흔은 이로 인해 큰 충격을 받게 된다. 엄마는 할머니에게 미흔을 맡긴 후, 7년 동안 단 한 번도 미흔을 찾아오지 않았다. 미흔은 이미 남편과의 관계가 깨지기 전 가족이 깨지는 경험을 한 것이다. 즉 미흔이 받은 인간관계에서의 충격은 남편의 경우가 처음이 아닌 것이다.

> 중학교 교사였던 아버지가 다른 도시의 사립학교에 자리를 얻게 되자 엄마는 할머니와 나를 이 집에 남겨두고 언니와 여동생과 남동생을 데리고 떠났었다. 엄마와 할머니는 사이가 좋지 않았는데다 할머니는 노령에 낯선 곳으로 가기를 완강하게 거부했기 때문에 아버지는 나를 할머니께 맡기고 떠났다고 한다. 하지만 언니도 아니고 여동생도 아니고 하필 나였던 이유는 뚜렷하게 없었다. 물론 언니는 어릴 때부터 몸

> 이 약했고 여동생과 남동생은 너무 어렸다는 것이 이유일 수도 있을 것이다. 또 어쩌면 늘 고분고분했던 나의 성격 탓이었을 수도 있을 것이다. 하지만 어떤 이유로든 나로선 너무 가혹한 시간이었다.
>
> 가족들이 떠나자마자 이내 해가 지고 깨어진 연탄처럼 캄캄한 어둠이 내릴 때까지 나는 대문 앞에 앉아 있었다. 집 안으로 들어가면 울음을 터뜨려버릴 것만 같아서 대문을 등진 채 꼼짝도 할 수 없었다. 가족들이 떠나간 공동과, 텔레비전과 장롱 따위가 비어버린 자국과 정적은 열두 살의 내가 받아들이기엔 너무 버거웠다.[9]

미흔의 부모는 언니, 여동생, 남동생을 데리고 떠나면서 미흔 혼자만 할머니에게 두고 떠났다. 물론 부모 나름의 이유가 있었을 수도 있지만, 어떤 이유든 간에 미흔에게 있어서 부모가 자신을 버리고 떠났다는 사실은 괴로울 수밖에 없다. 또한 그 때부터 미흔은 일반적인 가정의 형태 안에서 자라지 못하고 할머니와 함께 둘이 살아갈 수밖에 없었다. 그렇게 된 이유로 미흔은 자기자신의 성격이 '고분고분해서'라고 설명하고 있다. 늙은 어머니를 두고 가는 죄책감을 덜기 위해 미흔의 부모는 두고가느냐고 따지지 못하는 고분고분한 성격의 미흔을  선택한 것이라고 볼 수 있다.

그런데 그나마 미흔이 생각하던 단 하나의 가족인 할머니가 죽음으로써 미흔에게는 더 이상 가족이라고 할 만한 사람이 남아있지 않게 되었다. 그 때 바로 남편이 나타났다. 그 때부터 남편은 미흔의 단

9 전경린, 위의 책, 174면.

하나의 가족이 된 것이었다. 영화를 통해 보았을 때, 행복한 미흔의 가족 모습이 나타나고, 미흔이 자신의 가족관계가 영원히 지속될 것 같았다는 말이 나타나는 것을 보아도 미흔에게 남편은 가족 그 자체였을 것이다.

가족=남편이라는 의미를 가지고 있을 때, 남편이 외도를 하게 되면 사실상 가족은 유지하기 힘들다. 그러나 미흔은 계속해서 외도를 한 남편과의 가족관계를 유지했다. 미흔은 이전 가족 관계에서 두 번이나 상실을 경험했기 때문에 가족의 형태가 깨지는 것이 트라우마로 작용했을 것이다. 그렇기 때문에 미흔은 가족 관계를 계속 유지하려고 했고, 그것은 미흔의 특징적인 부분으로 생각할 수 있다.

그런데 이렇게 미흔이 관계를 무조건적으로 지속하려는 것은 남편의 성향이 적용된 까닭도 있다. 미흔의 남편 역시 가족 관계를 무조건 유지하려는 특성을 가지고 있다. 미흔의 남편은 자신이 바람을 피웠어도 그것은 잠깐이지 가정을 파괴하려고 했던 것이 아니라고 이야기한다. 또한 미흔의 남편은 자기 집안의 대단한 이력을 유지하기 위해 더더욱 가족을 깨뜨리지 않으려고 한다. 이는 소설에서 자세히 나타난다. 미흔이 남편과 함께 시아버지 칠순 잔치를 위해 시댁에 갔을 때, 시댁에서는 매번 그러는 것처럼 지겹게 족보를 영상화한 비디오를 틀어주었다. 비디오 안에는 영의정, 좌의정 등을 지낸 사람부터 효녀, 효자 등에 대해 줄줄히 서술하는 내용이 담겨 있었다. 남편은 세 시간짜리 비디오를 보고 미흔에게 “어때? 대단한 집에 시집을 왔지?”라고 말한다.

미흔의 남편은 기존의 가족 체계와 자신이 가지고 있는 가족에 대한 대단한 자부심을 가지고 있었다. 미흔이 영상화한 족보를 보고 "족보란 게 며느리와 사위 기 죽이는 일 외에 또 어디에 필요한 거지?"라고 따지자 남편은 미흔에게 전엔 따지는 것을 하지 못했는데 많이 변했다고 했다. 미흔의 남편은 미흔이 의견을 이야기하면 따지는 것으로 생각하고, 이전의 미흔은 따지지 않아서 좋았다고 말하는 것이다. 즉 미흔의 남편은 가족 구성원들이 가장인 자신에게 순응하기를 바라고 기존의 가족 체계를 유지하는 것을 원하는 인물인 것이다. 그렇기 때문에 남편은 미흔을 자신의 틀 안에 가두어 놓고 절대 내어주려고 하지 않는다. 미흔이 외도를 남편에게 들켰을 때에도 남편의 성향은 극명히 드러난다. 소설에서 남편은 미흔에게 "내가 너를 놓아줄 것 같니? 어림없는 소리 마. 우리 같이 죽자. 그 수밖에는 없어."라고 말한다. 즉 미흔의 남편은 죽는 한이 있어도 절대 지금의 관계를 깰 수 없는 성격을 가지고 있는 것이다.

반면 규는 미흔의 남편과는 전혀 반대되는 인물이다. 규는 기존의 가족 체계에 대한 회의감에 젖어 있고, 사랑도 필요 없다고 생각하는 인물로 등장한다. 그렇기 때문에 규는 자기 눈에 매력적으로 보이는 미흔에게 게임을 제안하는 것이다. 이를 소설에서는 규의 말을 통해 잘 보여주고 있다.

> 사랑은 언제나 사랑 자체로 존재하지 않고 생에 시비를 겁니다. 삶을 위협해요. 특히 여자들이란 사랑을 가지고 한몫 보려고 합니다. 팔자라도 바꾸려고 들죠. 사랑한다면서 왜 저렇게 하지 않죠? 사랑한다

> 면 이렇게 해줘요. 이런 걸 사줘요. 왜 전화하지 않았죠? 내가 보고 싶지 않았나요? 난 당신 여자에요. 이제 어쩔 거죠? 함께 살고 싶어요…… 여자들 그러는 거 아주 지긋지긋합니다.[10]

규는 사랑을 믿지 않는다. 또한 관계의 지속도 원하지 않는다. 그렇기 때문에 미흔을 만나기 전까지도 게임을 하며 지냈던 것이었다. 규는 잠깐의 유희만을 원할 뿐, 관계의 지속도 사랑도 믿지 않는 특성을 보인다고 할 수 있다. 이러한 면이 미흔에게 잠시나마 다른 삶을 살 수 있게 변화시킬 수 있는 자극제로 작용하게 되는 것이다.[11]

미흔, 규, 효경 각 인물의 성격 특성은 그 사람의 행동 방식의 이유를 잘 드러내 줄 수 있는 단초가 된다. 다음 장에서는 이러한 인물 특성을 바탕으로 미흔이 가지고 있는 문제와 그 문제의 극복 과정에 대해 논의하겠다.

## Ⅲ. 기존 가족 체계의 유지 = 죽은 삶

> 그날 이후 나는 오랫동안 낯선 장소에 있었다. 아주 어둡고 좁다랗고 아무도 들어서지 않는 적막한 곳. 세상의 신문 종이를 다 날려 보낼

---

10 전경린, 위의 책, 84~85면.

11 김미영은 이런 규에 대하여 '권태에 사로잡혀 게임을 하듯 불륜은 저지르는 규는 책임감보다는 쾌락을 먼저 생각하는 인물'이라고 이야기하고 있다. 김미영, 앞의 글, 162면.

> 듯 거센 바람이 부는 곳. 구둣발로 들이닥치는 채권자들처럼 불쑥불쑥 머리를 열고 들어오는 두통. 어느 땐 하루 중의 반나절 이상을 두통으로 보냈다. (중략) 나는 두통이 너무나 두려웠기 때문에 무감각하고 무반응한 생활을 하기 위해 일상적으로 노력해야 했다.[12]

남편의 외도로 인해 미흔은 정상적인 삶을 살아가기 어려웠다. 무감각하고 무반응한 생활, 이는 살아 있어도 살아있는 삶의 모습은 아니다. 남편의 내연녀에게 머리를 맞은 뒤, 계속된 두통은 미흔이 엄마로서 살아가게 하지도 못하게 했고, 당연히 아내로서 살아하게 하지도 못하게 했다. 그럼에도 미흔은 계속 남편과 아이가 함께 사는 가정의 형태를 깨지 못하였다. 미흔은 엄마와의 관계, 할머니와의 관계에서 기존에 맺었던 가족 관계를 계속적으로 지속하려는 특성을 가지고 있었기 때문이다. 가족 관계에서 서로 특별한 문제가 발생하지 않을 때 미흔의 이러한 성격적 특성은 별 문제가 되지 않는다. 그러나 특수한 상황이 발생했을 때 미흔의 특성은 큰 장애로 다가온다. 무조건적으로 관계를 유지하려고 하고, 지속하려고 하는 특성은 더 이상 관계의 지속을 하지 않아야 할 때까지도 억지로 지속하게 만들기 때문이다.

미흔의 남편은 외도를 했고, 미흔은 남편의 내연녀에게 머리를 맞고 쓰러졌다. 그 일을 극복하고 미흔이 아무런 문제없이 살 수 있었다면 계속된 관계 지속은 상관이 없다. 그러나 미흔은 그 일을 극복할

12 전경린, 앞의 책 23면.

수 없었고, 머리의 외상이 치료된 이후에도 머리가 아파 일상생활을 계속할 수 없게 되었다. 불쑥 불쑥, 깨질 듯 나타나는 머리의 통증을 잊기 위해 미흔은 아무 생각을 하지 않고 무기력하게 하루 종일 TV를 본다. 밥을 먹을 때에는 식탁 위에 있는 모든 것을 먹겠다는 듯 자신의 그릇에 반찬을 쓸어 담는다. 그래도 미흔은 통증이 가시질 않아 신경안정제를 먹는다. 병원에서 통증의 원인은 실제적인 것이 아닌 정신적인 것이라고 했지만 미흔은 그 정신을 다스릴 기력이 없었다. 그래서 미흔은 계속 무기력한 생활을 하게 되는 것이다.

미흔이 이렇게 무기력하게 생활하는 이유, 그리고 머리가 아픈 이유는 억지로 기존의 가족 체계를 유지하려고 하기 때문이다. 더 이상 가족 체계를 유지할 필요성은 없지만, 자기 자신의 삶에 있어서 결핍되어 있었던 '일반적'이라고 하는 가정의 형태를 깰 자신이 없는 것이다. 미흔은 엄마와의 관계에서 제대로 된 가족을 느끼지 못했다. 그나마 하나의 가족이라고 생각한 할머니마저 죽자 미흔에게 더 이상 가족은 없었다. 그러던 와중 미흔에게 생긴 가족은 결혼으로 인해 만들어진 현재 남편과 아들이다. 미흔은 어렵사리 만들어진 자신의 가족을 깰 힘이 없었기 때문에 혼자 삭히려고 했다. 그래서 미흔은 계속적으로 머리가 아팠고 약을 먹어도 낫지를 않았던 것이다.

또 하나 미흔이 계속적으로 관계를 유지하려고 했던 것은 남편의 영향력도 크다. 앞서 살펴보았듯 남편은 자신의 법칙 안에 가족들을 가둬 놓고 그 안에서 행동하길 원한다. 다른 사람의 의견이나 생각은 필요 없는 것이다. 미흔은 이러한 남편에게 순응적으로 생활해

왔다. 그러다 갑자기 남편의 법칙을 깨는 것은 힘들었을 것이다. 이는 미흔이 무조건적으로 관계를 유지시키려고 했던 다른 하나의 이유이다.

기존의 가족 체계를 지속시키는 일은 미흔에게 있어서 자신을 죽이는 일과 같다. 자기 자신만 죽으면 문제가 없을 것처럼, 무기력한 상태로 있게 되면 기존의 가족 체계는 계속해서 지속될 수 있다. 그런데 반대로 미흔은 그 가족 체계가 지속되면 될수록 두통을 겪을 수밖에 없다. 자신의 욕망은 기존의 가족 체계를 계속 비난하고, 거부하고 있는데 유순한 성격의 미흔은 자신의 욕망을 그대로 드러낼 수 없는 것이다. 지금까지 미흔은 자신의 욕망을 있는 그대로 보여준 적도 없을뿐더러 보여줄 수 없는 성격적 특성을 가지고 있었다. 자신의 욕망을 드러낼 수도 없는 성격을 가진 인물이 자신의 욕망을 드러낼 수 있기까지, 이는 혼자의 힘으로 어렵다. 욕망을 견인해 줄 누군가가 필요하며, 소설 <내 생에 하루뿐일 특별한 날>에서 남편의 성격과는 반대인 '규'가 그 견인차 역할을 해 주는 것이다.

## Ⅳ. 가족 체계의 파괴 = 나의 살아있는 삶

미흔의 두통이 기존 가족 형태를 유지하려고 생겼다는 가정을 할 때, 두통의 완화는 것은 기존 가족 형태의 유지를 하지 않게 되면, 즉 기존 가족 체계를 파괴했을 때 가능하게 되었다고 생각할 수 있다. 미흔은 규를 만나면서 '구름 모자 벗기 게임'을 하게 된다. 규와 미흔이 진행하는 게임의 원리를 들어보면 기존의 가족 형태를 파괴하기 위해 고안된 것이라고 할 수 있다.

"나와 게임을 해보지 않겠어요?"

"그의 득의만면한 얼굴에 웃음이 어리고 있었다.

"무슨 게임이죠?

"구름 모자 벗기 게임"

"구름 모자 벗기 게임? 이상한 이름이군요. 무슨 뜻이죠?"

"혼자 생각해보십시오. 내가 질 땐 분명했는데, 지금은 나도 모호해요."

"어떻게 하는 거죠?"

"게임의 유효기간은 사 개월이에요. 그 동안 서로를 허용하죠."

"그건 왜죠?"

"사람 사이의 긴장이 지속되는 기간이 대략 그 정도죠. 게임엔 긴장이 필수 요건이니까. 게임이 유효한 기간 내에도 둘 중 누군가가 상대방에게 사랑한다고 말하면 게임은 끝납니다. 게임이 아웃되면 다시는 만날 수 없어요."

"만나고 싶으면 어쩌죠?"

"남은 감정은 영원 속에 익사시켜야죠. 게임의 규칙이에요."

"쉽지 않은 게임이군요. 그런 게임을 왜 하죠?"

"글세. 우선 사는 게 지리멸렬하고, 그리고 당신이 마음에 들고…… 그러나 사랑한다는 따위 귀찮은 결과가 생기는 건 질색이니까"[13]

---

13 전경린, 위의 책, 83~84면.

이 게임은 사 개월이라는 시간의 한계를 둠으로써 절대 계속된 지속을 하지 않는다는 원칙을 가지고 있다. 또한 '사랑'이라는 말을 하지 못하게 함으로써 그 행동이 지속될 만한 어떤 말도 하지 못하게 하는 것이다. 구름 모자 벗기 게임은 관계의 지속에 반기를 든다. 사람과 사람간 관계의 지속을 불필요한 것으로 보는 것이다. 이러한 속성은 역시 규의 성격적 특성과도 맞아떨어진다. 사랑을 믿지 않는 규는 성적 유희를 즐길 뿐이고, 그 이상의 관계 맺음은 하지 않고 살아간다.

그런데 유순하고 순응적인 미흔은 남편 아닌 또 다른 타인에게 다시 기댐으로써 일시적으로 문제를 해결하고자 한다. 남편과는 반대되는 새로운 법칙을 제시하는 규에게 적극적으로 따름으로써 두통이 해소되는 것이다. 이전에는 남편의 법칙에 따라 행동해서 문제가 생겼다면 그 문제의 해결도 또한 남에 의해서, 즉 규에 의해서 해결되고 있다.

결국 미흔은 규의 법칙에 따라 구름 모자 벗기 게임을 하게 되면서 기존 가족의 형태를 파괴하고자 한다. 미흔이 게임을 시작하는 이유는 기존 자신이 맺고 있는 인간관계에 변화를 주고 싶기 때문이다. 이러한 계기를 소설에서는 자신이 꾼 꿈과 관련하여 설명하고 있다. 미흔의 꿈에 낯선 남자들이 자신의 집에 들어왔다. 그런데 미흔은 꿈속인데도 아무런 대응을 하지 못한다. 자신의 삶에 남들이 간섭을 하고 훼방을 놓아도 아무 것도 할 수 없는 것이 미흔의 현재 모습인 것이다. 누가 뭐라고 한들 무조건적으로 지금 자신의 상태를 유지하려고 하는 상태라고 할 수 있다.

> 왜 나는 엄연한 나의 집에서 그들을 하나하나 밀어내버리지 않았을까. 왜 나는 집에 그들을 가두어두고 떠나버릴 생각은 하지 않았을까……도대체 왜 거짓말을 하고 또 내 거짓에 내가 속아 나중엔 그 사람들과 함께 그렇게 애태우면서 영원히 기다려도 오지 않을 손님을 기다렸을까. 정말, 나는 왜 집을 떠나버리지 않는 걸까…….[14]

규와 게임을 하기 전, 미흔은 집을 떠나지 못한다. 그런데 규를 만나게 되면서 미흔은 집을 떠나지 못하는 자신에 대한 의문을 풀고자 한다. 규와의 관계를 통해서 미흔은 더 이상 머리도 아프지 않았고, 웃을 수도 있었다. 또한 남편과의 성관계도 할 수 있게 되었다. 기존의 관계를 지속하지 않으려는 힘이 사실상 기존의 관계를 지속할 수 있게 해 주는 것이다. 기존 가족 관계의 지속하고자 하여 생성된 문제를 또 다른 사람과의 이성 관계로 인해 해결하고자 하고 있으며, 이는 일시적으로 문제가 해결된 것처럼 보이기도 한다.[15]

이는 영화에서 보다 성관계 장면을 극대화해서 보여주는 것과 연관해 볼 수 있다. 미흔에게 성관계는 결혼 전에도, 결혼 후에도 남편밖에 없었다. 그런데 규를 만나고서 미흔은 남편이 아닌 규와 계속된 성관계를 원한다. 이는 소설에서 보다 영화에서 더욱 두드러지게

---

14 전경린, 위의 책, 123면.

15 연구자는 부부서사에 개입된 남녀서사로 인해 부부의 위기를 겪고 이를 해결할 수 있었던 것에 대하여 논의한 바 있다. 더 이상 부부관계에 있어서 지속은 어렵다는 것을 깨닫게 되고, 그 후 새로운 남녀서사 및 부부서사로 나아가는 것은 더욱 건강한 관계를 유지할 수 있는 계기를 마련해 준다.(김혜미, 「영화 <지금 사랑하는 사람과 살고 있습니까>에 나타난 부부의 위기」, 『서사와 문학치료』 제1집, 2009, 251~280면.)

드러내고 있다. 이를 보고 혹자들은 불륜 영화라고 폄하한다.[16] 또한 소설에서 나타난 성관계 장면을 잘 표현하지 못했다고도 이야기한다.[17]

그러나 <밀애>에서 나타난 여러 번의 성관계는 미흔의 변화를 더욱 극적으로 보여주고 있는 효과를 제시한다. 즉 미흔의 심리 변화가 변화한 정도를 잘 보여주는 것이라고 하겠다. 이전에 깨끗하고 여린 여자로 대표되었던 미흔의 모습을 180도 바꿔 보여주기에 적당한 장치라고 할 수 있다. 성격적 특성으로 인해 꽁꽁 숨겨두었던 자신의 욕망을 정사를 통해 적극 드러낸 것이고, 영화는 정사 장면을 여러 번 보여주는 것을 통해 욕망을 극대화한 것이다. 미흔의 욕망이 비단 성적 욕망일리는 없다. 하지만 짧은 치마 한 번 입지 않고 정숙하게 살았던 미흔의 욕망을 가장 시각적으로 잘 대변해 줄 수 있는 것이 성관계이기 때문에 소설 혹은 영화에서 모두 미흔의 성관계에 초점을 두고 있는 것이다.

그런데 미흔의 두통을 낫게 해준, 기존의 가족 관계의 틀을 깨 준 규와 미흔의 만남은 완전한 관계라고 보긴 어렵다. 둘의 관계는 기존 가족의 형태를 파괴하고자 하는 과정에서 생성되는 힘이었기 때문에 미흔에게 규와의 관계가 없어진다면 미흔은 언제든지 기존의

---

16 한 블로거는 영화가 남편의 외도에 대해 복수하기 위해 불륜을 저질렀다고 이야기하고 있다.
네이버 블로그 http://toto3456.blog.me/90068537223

17 고구마, <밀애 VS 내 생에 꼭 하루뿐일 특별한 날>, 기획 시리즈 원작 그리고 영화 이야기(1), 『씨네서울』, 2003.1.27,
인터넷기사(http://www.cineseoul.com/magazine/magazine.html?magazineID=503)

가족 관계의 틀로 돌아갈 수 있다. 규와의 관계는 미흔이 스스로 선택했다기 보다 규가 마련해 놓은 게임의 법칙을 따랐기 때문이다. 또한 미흔은 기존 가족의 형태를 파괴하려고 했지만, 이것을 목적으로 생성된 관계는 불안정하기 마련이다. 작품 안에서 느껴지는 긴장감은 미흔과 규가 만남을 계속하면 할 수록 우리로 하여금 둘의 관계가 깨질 것이라는 불안함을 준다. 결국 미흔과 규는 함께 차에 있다가 마을 사람들에게 들키게 되고, 결국 남편에게까지 미흔과 규의 관계가 알려지게 된다.

기존 논의에서는 규와의 만남은 미흔의 자아정체감을 확립시키는 것이라고 보았다. 외도를 통해, 다른 남자와의 성관계를 통해 자신이 누구인지 알게 된다는 것이다.[18] 그러나 앞서 언급했듯 규와 미흔은 불안한 관계에 놓여있다. 불안함 속에서 자신의 정체성을 확립하기는 어려울 것이다. 그보다 둘의 만남은 미흔이 기존에 가지고 있던 틀을 깨는 단계, 즉 자아정체감을 찾기 위한 시작점에 불과한 것이다.

자기 자신을 찾기 위한 시작 단계에 있는 미흔은 자신의 현재 불안정한 관계가 계속될 수 없음을 느꼈을 것이다. 자신이 기존 가족 형태를 무너뜨리면서 느꼈던 행복 역시 계속될 수 없다는 것을 알았을 것이다. 미흔에게는 또 다른 선택의 순간이 필요했다. 이렇게 또 다른 선택이 필요한 이유는 그 동안 상대방의 법칙에 의해서만 미흔이 움직였기 때문이다. 기존의 가족 형태를 유지하기 위하여 미흔은

18 정경운, 앞의 글, 277~300면; 김미영, 앞의 글, 155~173면.

남편의 법칙에 따랐다. 무조건적으로 남편이 원하는 것에만 몰두하고, 남편의 법칙에 따라 행동했다가 결국 남편이 믿을만한 사람이 아니라는 것을 알았을 때 미흔은 큰 위기에 놓이기 된다. 이제 따르기 싫지만 따라야만 하는 남편과 기존의 가족 체계를 유지하고자 하니 두통과 무기력증이 생성되어 죽음과도 같은 삶을 살게 된 것이었다.

그러나 미흔의 일시적인 문제의 해결도 자신이 이룬 것이 아니라 규의 법칙에 따라 행동했기 때문에 가능했다. 미흔은 규와 집을 나갈 결심을 하게 되었는데, 이때까지만 해도 미흔의 선택은 기존 가족의 형태를 파괴하려는 행동으로 일관하고 있다. 기존에 관계 맺고 있던 가족을 떠나 새로운 사람과 함께 떠나는 것은 기존의 가족 형태를 파괴하는 강력한 행동 양상이라고 할 수 있다.

> 차는 핑그르르 돌며 맞은편 도로에 이제 막 선 봉고차와 택시를 덮쳤고 트럭은 이미 이십 미터쯤 밀려나간 뒤 논바닥으로 튀어나가 뒤집어져버렸다. 나는 이상할 정도로 정신이 말짱했다. 차가 팽그르르 돌 때 규와 나는 마주 보았었다. 그는 이미 핸들을 놓아버린 상태였다.[19]

기존의 가족 형태에 대한 반감은 죽음에 가까이 다가가는 것으로 이어지기 까지 했다. 기존의 가족 형태 안에서 살아야만 한다면, 차라리 죽는 것이 나을 것이라는 판단일 수 있다. 그런데 이 사고를 계기로 미흔은 규와도 함께 할 수 없게 된다. 사고를 '덕'이라고 할 수

---

19 전경린, 앞의 책, 248~249면.

있는지 모르겠지만, 사고로 인해 미흔은 더 이상 규의 법칙에 따라야 하는 상황에서도 벗어나게 된 것이다.

규와 떠나려던 사고 후, 미흔은 퇴원하는 규의 모습을 마지막으로, 규를 만날 수 없게 되었다. 자신 또한 원래 살던 집으로 돌아갔다. 그러나 미흔은 더 이상 순종적인 미흔으로 돌아갈 수는 없다. 기존의 가족 체계를 파괴시킬 만한 힘을 경험한 미흔은 규와 함께 하지 못한다고 할지라도 더 이상 남편인 효경과 함께 살 수는 없다는 것을 알고 있었다.

> 효경은 집을 너무 싼값에 내놓은 것 같았다. 그들이 하자는대로 계약서를 쓰고 도장을 찍었다. 의외로 계약금이 컸다. 남자들이 가버린 후 나는 세수를 하고 옷을 갈아입고 가방을 들고 나갔다. 차는 흙바람 때문에 건조한 먼지를 두껍게 뒤집에쓴데다 비까지 맞아 앞이 안 보일 정도였다. 와이퍼를 작동시켜 운전석만 대강 닦아내고 출발을 했다. 차가 크악하며 펄쩍 튀어올랐다가 언덕을 굴러 내려가기 시작했다.[20]

집을 나간 미흔은 배가 고프면 밥을 먹고 졸리면 잠을 자는 생활을 하며 혼자 지낸다. 여기에서 중요한 것은 배고프면 밥을 먹고 졸리면 잠을 자는 '일반적인 생활'이다. 남편이 외도를 한 것을 알게 되어 충격을 받았을 때에는 그런 기본적인 생활조차 미흔은 감당해내지 못했다. 그렇기 때문에 멍하게 살았던 것이다. 하지만 지금은

20 전경린, 위의 책, 266면.

다르다. 남편과의 억지스러운 관계를 지속하지 않아도 되고, 그것을 파괴하기 위해 애를 쓰지도 않는다.

미흔은 누구에게도 기대지 않는 독립적인 삶을 살게 된 것이라고 할 수 있다. 처음에는 남편인 효경에게, 그 다음은 자신의 탈출시켜 준 규에게 기대어 그들의 법칙에 따라 살았다. 그러나 효경이나 규와 함께 있을 때 미흔이 타인의 규칙에 머물러 있었다면, 지금은 타인의 법칙에서 벗어난 상태가 되어 있다. 결국 미흔이 필요한 것은 자기 삶을 스스로 운용할 수 있는 자기 만의 법칙이었던 것이다.

미흔이 자기 자신만의 법칙을 세웠다는 것은 효경을 통해 알 수 있다. 미흔이 도망치듯 집을 나온 후 효경은 계속 미흔을 찾아다녔다. 효경은 미흔을 찾기만 한다면 데리고 갈 수 있다고 생각한다. 효경은 자신과 함께 살던 예전 그대로의 아내 모습을 상상하며 찾아다닌 것이다. 하지만 미흔을 만난 효경은 더 이상 미흔이 자기가 알던 그 아내는 아니라는 것을 깨닫게 된다.

> "하지만 오늘 알았어. 너를 데리고 갈 곳이 없다는 것을. 우리에겐 이제 집이 없어. 우린 집을 가질 수가 없어. 우리가 날려버린 거야. 아주 값싸게…… 하필이면, 내가 너를 위해 안간힘을 다하던 때에, 너와 수를 위해서 모든 좋은 것을 다 해주고 싶었던 때에. 가족을 위해 내 전체를 희생할 만한 가치가 있는 거라고 믿기 시작했을 그 때에……"[21]

---

21 전경린, 위의 책, 278면.

영화 <밀애>를 통해 보면 미흔이 독립한 모습을 사진관에 가서 혼자 사진 찍는 장면으로 보여준다. 기존의 가족 형태를 유지하려고 한다거나 그것을 파괴하려는 행동 모두 더 이상 의미가 없음을 이야기해 주는 것이다. 미흔은 기존 가족 형태에 얽매이지 않고 독립하는 것을 택한다. 미흔이 기존 가족 관계에서 그 법칙 안에서 생활했다고 한다면 독립을 한다는 것은 자신이 새로운 법칙을 형성하고 그 법칙 안에서 살아가는 것이다. 즉 더 이상 가족이라는 굴레에 종속되지 않고 자기 자신만의 삶을 살아가는 것이라고 할 수 있다.

> 생에 대한 나의 의욕은 불가사의하다. 다른 어느 때보다 더 살아 있다는 것을 느끼며 세상을 향해 인사한다.
>
> '안녕하세요. 미흔이에요. 나에게 무슨 일이 있었느냐구요? 글쎄요. 어쩌면 그건 아주 평범한 일이죠. 문제는 것이 장롱 속에 잠들어 있던 나를 깨웠다는 것이에요. 내가 나를 화약처럼 불붙여 상상력의 끝까지 달려갔다는 것이겠지요…….'[22]

더 이상 누군가에게 의지하지 않으려고 하기 때문에 미흔은 규가 살아있어도 그를 만나지 않는다. 미흔이 단순히 사랑하는 사람과의 도피 만을 하려고 했다면 미흔은 규가 있는 곳을 찾아가 다시 함께 살자고 했을 것이다. 그러나 미흔은 그렇게 하지 않는다. 사고를 통해 규의 법칙에서 멀어지면서 자기 자신의 독립, 법칙을 세울 수 있

22 전경린, 위의 책, 283면.

기 때문이었다. 미흔은 이제 자신 만의 살아 있는 삶을 살 수 있게 된 것이다.

정리하면 미흔은 규와의 관계를 통해 꼭 유지하지 않아도 되는 관계가 있음을 깨닫게 되었다. 그렇기 때문에 기존의 가족 체계를 파괴할 수도 있었다. 그러나 미흔은 그 단계에서만 머무르지 않고 누군가의 법칙에 따르지 않고 자신의 법칙으로 살아갈 수 있는 단계까지 나아간 것이다.

## Ⅴ. 나만의 법칙을 찾아서

이 글에서는 소설 <내 생애 꼭 하루 뿐일 특별한 날>에 나타난 주요 인물 특성에 주목하고, 인물 특성과 미흔의 변화 모습을 논의하였다. 먼저 미흔이 기존 가족 체계를 유지하려고 하는 모습이다. 미흔은 본래 가족 간의 관계를 무조건적으로 유지하면서 살아갔다. 그리하여 남편이 외도를 하는 충격을 벗어버리지 못하고 끊임없는 두통에 시달리게 되었다. 이는 남편의 특성과도 맞아떨어진다. 남편은 가부장적 체계 안에 합일되어 있는 인물이며, 이를 미흔에게도 강요한다. 그러다 규를 만나게 되었고, 규를 통해 기존 가족 체계를 파괴하려는 단계로 들어서게 된다. 규는 사랑, 가족을 믿는 사람이 아니었고 미흔은 그를 따라 더 이상 가족 체계에 대해 생각하지 않으려고 했다. 영화에서는 미흔과 규의 계속된 성관계를 극대화시킴으로써 미러한 미흔의 변화를 더욱 극적으로 보여주고자 하였다. 미흔은 남편의 특성에 따라, 혹은 규의 특성에 따라가며 행동했다. 그러나 미흔은 두 사람의 체계가 아닌 자신의 체계를 만들어야함을 깨달은 순간 자신 만의 행동체계를 구축한다. 이를 통해 미흔은 독립할 수 있게 된 것이다.

나만의 삶을 살아간다는 것은 언뜻 들으면 쉬운 일로 느껴질 수 있다. 하지만 누군가에게 의지해서 살아가는 것이 어쩌면 더욱 쉬운 일이고, 자기 자신을 찾는 것은 너무나도 많은 고통과 비난을 감내해야 하는 일일 수 있다. 소설 <내 생에 하루뿐일 특별한 날>에서는 미흔이라는 여성이 자기 자신을 찾아가는 이야기로, 그 과정은 결코 순탄하지 않다는 것을 보여준다. 우리가 이 세상에서 나의 법칙을 내세우며 살기란 어려운 일이라는 점을 드러내기도 한다. 하지만 하지 못할 일 또한 아니라는 점도 작품을 통해 읽어낼 수 있는 부분이라고 하겠다.

## 참고문헌

**기본자료**

변영주 감독, <밀애>, 2002.

전경린, 『내 생에 꼭 하루뿐일 특별한 날』, 문학동네, 1999.

**논문 및 저역서**

김미영, 「외도를 통해 본 여성의 몸-영화 <밀애>와 <경축, 우리사랑!>을 중심으로」, 『국어문학』 제49집, 국어문학회, 2010.

김석회 외, 『영화와 원작의 서사적 거리』, 도서출판 문학과치료, 2010,

김혜미, 「영화 <지금 사랑하는 사람과 살고 있습니까>에 나타난 부부의 위기」, 『서사와문학치료』 제1집, 서사와문학치료연구소, 2009.

김혜미, 「영화 <밀애>에 나타난 인물 특성과 미흔의 독립과정」, 『영화와문학치료』 제4

집, 서사와 문학치료연구소, 2010.
정경운,「여성의 '몸'을 보는 두 개의 서사 : 문자와 영상 - 전경린의『내 생에 꼭 하루뿐일 특별한 날』과 변영주의『밀애』를 중심으로」,『현대문학이론연구』 제26권, 현대문학이론학회, 2005.

고구마, <밀애 VS 내 생에 꼭 하루뿐일 특별한 날>, 기획 시리즈 원작 그리고 영화 이야기(1),『씨네서울』, 2003.1.27.
인터넷기사(http://www.cineseoul.com/magazine/magazine.html?magazineID=503)
네이버 블로그 http://toto3456.blog.me/90068537223

제3부

# 죽음의 위기, 그리고 너에 대한 관심

# 이야기, 죽음을 통하다

# 나의 죽음의 위기 속 너의 복을 찾아서

구비설화 〈구복여행〉

김혜미(한림대학교 생사학연구소 HK연구교수)

## Ⅰ. 청소년의 자살, 그리고 복을 구하러 떠나는 여행

우리나라는 오랜 기간 동안 OECD가입국가중 자살률 인구 1위라는 오명을 쓰고 있다. 자살예방을 위한 다양한 방법들이 동원되어 노인 자살을 필두로 최근에는 조금씩 국내 자살률이 줄어들고는 있지다. 그러나 우리나라는 아직까지 OECD가입국가 1위에서는 벗어나기 어려운 실정이다. 특히 다음 세대의 주인공이라고 할 수 있는 청소년의 사망률 1위는 자살로[1], 청소년 자살예방의 방안 마련이 시

1 『자살위기개입 핸드북』, 서울시자살예방센터, 2011, 19면; 황순길 외, 『청소년 자살예방교육 모형 개발』, 한국청소년상담복지개발원, 2016, 15면.

급한 실정이다.

청소년의 자살률이 높은 이유는 다양하다. 진로, 학업 등의 이유로 인하여 자살하려고 하는 비율이 높은 것으로 나타났다. 진로, 학업 등과 관련된 사항은 청소년이 자신의 미래에 대하여 불확실하게 인지하고 있으며, '성공'하지 못할 경우 삶의 가치를 찾기 어렵다고 보기 때문이다. 또 하나 청소년의 자살 원인으로는 인간관계를 들 수 있다. 청소년이 힘들어하는 인간관계로 먼저 부모와 관련된 문제를 이야기한다. 가정 폭력, 가정불화 등은 청소년에게 있어 삶을 기반을 흔들어 놓아 살고자 하는 원동력을 잃게 만든다. 또래 관계 또한 청소년들의 자살률을 높이고 있는 주요 원인 중 하나이다. 청소년 자살 원인을 정리하면 자기 미래에 대한 불확실함과 인간관계의 문제가 주요하게 작동하고 있는 것으로 알 수 있다.

이 글에서는 청소년이 가지고 있는 두 가지 문제에 대하여 탐색하고, 문제의 해결 지점을 보여주는 작품으로 설화 <구복여행>을 꼽았다. 설화 <구복여행>은 석숭으로 대표되는 가난한 남자가 자신의 처지를 비관하여 죽고자 하였다가 서쪽으로 가는 여정을 통해 잘 살게 되는 이야기이다. 설화에서 석숭이 비관하는 자신의 처지는 노력해도 잘 살지 못하기 때문이다. 현재도 잘 살고 있지 못하니, 앞으로도 잘 살 수 없을 것이라는 막막함이 나타난다.

선행연구에서는 문제의 해결, <구복여행>의 석숭이 잘 살게 될 수 있는 이유로 이타적 행위, 선행 등을 언급한 바 있다.[2] 그런데 이

2 박상란, 「구전설화에 나타난 빈자들의 욕망과 공생윤리」, 『동악어문학회』 제64집, 동악어문학회, 2015; 배도식, 「구복여행 설화의 구조와 의미」, 『국어국문학』

타적 행위로 인해 잘 살 수 있다는 맥락의 <구복여행> 이야기는 비단 우리나라에서만 보이는 것은 아니다. <구복여행>은 한국, 중국, 일본, 인도 뿐만 아니라 유럽에까지 나타나는 광포설화이다. 광포설화의 특징과 관련한 <구복여행>의 선행연구를 살펴보면 <구복여행>이 『본생경』, 『현우경』 등 불전에서 연원했기 때문이라는 시각에서부터[3] 설화가 신화 <원천강본풀이>에 삽입되어 영향을 끼쳤다는 논의까지[4] 다양하다. 이 때 선행연구를 통해 공통적으로 알 수 있는 것은 <구복여행>이 전 세계 많은 사람들의 공통된 문제의식과 그 해결을[5] 보여주고 있다는 점인데, 이것은 바로 이타적 행위와 관련된 것이라고 할 수 있다.

그런데 청소년들에게 이타적 행위를 하면 잘 살 수 있게 되어 미래 자신의 불확실한 문제를 해결할 수 있다는 식의 교육은 도덕적이거나 원론적인 말로 들릴 수밖에 없다. 또한 청소년이 이타적인 행위를 하고 싶다고 하더라도 이타적 행위가 나타날 수 있는 원동력을 스스로 찾지 못하면 이타적 행동을 하기 어렵다. 그렇다면 청소년으로 하여금 이타적 행위가 가능하게 되는 원인을 찾고, 이후 자신의 삶을 구성해 나갈 수 있는 원동력을 찾을 수 있는 것이 중요하다고

---

제22집, 동아대학교, 2003; 서대석 외, 『한국인의 삶과 구비문학』, 집문당, 2002.

3 박명숙, 「한·중 구복여행설화 비교연구」, 『구비문학연구』 제22집, 한국구비문학회, 2006; 황인덕, 「한·중·인 '求福旅行' 설화의 비교적 고찰」, 『비교민속학』 제31집, 비교민속학회, 2006.

4 권복순, 「<원천강본풀이>의 본디 모습 연구」, 『배달말』 제56호, 배달말학회, 2015.

5 신동흔, 「어린이의 삶과 구비문학, 과거에서 미래로」, 『구비문학연구』 제25집, 한국구비문학회, 2007, 8면.

하겠다.

앞서 언급하였듯 설화 <구복여행>은 남의집살이를 하며 의존적인 삶을 살아가던 석숭이 이타적인 삶을 살아가는 것을 통해 잘 살 수 없을 것이라는 미래에 대한 불확실함을 타파하는 이야기이다. 이때 석숭은 미래에 대한 불확실함을 새로운 여정에서 만나는 인간관계를 통해 해결하고 있다. 즉 설화 <구복여행>에 나타나는 고민과 그 해결은 현재 청소년이 자살하고자 하는 원인인 미래에 대한 불확실함과 인간관계라는 부분에서 맞닿아 있으며 그 해결 방안을 보여주고 있다고 할 수 있다.

이에 2장에서는 석숭의 여정에서 나타나는 인간관계 양상을 살펴보고자 한다. 석숭이 여정에서 맺는 인간관계는 석숭의 삶을 근본적으로 변화하게 해 주는 경험인 만큼, 그 과정을 살펴보는 일은 중요하다고 하겠다. 3장에서는 설화 <구복여행>에 나타난 자살 극복의 원리가 청소년들에게 적용 가능한지 확인하고자 한다. <구복여행>의 재창작 과정은 작품의 내재화가 이루어져 자살을 극복할 수 있는 원리의 체득이 청소년에게 가능한지 확인할 수 있는 하나의 방식이라고 볼 수 있다. 또한 재창작 과정을 통하여 청소년이 내재화하기 어려웠던 작품의 내용을 확인함으로써 청소년의 자살극복에 필요한 교육 방향에 대하여 탐색하고자 한다.

## Ⅱ. 설화 〈구복여행〉을 통해 본 청소년 자살 및 그 해결 방안

설화 <구복여행>은 석숭이 가난함에서 벗어나지 못해 잘 살지 못한 것을 비관하다가 잘 살 수 있는 방편을 마련하고자 서쪽으로 여행을 떠나는 내용이다. 석숭은 절체절명의 순간에 하늘의 계시를 듣고 서쪽으로의 여정을 시작하게 되고, 여정에서 세 가지 부탁을 받는다. 이와 같은 내용이 나타나는 설화 <구복여행>은 『문학치료 서사사전』에 의하면 『한국구비문학대계』에 31편 가량 나타나고 있다.[6] 먼저 <구복여행>의 기본형 구조를 나타내면 다음과 같다.

<구복여행> 기본형

① 옛날에 한 총각이 살다(기점)

② 가난함(결핍)

③ 복 타러 서천서역국으로 감(구복여행)

④ 도중에 만난 사람들이 자기들의 고민을 알아오라고 함(과제)

⑤ 옥황상제에게 물음(탐색)

⑥ 답을 가르쳐 줌(과제해결)

⑦ 총각이 부자가 됨(결핍의 제거)

⑧ 총각이 여인과 결혼함(결혼)

⑨ 총각이 복을 타 와서 잘 사는 것(결과)[7]

---

6 정운채 외, 『문학치료 서사사전』1, 문학과치료, 2009, 326~349면.

7 배도식, 앞의 책, 111면.

<구복여행>의 기본 구조에서 확인할 수 있듯, 이야기의 결과는 가난한 한 남자가 복을 타서 잘 사는 것이다. 설화는 '잘 사는 것'이 어떻게 가능한지에 대한 궁금증과 그 방법을 보여주고자 하는 내용으로 구성되어 있는 것이다. 이러한 <구복여행>은 광포설화로 아르네-톰슨의 설화유형에서 Type 460A <보상을 받으러 하느님께 가는 여행>, Type 460B <구복여행>, Type 461 <악마의 머리카락 세 개>, Type 461A <충고 또는 보상을 위한 신에게로의 여행>의 유형과 관계가 있다.[8] 이 유형들의 공통점은 '행복의 결핍자 → 복을 구하기 위한 여행 → 난제 해결의 청탁 → 신에 의한 난제 해결 → 보상'으로,[9] 내용을 정리하면 어려운 생활을 하는 작품의 주인공이 여행을 떠나 행복한 삶을 추구하는 것이라고 볼 수 있다. 작품의 주인공이 불행한 삶을 살다가 여행을 계기로 행복한 삶을 추구할 수 있게 된 것이다. 복을 타러 가는 여행은 주인공으로 하여금 자신의 삶을 뿌리째 바꿀 수 있는 기회를 부여받았다는 점에서 중요한 부분이라고 할 수 있다.

그런데 기본형에 더하여 확장형에서는 잘 살지 못하는 석숭의 모습을 극대화하여 나타내고 있다. 잘 살지 못한다는 석숭의 모습을 확장된 형태로 보여주는 각편에서 이 글에서 주목하는 지점은 '죽음'과 관련된 각편들이다. 확장형과 관련된 작품의 줄거리를 제시하면 다음과 같다.

8 조희웅, 『한국설화의 유형적 연구』, 한국연구원, 1983, 133~135면.
9 조희웅, 위의 책, 135면.

(1) 석숭이 조실부모하고 남의 집에서 서른다섯이 될 때까지 머슴을 살았다. (2) 하루는 석숭이 나뭇짐을 해서 내려오다 보니 큰 못이 있어 그 옆에서 담배를 한 대 펴 물고 쉬려고 했다. 그러면서 자신이 이렇게 고생할 테면 차라리 죽는 것이 나을 것 같은 생각이 들었다. (3) 석숭이 물로 그냥 빠져들려고 뛰어가는데 갑자기 공중에서 "석숭아, 석숭아. 네가 아직 때가 미진해서 그렇다. 네 윗동네 안맹한 봉사한테 가서 점을 치면 살 길을 알려줄 테니, 죽지 말고 거기 가서 점을 쳐라." 하는 소리가 났다. (4) 석숭은 죽더라도 마지막으로 시도해보고 죽어야겠다는 생각이 들어 윗동네 봉사한테 점을 치러 갔다. (5) 봉사는 이제 때가 되었다며, 내일부터 서쪽으로 몇 달 며칠이고 무조건 가라고 했다. 가다 보면 큰 바다가 있는데 거기 용왕을 만나면 살 길을 일러줄 것이라고 했다. (6) 석숭은 자기가 머슴 사는 집 주인에게 돈을 받고 보따리를 짊어지고 점쟁이 말대로 서쪽을 향해서 계속 갔다. (7) 하루는 가다가 날이 저물었는데 한곳에 으리으리한 기와집이 하나 있었다. 석숭이 가서 주인을 찾으니 어떤 노파가 나왔는데, 석숭이 하루 머물자고 하니 사람 잘 곳이 없다면서 문을 닫고 들어가 버렸다. 석숭이 그럼 문간에서라도 날을 새우고 가겠다며 문간에 앉았다. (8) 그 집 안주인이 그 소리를 듣고는 어찌 문간에 사람을 재우느냐며 객실로 들어오게 하였다. 그리고선 저녁을 잘 차려 주었는데, 한밤중이 되자 제사음식을 차려서 갖다 주었다. (9) 이튿날 석숭이 조반을 먹고 떠나려고 하니 안주인이 어디를 향해서 가는 길이냐고 물었다. 석숭이 용왕을 만나면 살 길을 알려준다고 점괘에 나오기에 용왕한테 찾아간다고 하였다. 그러자 안주인이 자기 부탁 좀 들어달라며, 자신이 젊은 과부인데 어떤 사람과

살아야만 이 재산을 잘 보전하고 끝까지 잘살 것인지 좀 알아다 달라고 했다. (10) 석숭이 또 며칠을 갔는데, 하루는 또 날이 저물어 어떤 집에서 묵고 가게 되었다. 그 집 주인양반이 무슨 연유로 그렇게 길을 가느냐고 물으니, 석숭이 용왕을 만나러 간다고 하였다. 그러자 주인이 한 가지 부탁을 하겠다며, 자기가 여기에 남부럽지 않게 부자 소리를 듣고 사는데 이 문 앞 화단에 나무를 심으면 꽃을 피려고 하면 말라 죽어버린다며 어떻게 해야 죽지 않고 잘 살릴 수 있는지 좀 알아봐 달라고 하였다. (11) 석숭이 몇 달 며칠을 걸어가다 보니 서해바다가 나왔는데, 바다 가운데에 작은 섬이 있고 그 위에 용왕이 사는 집이 있었다. 석숭이 건널 도리가 없어 걱정을 하고 있는데 이무기 하나가 와서 무엇 때문에 그리 걱정하느냐고 하였다. 석숭이 자초지종을 이야기하니, 이무기가 자기 소원을 들어주면 모셔다 드리겠다고 하였다. 석숭이 염려 말라고 하니, 이무기가 자기는 승천을 못해서 이렇게 이무기 노릇을 하고 있는데 어떻게 하면 승천하게 되는지 좀 알아봐 달라고 하였다. (12) 석숭이 이무기 등에 올라타서 섬에 도착하였다. 석숭이 문틈으로 보니 그 안에 엄청나게 크고 무섭게 보이는 용왕이 있기에 문 앞에 그냥 엎드렸다. 용왕이 석숭이 온 것을 알고 불러들였다. (13) 용왕이 오면서 부탁 세 가지를 받지 않았느냐면서 그 답을 일러주었다. 먼저 이무기는 욕심이 많은 놈이라 여의주 세 개를 가져서 안 된 것이라며, 여의주 하나는 석숭을 주고 자기는 두 개만 가지면 바로 승천할 수 있다고 했다. 그리고 큰 부잣집 화단에 꽃나무가 죽는 이유는 거기에서 두자만 파 들어가면 금이 있는데 나무뿌리가 거기에 닿아 죽는 것이라 했다. 그 금이 오십 섬인데 스물다섯 섬은 석숭에게 주고 나머지는 그 사람이 갖도록 하여 금 캐낸 곳을 메우고 나무를 심으면 잘 자랄 것이라고 하였다. 또 청춘과부는 남편이 죽어서 처음으로 제사음식을 먹은 사람과 살아야 평생을 잘 살 수 있다고 하였다. 그리고 여의주는 조화가 무궁무진이라 입으로 부르는 대로 다 나오니 그것만 잘 알고 돌아가라고 했다. (14) 석숭이 나와서 이무기에게 여의주 세 개 중 하나는 자기를 주고 두 개만 가지면 승천할 수 있다고 하니, 이무기가 여의주 하나를 빼서 주고는 다시 육지에 석숭을 데려다 주었다. (15) 석숭이 여의주를 가지고 큰 부자들 집에 도착하여 땅 속 두자 밑에 오십 섬의 금이 있어서 그런 것이라며 그 중 반은 자기를 주고 반은 그 사람이 갖되 조금이라도 당신이 더 차지하면 바로 죽을 것이라고 하였다. (16) 석숭이 거주가 정해지면 다시 기별을 하겠다고 하고는 부잣집을 떠나 청춘과부네 집으로 갔다. 석숭이 과부에게 첫 방안제사 먹은 사람과 살아야 한다고 말을 하니, 여자가 석숭이 처음으로 방안제사를 먹은 사람이라며 같이 살자고 했다. (17) 결국 석숭은 여의주도 생기고 금 스물다섯 섬도 생기고 부잣집 과부와도 살게 된 것이었다. (18) 그래서 오늘날에도 모두 "복은 석숭이 복을 점지하고 수는 삼천갑자 동방삭의 명을 점지해 달라."고 한다.[10]

인용문을 통해 살펴보면 주인공이 더욱 잘 살지 못하는 것을 극단적으로 표현하고자 '자살'의 상황을 나타내고 있다. 이는 가난하다는 설정보다 주인공의 상황을 극한으로 몰아가는 각편이라고 하겠

---

10 정운채 외, 앞의 책, 326~349면.

다. 죽음과 관련하여 또 다른 확장형 자료에서는 석숭이 '3일안에 죽을 팔자'라는 형태로도 나타나고 있다.

> 거기 와서 쉬서 가만히 생각해 보니게는 그 앞에 큰 못(池)이 있는디, 이눔우 거 이 시상(世上)을 구만둬 빼리구서 그냥 말까보다 젊은 생각이 있어서, 나뭇짐을 거기다 쉬 놓구서 담배를 한 대 펴 물구서 생각을 하다가 '우루루' 쫓아가서 그 물루 뛰들어가서 그냥 빠져 죽을라구 하니께[11]

> 소년이 집에 들어서자, 노파는 홍역으로 앓고 있는 이웃 아이의 액운이 씌어서 소년이 사흘 후에는 죽음을 면하지 못하리라는 말을 했다.[12]

이 글에서는 자살을 결심할 만큼 혹은 3일 안에 죽을 팔자인 만큼 힘겨운 삶을 살고 있던 석숭이 여행을 통해 그 문제를 극복한 모습에서 <구복여행>이 청소년에게 중요한 문제의식을 던져줄 수 있을 것으로 본다. 여행을 떠나는 것은 새로운 세계로 나아감이다. 자신이 살던 세계에서 또 다른 세계로 감으로써 자살을 극복하고 문제를 해결할 수 있게 되는 것이다. 이에 <구복여행>에 나타난 여정의 어떠한 부분이 석숭을 죽음에서 삶으로 나아갈 수 있게 하는지 확인해 보고자 한다. 구체적인 논의를 위하여 설화 <구복여행>을 석숭이 가난하여 죽고자 하는 부분, 복을 구하기 위해 떠나 새로운 사람들

---

11 김경천(남, 74), <석숭의 복>, 산내면 설화3, 『한국구비문학대계』 4-2, 736~747면.

12 진성기, <저승할망>, 『남국의 전설』, 일지사, 1985, 119면.

을 만나 도움을 받는 부분, 여정에서 되돌아가며 사람들에게 먼저 도움을 주는 부분으로 나누어 살펴보고자 한다.

먼저, '석숭이 가난하여 죽고자 하는 부분'이다. 석숭은 자신이 일을 해도해도 가난을 면하지 못하자 자살을 결심하고 물에 뛰어들고자 한다. 이 때 보통의 각편에서 석숭은 경제적인 문제를 해결하지 못한다. 보통 경제적인 문제로 자살을 생각하는 경우, 현실적인 해결책이 없다고 판단하기[13] 때문이라고 한다. 직접적으로 문제를 해결할 수 없기 때문에 차라리 자신이 죽으면 문제가 해결된다고 보는 것이다. 그러나 주지하듯 자살은 문제의 해결 지점을 찾아주는 것이 아니라 문제를 회피하는 행동일 뿐이다.

자살을 할 만큼 힘들게 살고 있다는 것을 강조하는 각편을 포함한 <구복여행>의 이야기에서 석숭은 보통 결혼도 못한 노총각이며 남의집살이를 하는 사람으로 나타난다. 가정을 꾸린 사람으로 나타나는 각편이 있다 해도 자신의 가족을 먹여 살릴 능력이 없는 인물이다. 또 다른 각편에서는 홀어머니 밑에서 아무 일도 하지 않으면서 놀고먹는 사람으로 나타난다. 남의집살이를 하는 노총각이든, 가족을 먹여 살릴 능력이 없는 가장이든, 홀어머니 밑에서 놀고먹는 아들이든 그 공통점은 모두 자신이 삶의 주체가 되어 살아가지 못하는 사람들이라는 것이다. 특히 홀어머니 밑에 있는 총각으로 나오는 경우는 더욱 타인에게 기대어 살고 있는 인물로 볼 수 있다. 석숭으로 대표되는 인물은 자신만의 세상을 구축하지 못하고 수동적으로 살

13 『자살상담매뉴얼』, 중앙자살예방센터, 2015, 54면.

다가, 자신이 가난하게 사는 것을 하늘의 탓으로 돌리는, 경제적인 무능력을 보여주는 사람들인 것이다.[14]

그런데 석숭이 부족한 것은 물질적인 것뿐만 아니라 '조실부모' 했다는 점이다. 31편의 각편을 살펴보면 부모가 생존해 있는 경우보다 부모가 없거나 아버지가 없는 것으로 나타나고 있다. 특히 한부모 가정일 경우에는 거의 어머니보다는 아버지가 없는 것으로 나타나고, 어떤 각편에서는 어머니가 있더라도 재혼을 한 것으로 나오는 경우도 있다. 부모가 모두 생존해 있는 경우라도 부모는 매우 가난하거나 너무 늙어서 경제적 능력이 없는 것으로 나타나고 있다.

> 옛날에 한 사람이 참 그 복이 없일라 크이까네, 마 부모를 길리듯이 길리고(기리고, 잃고), 안부모는 참 오 세(五歲) 되도록 이래 안 부모가 길리다가 사지 못 해가주고, 데루고 어데 참 팔자로 곤체(고쳐) 개가(改嫁)로 갔던 모냥이라.[15]

> 이전에 어느 못 사는 가정에서 부모는 다 돌아가고 마 할 수 없어서 어렵기 해 가주고 어린 사람이 남의 집에 머슴을 살았다 말이지. 머슴을 살러 나갔는데 아 일 년을 지내 삼 년을 지내 사오 년을 지내도 만날 꼴땀살이 중에서도 제일 끝 머슴 빼끼(밖에) 못해. 이 사랑에 가도 꼴담

14 박상학은 '남의집살이'가 남에게 나의 삶을 의탁한 상태라는 점에서 독립된 의식을 갖추지 못한 절대적 의존의 상태를 나타낸다고 본다.(박상학, 「한국민담 '구복여행'의 분석심리학적 고찰」, 『심성연구』 제24권, 한국분석심리학회, 2009.)

15 박병도(남, 75), <복타러 가는 이야기>, 안강읍 설화55, 『한국구비문학대계』 7-3, 374~394면.

살이, 저 사랑에 가도 꼴담살이, 아 머슴들 죽 모인 가운데 가에 떡 들어가 앉아미 꼴담살이 너는 저 비리한데 다른데 가라 다른 두로 가 참 죽어야 되요. 그만 그렇기 못 지냈는데 **'아 이놈의 거 내 팔자가 무슨 팔자로 만날 이 꼴닥살이를 몬 민하는 싫어.**[16]

부모가 고만 아들을 첫아들을 낫어. 났는데 **부모 복을 못 탔어.** 못타 가지구 아, 이놈이 대문 댕기며 남에 집 밥만 얻어먹고 댕기다 그 한 이십살 됐소.(중략)

**"우리 조실부모 일찍하고 어무이(어머니) 아부지도 못 보고 한 너댓 살 먹어 죽어 어떤 못된일 해가지고 우쩐 일로 부모 얼굴도 좀 보고 이래 좋은 때도 못 보고 안아보고 업혀보덜 못허고 죽었나."**[17]

인용문에서 확인할 수 있듯 석숭이 복이 없는 것은 부모에 대한 복도 없다는 말과도 상통한다. 날 때부터 복이 없었다는 말은 부모에 관한 것도 포함되어 있는 것이라고 할 수 있는 것이다. 부모 중에서 특히 아버지가 없는 경우, '존재의 뿌리가 없는 미천한 놈'이라는 의미를 가지고 있다고[18] 할 수 있다. 존재의 뿌리가 없다는 것은 자신의 존재의 의미를 찾기 어렵다는 것을 말한다. 이러한 상황에서는

16 이차문(남, 71), <여의주 얻어서 잘 산 이야기>, 가조면 설화16, 『한국구비문학대계』 8-5, 1046~1052면.

17 전경남(남, 73), <복 타러가서 복 타가지고 온 머슴>, 황금면 설화16, 『한국구비문학대계』 3-4, 841~850면.

18 이수자, 「구비문학에 나타난 부친탐색 원형」, 『구비문학연구』 제28집, 한국구비문학회, 2009, 217면.

자신이 개인적인 능력이 있고 없음을 떠나 자존감을 잃어 존재의 의미를 파악하기 어렵다.[19] 게다가 <구복여행>에서는 석숭이 가지고 있는 능력도 미비하게 나타나 석숭이 자존감을 갖고 살기란 어렵다.

정리하면 '석숭이 가난하여 죽고자 하는 부분'은 자살하고자 하는 청소년이 가지고 있는 문제 상황을 여실히 드러내고 있다. 첫 번째로 미래에 대한 불확실성이다. 청소년은 학업, 진로 등의 문제에서 자신이 하고 있는 일을 아무리 열심히 한다고 해도 이루어지지 않을 것이라는 비관을 하고 있다. 또한 청소년들은 자신의 문제가 부모로부터 기인했다고 보기도 한다. 요즘 흔히 언급하는 금수저, 흙수저라는 말이 이를 대변한다. 부모가 가난하기 때문에 자신이 현재 하는 일이 제대로 되지 않는 것이고 부모가 금수저인 아이들은 행복할 것이라고 보는 사고방식이 나타난다. 설화 <구복여행>에서 석숭이 조실부모한 상황은 현재 청소년이 보았을 때 흙수저의 상황이다. 흙수저인 석숭은 어떻게 할 도리가 없어 죽을 수밖에 없는 현실에 처해있다. 이러한 모습은 청소년 자살의 개인적원인 중 하나로 견딜 수 없는 고통과 절망, 염세비관으로[20] 볼 수 있다. 이렇듯 자살을 하고자 하는 청소년의 모습은 설화 <구복여행>에서 석숭의 모습과 닮아있는 것을 확인할 수 있다.

그런데 석숭은 절체절명의 순간에 서천서역국으로 떠날 수 있게

19 김혜미, 「설화 <하룻밤 인연의 아버지 찾은 아들>과 애니메이션 <니코>에 나타난 아버지 부재와 자녀의 정체성 탐색 양상」, 『문학치료연구』 제27집, 한국문학치료학회, 2013, 393면.

20 노순규, 『자살원인과 자살예방』, 한국기업경영연구원, 2015, 66면.

된다. 이를 하늘의 소리를 통해 서천서역국으로 떠나 지상에서 인간의 힘으로 이룰 수 없는 일을 하늘나라로 가서 신의 힘으로 어찌 해결해 보려고 시도하는 연약한 인간의 몸부림[21]으로 보기도 한다. 신에게 기댈 만큼 석숭은 스스로 자신의 삶을 지속해야 하는 힘을 갖지 못하고 있다. 일반적인 인간의 힘을 통해 문제를 해결하지 못할 경우, 인간은 초월적 존재의 힘을 빌려 문제를 해결하고자 한다. 석숭 또한 같은 맥락에서 초월적 존재를 통해 자신이 스스로 해결하지 못하는 문제를 의탁하고자 한 것이다.

석숭은 초월적 존재를 만나 복을 구하기 위하여 길을 떠난다. 이는 두 번째 부분인 '복을 구하기 위해 떠나 새로운 사람들을 만나 도움을 받는 부분'으로 나타난다. 석숭은 여정을 떠나는 길에 보통 세 가지 부탁을 받고 용왕을 만나러 간다. 세 가지 부탁 중 가장 많은 부탁은 용이 승천하지 못하는 이유를 묻는 것이다. 31편의 각편 중 28편에서 석숭을 도와주는 대가로 용이 물을 건너게 도와준다. 이와 비슷한 비중으로 나타나는 부탁은 과부 혹은 처녀가 자신의 배필을 찾는 내용으로, 31편의 각편 중 27편에서 나타난다. 그 외에 나무에 열매가 안 열리거나 꽃이 피지 않는 등의 고민이 나타나는 각편이 11편이 있고, 재물이 사가 되어 집안의 사람이 아프거나 모두 죽는 내용의 고민이 나타나기도 한다.

그런데 중요한 것은 석숭이 사람들의 고민을 들어주기 전 석숭의 상황이다. 석숭은 묵을 곳이 없기 때문에 혹은 물을 건널 수 있는 능

21 배도식, 앞의 책, 122면.

력이 없기 때문에 먼저 누군가에게 기대야만 하고 도움을 청해야만 했다. 석숭이 도움을 청하는 것을 남의집살이를 할 때 석숭이 의존적인 상황인 것과 같다고 생각할 수도 있다. 하지만 스스로 목표의식을 가지고 자신의 삶을 개척할 때 청하는 도움과 남에게 의탁한 상태에서 청하는 도움은 다르다. 석숭의 경우에는 전자로, 공간의 이동을 하게 되면서 스스로 자신이 필요로 하는 것을 찾고 도움을 청하는 것이다.

**"여기는 사람 잘 디가 읎읍니다."** 이라구서 문을 '탁' 닫는단 말여.

"그래면 뭐 워터게 할 도리두 읎구 그렁게 이 문깐에서 이슬이란대두, 안 맞구 할텡게 나 이 문깐에서란데두 날을 새우구 갈랍니다."구. 문깐이 쭈구리구 앉었어. 그래 그 집이서 그 밥 해 주구 하는 이여, 그 노인이, 안노인이. 안주인이 물어.

"그 누가 배깥이에서 잔다구 하느냐?"구. 물으닝게는, 그 얘기를 한게여.

"아 그 워떤 분이 여기서 사람 잘 디가 읎다구 그러닝게 이 문간이서 앉어서 날을 새우구 간다구 하노라."구. 그러닝게는 그 **안주인이 있다가,**

**"문깐이다 사람을 재우는 수가 워딨오? 뱅(房)이 있구 그러닝게 이리 들오라구 하쇼."**

그래 문을 열먼서,

"들으라구 합니다." 그렁게 들어갔어. 들어가닝게 그 객실이 있는디, 객실루 들어가라구그랴. 그래 객실에 들어가서 앉었지. 앉었으닝게 아! 저녁을 차려 왔는 디, 참! 잘 차려 왔더랴. 그래서 저녁을 먹구서

나서 인저 거기서 채비를 하구서 있는디, 자다가 한밤중찜 되니게는 지사(祭祀) 음식을 차려서갖다 주면서,

"나는 서쪽으루 기냥 행(向)해서 갓읎는 디까지 그저 가는 사람이올시다. 가서 용왕을 만나먼 용왕이

"일어나 이거 잡수쇼." 그런단 말여. 보니께 지사를 잘 지냈더라느만. 그래 그 지사음식을 읃어 먹구 거기서 인저 잤어. 인저 날이 샌 뒤 조반을 또 차려 줘서 조반을 먹구서 갈라구 하니께 그안 주인댁이 떡 나서서, "그래 당신은 어디를 그렇게 향해서 가는 길이요." 이걸 얘기를 하는 거여. 그래 자기가 얘기를 했어. 살 길을 일러 준다구 해서 점꽤에 그렇게 나서 그래 그 용왕한티를 찾어갑니다." 이가 있다 메라구 하는구 하니,

<u>**"그러먼 내 한 가지 부탁을 할텡게 용왕한티에 가서 내 거시기를 좀 들어다가 좀 전해 주쇼."**</u>

<u>**"뭔 말씀입니까?" 그렁게,**</u>

<u>**"내가 청춘과수요. 청춘과순디, 어떠한 사람하구서루 내가 살으야만 이재산을 잘 보전하구서 끝까지 잘 살 껜가 그것 좀 알어다 주쇼."**</u>

<u>**"내 그러구 하오리다."**</u> 거기서 잭별(作別)을 했어.[22]

인용문을 통해 보면 석숭은 여행을 떠나는 길에 도움을 받게 된다. 대부분 청상과부의 집이나 처녀 혼자 있는 집에 찾아간다. 이러한 집에 남자가 찾아와 방을 얻어 쓰기는 어려운 법이지만, 과부는

---

22 김경천(남, 74), <석숭의 복>, 산내면 설화3, 『한국구비문학대계』 4-2, 736~747면.

흔쾌히 석숭을 도와주며 하룻밤을 지낼 수 있게 도와준다. 과부의 도움을 통해 석숭은 자신의 여정에 한 걸음 앞으로 나아가게 된다. 남의집살이를 하던 수직적 관계에서 벗어나 수평적 관계를 맺게 된 석숭은 당연히 상대방의 부탁도 들어주게 된다. 석숭은 새로운 사람들을 만나게 되면서 기존의 수직적이고 의존적인 방식으로만은 여정을 끝낼 수 없음을 알게 된다. 원래의 공간을 떠나는 것은 기존에 자신이 의지하던 사람이 없어지는 것과 같다. 자신을 도와주는 사람이 없다는 것은 당연히 독립적인 사고방식을 얻지 않으면 살아남을 수 없다는 것을 의미한다. 많은 옛이야기에서 독립을 지향하는 인물이 될 수 있는 것은 길을 떠나는 것으로 형상화되고 있다.[23] 이전에 소속되어 있던 집단이 제시하는 법칙 안에서 살다가 자신이 스스로 법칙을 정할 수 있도록 나아가는 것이다.

석숭이와 같이 미래에 대한 막막함에서 벗어나 새로운 세계로 나아가고자 한다면 먼저 알아야 할 중요한 것은 도움을 받을 줄 알아야 한다는 점이다. 수직적 관계에서의 도움이 아닌 수평적 관계에서의 도움을 구할 수 있어야 하는 것이 중요한 지점이라고 할 수 있다. 청소년들은 자신의 문제에 고립되어 먼저 도움을 요청하는 법을 배우지 못하였다. 또한 도움을 받고자 하더라도 '청소년기'라는 특징 때문에 수직적인 도움을, 즉 의존할 수 있는 대상에게만 도움을 받고자 한다. 하지만 수직적인 관계에서 벗어나 수평적인 관계에서 도움을 구하는 것

---

23 설화에서 자녀가 부모의 집을 떠나는 것은 새로운 세계로의 심리적 독립을 의미한다.(김혜미, 『한부모의 이성 관계를 거부하는 아동에 대한 문학치료 설계』, 건국대학교 석사학위 청구논문, 2009, 18면)

자체가 새로운 세계로 청소년이 나아가는 모습이라고 할 수 있다.

<구복여행>의 '복을 구하기 위해 떠나 새로운 사람들을 만나 도움을 받는 부분'은 자살하고자 하는 청소년들이 문제를 해결하기 위한 첫걸음에 대하여 나타내고 있다. 이는 수평적인 관계의 타인에게 먼저 도움을 받는 것이다. 내가 힘들다고 했을 때, 누군가가 먼저 선뜻 다가와주기란 어렵다. 청소년 자신이 먼저 원래 있던 세계를 박차고 나가 수평적 관계인 그 누군가에게 도움을 청해야 하는 것이다. 자신이 문제를 가지고 있다고 해서 그것이 온전하게 자신의 것이라고만 여기지 않아도 된다는 것을 <구복여행>을 통해 확인할 수 있다.

석숭은 수평적인 관계에서의 도움을 받을 줄 알게 되고, 도움으로 인해 드디어 초월적 존재를 찾아갈 수 있게 되었다. 초월적 존재를 찾아가는 길에 석숭은 세 번의 만남을 갖고, 모두에게 도움을 받고, 그들의 고민을 얻어 온다. 도움을 받고, 그들의 고민을 얻어온다는 것 자체가 수평적인 관계라는 점을 반증한다. 세 번의 수평적 관계를 통해 석숭이 만난 초월적 존재는 석숭의 문제에 대한 답을 직접 내려주지 않는다. 특히 석숭이 자신의 문제에 대해 직접 물어보고자 했을 때는 내쫓기기까지 한다.

> 서천서역국을 문전에를 썩 들어가잉께 문지기가 있다가 못 들어오구로 하거덩.
>
> "나는 대왕께 복을 타러 왔다."
>
> "난시난 때 못 탄 복을 무슨 복을, 복을 타. 나가라."고 하거덩.

그래 대왕이 그 안에서 들어보닌께 웬 사람이 와, 왔는데 싸와쌌거덩. 그래,

"그 사람 이리 디리 보내라."

그래 들어갔거덩. 그래,

"니가 머하러 왔어?"

"예, 저는 난시난 때 복을 못 타가지고, 복타러 왔입니다."

"그놈 시러분(실없는) 놈이다. 아이, 이 놈아 난시난 때 복 못 탄 걸 갖다가, 인지 무슨 복을 탄단 말이고? 고만 나가거라."[24]

인용문의 밑줄 친 부분을 통해서 확인할 수 있듯 석숭이 자신의 문제에 대한 언급을 하자마자 문전박대를 당한다. 용왕뿐만 아니라 문지기까지도 석숭이 자신의 문제를 토로하자 받아들여주지 않는 모습을 보인다. 용왕이 석숭의 문제를 직접 해결해주지 않고, 타인의 고민을 해결해 주는 것을 통해 석숭의 문제를 해결해 주는 것 또한 용왕이 주인공인 석숭에게 복을 내려준 것이나 마찬가지라고[25] 볼 여지도 있다. 그러나 태어날 때부터 없었던 복을 이제 와서 타려고 하느냐는 내용의 인용문을 통해 보더라도 용왕이 직접 복을 내려준다고 보는 것은 석숭의 문제 상황에 대하여 직접적인 해결을 해준 것은 아니다.

24 권기동(남, 80), <서천 서역국에 복 타러 간 이야기>, 북상면 설화22, 『한국구비문학대계』 9-2, 124~131면.

25 배도식, 앞의 책, 116면.

"오야, 내 갈체 주꾸마. 니 저게 니 날 찾아 올 때, 오다가 오다가 첫째니 아무 곳에서 큰 부자집이 니 드갔제? 찾아드가 하리밤 자고 온 일 있제? 그 석류나무 밑에, 참 석류 안 연다 근제? 갈체 줄 챔이이 거가 이얘기 하라. 그 석류나무 밑에마중(밑에마다) 금디이가(금덩이가) 똑 큰 겨우만끔한 게 한 나무 밑에 하나썩 들었다고. 들었는데. 그 금디이로 캐내뿌머 석류가 마이 열고 석류가 굵은 석류인데. 그 금디이 때민에 그 석류가 아 연다. 아 여는 원인이 그 금디이 때문에 아 연다"이카고,

"그 캐내머 석류가 좋은 석류가 인자 연다고. 그리이, 금, 금을 캐내라고. 니 또 어데 한 군데 중간에 오다가 하이, 그 부잣집 또 한 군데 찾아든 데 있제?"

"예, 있심더."

"그라머 그 집이 과부가 하나 한 삼십 넘게 된 과부가 하나 니인데 인사 드리러 왔제?"

"그랬심더."

"그 과부 니 가는 길로 장개로 든다. 그 살림은 니 살림이다. 그 살림이 니 살림인데, 그렇고. [큰 소리로 꾸짖듯이] 니 한 군데 오다가 하이까네 그 지조, 치도 오다가 하이, 질이 끊어지고 강가로 왔제? 그 어디 바우 있는데 거어 영감이 하나 지대(기대) 앉았제? 그 니 그 용이다. 그 용인데 그 야광, 다른 용으느 야광주 하나썩뿌이라. 하나썩뿌인데, 그 용은 야광주가 두 낱이다. 그 인자 야광주 두 낱 가아(가지고) 있는 용은 하늘에 득천을, 욕심이 많아 안 된다."이라그덩. 욕심이 많아가, 사람도 욕심이 너무 많으머 안 된다.

"그 용은 욕심이 많아가, 가는 걸음으로 묻그들랑 그래 얘기를 하

라."이카그덩.[26]

위의 내용을 통해 확인할 수 있듯 용왕은 석숭의 문제를 직접 대답해 주는 대신 석숭이 오면서 들었던 타인의 고민에 대한 해답을 내려 준다고 한다. 용이 승천을 못하는 것은 용이 여의주를 하나만 가져야 한다는 것이고, 나무의 열매가 안 열리는 것은 나무 밑에 금이 있어서이며, 과부는 첫 제사에 만난 남자가 배필이라고 말해주는 것이 용왕이 말해준 해결 방법이다. 석숭은 자신이 도움을 받은 사람들의 고민 해결을 가지고 다시 그 사람들을 찾아가게 된다.

이는 마지막으로 '여정에서 되돌아가며 사람들에게 먼저 도움을 주는 부분'을 통해 확인할 수 있다. 이때 석숭은 수평적 관계의 사람들의 고민을 해결해 주어 자신의 문제를 해결할 수 있게 된다. 석숭은 계속 가난하게 사는 자기 자신에 대하여 한탄하며 자살을 결심한 상태였다. 석숭은 용왕을 만나 자신의 문제를 해결하지는 못했지만 타인의 고민을 해결하게 되면서 더 이상 가난한 삶을 살지 않게 된다. 석숭이 타인의 고민을 해결해 주며 얻은 세 가지 행운인 여의주와 재물과 배필은 우리 민족이 보편적으로 추구했던 행복을 상징한다.[27] 타인의 고민을 해결해 주는 것을 통해 남들이 다 잘 산다고 보는 기준에 해당하는 것들을 얻을 수 있게 된 것이다.

중요한 점은 여정을 통해 보이는 석숭의 새로운 인간관계의 모습

---

26 박병도(남, 75), <복타러 가는 이야기>, 안강읍 설화55, 『한국구비문학대계』 7-3, 374~394면.

27 서대석 외, 앞의 책, 101면.

인 상보적[28] 인간관계가 가능하게 된 원리는 수직적이고 의존적인 도움을 받는 상황에서 수평적이고 능동적인 도움을 받을 수 있게 되었기 때문이다. 남의집살이를 할 때, 부모에게 얹혀 살 때, 가정을 이끌지 못하는 가장일 때, 석숭의 인간관계는 상대방의 힘든 점이나 어려운 점을 보완해 주긴 어려운 상황이었다. 그런 석숭이 공간의 이동을 통해 변화를 갖게 되었는데,[29] 바로 수평적 관계를 통해 도움을 받고 다시 상대방의 힘든 점이나 어려운 점을 보완해 줄 수 있는 상보적 인간관계로 발전했다는 점이다.

석숭은 여정을 떠나기 전, 수직적인 인간관례를 맺으며 살아가는 의존적인 인물이었다. 그런데 여정을 통해 새로운 인간관계를 맺게 되면서 수평적인 관계의 도움을 받아야만 문제를 해결할 수 있다는 것을 알았고, 수평적인 관계는 도움을 다시 되돌려 주어야 한다는 것을 알게 되었다. 이렇게 도움의 속성이 수평적으로 바뀐 것은 이타적인 사고로의[30] 전환이 가능해 졌다는 것을 확인할 수 있게 해 준다.

작품에서 언급하고 있는 상보적 인간관계를 통한 이타적 사고로

---

28 주변 인물들에 대한 관심과 인정은 오늘이의 정체성을 형성하는 중요한 자질인 동시에, 오늘이 이야기를 형성하는 중요한 지점이기도 하다. 이 이야기의 핵심은 '상보성'에 있기 때문이다. 여기서 '상보성'이란 '서로가 부족한 부분을 보충하고 도와 보완적 관계를 이루는 것'을 의미한다. 이는 곧 모든 것은 서로 관련을 맺고 있고, 존재란 이러한 상호관련성 혹은 전체의 관계망 안에서 성립한다는 인식을 전제한 것인바. 오늘이 이야기의 전반에는 이와 같은 상보성의 사유가 깃들어 있다.(고은임, 「「원천강본풀이」연구: "오늘이" 여정의 의미와 신화적 사유」, 『冠嶽語文研究』 제35집, 서울大學校 國語國文學科, 2010, 210면.)

29 신동흔, 『왜 주인공은 모두 길을 떠날까?』, 샘터, 2014, 47면.

30 구복 노정은 자신의 행복만을 생각하는 이기적 사고에서 타인의 행복을 함께 추구하는 이타적 사고로의 전환을 가져오는 깨달음의 편력이라고 할 수 있다.(서대석 외, 앞의 책, 101면.)

의 전환은 청소년의 자살 문제 해결 방식을 중요하게 시사하고 있다. 청소년이 배워야할 이타적 사고는 수직적인 도움을 받으려고 했던 상황에서 수평적인 관계의 도움을 먼저 받은 후 진행이 가능하다는 점이다. 수평적 관계의 도움이어야만 다시 도움을 줄 수 있는 즉, 상보적 인간관계 가능하게 된다.

앞서 청소년의 자살이 관계의 문제에서 비롯된다고 언급한 바 있다. 부모자식 간의 관계, 친구 관계 등의 문제로 인해 어려움을 겪고 있는 것이다. <구복여행>은 관계의 문제를 해결해야 자살 문제를 해결할 수 있는 실마리를 제공받을 수 있다는 것을 시사한다. 물론 수평적 도움을 받을 줄 알게 되는 것을 통한 상보적 인간관계의 습득이 모든 인간관계의 문제를 해결해 주는 것은 아니다. 다만, 청소년의 인간관계에서 중요한 한 지점을 터득한 후, 이를 점차 확대 적용하는 것이 중요하다. 설화 <구복여행>은 바로 수평적 도움을 받는 것을 통한 상보적 인간관계를 가능하게 하는 지점을 터득하게 해주는 중요한 작품이라고 할 수 있다.

지금까지 석숭이 가지고 있는 문제와 청소년이 자살하고자 하는 문제에 대한 연관성을 탐색해 보았다. 석숭과 자살을 하고자 하는 청소년이 공통적으로 가지고 있는 문제는 미래에 대한 불확실성이었다. 이러한 문제를 해결하기 위하여 석숭은 여정을 통해 수직적으로 의존적 하던 관계에서 벗어나 수평적으로 도움을 받는 관계를 맺음으로써 상보적 인간관계를 맺을 수 있게 되었다. 상보적 인간관계를 통해 보여줄 수 있는 이타적인 행동은 자신이 먼저 도움을 받을 줄 알아야 시행될 수 있다는 점이다. 특히 수직적 관계의 도움에서 수평적 관계의 도움을 받을 수 있어야 시행된다. 수평적 관계에서 도움을 받는 것을 배우는 일은 청소년이 가지고 있는 미래에 대한 불확실성의 극복을 가능하게 함과 동시에 상보적 인간관계를 맺을 수 있게 해주는 방향을 제공해 준다고 볼 수 있다. 먼저 수평적 관계의 타인에게 기댈 줄 알고, 이로 인해 타인에게 줄 수 있는 인간관계를 맺게 된 것이 석숭이 여정에서 얻은 가장 큰 보물이며, 이를 청소년이 가지고 있는 자살 문제를 극복할 수 있게 도와주는 핵심이라고 할 수 있다.

## Ⅲ. 설화 〈구복여행〉의 재창작을 통한 청소년의 생명 교육 내용 탐색

<구복여행>의 석숭은 미래에 대한 불확실함의 문제를 수평적 인간관계를 확보하면서 극복하는 계기를 마련하였다. 이러한 관계의 모습이 청소년에게도 가능한 것인지 확인하기 위하여 <구복여행>과 관련된 활동과 재창작을 진행하였다. <구복여행> 관련 활동은 '행복한 삶을 위한 나만의 동화 만들기'라는 이름으로 한 회기 당 2시간씩 7주간 진행되었다. <구복여행>과 관련된 감상을 진행한 뒤, 친구들과의 토론 내용을 통해 타인의 의견을 들어본 후, <구복여행>을 개작하여 자신 만의 동화를 창작하는 과정을 거쳤다. 본 프로그램의 과정은 「설화 <내 복에 산다>의

전승 가치와 그 현대적 활용 방안－청소년의 동화창작프로그램 사례를 통하여」에서 진행되었던 방식을 활용하였다.[31]

프로그램에 참여한 청소년 김재영(가명)은 현재 인문계 고등학교 2학년에 재학 중이며 여학생이다. 김재영은 <구복여행>의 프로그램을 통해 "'행복'에 대하여 고민하였고 창작을 통해 이를 드러내고자 하였다."고 밝혔다. 전체 동화집 제목은 『풀잎내음Ⅱ』이며 그 중 김재영 학생은 <행복찾기>라는 제목으로 작품을 창작하여 동화집에 게재하였다.

작품 재창작을 위한 첫 번째 단계는 작품을 접하고 감상하는 것이다. 이 단계는 개인적이고 주관적인 작품에 대한 감상이 이루어진다. 김재영은 설화 <구복여행>에 대하여 "① 감동적이다, ② 흥미롭다, ③보통이다, ④ 지루하다, ⑤ 거부감이 든다" 중에서[32] '흥미롭다'를 선택하였다. 그 이유로 작품의 구조가 마음에 들었다고 하였다. 또한 관련 작품 감상에서 다음과 같은 두 가지 질문에 대한 대답이 이루어진다.

- 석숭은 왜 자기자신의 고민부터 이야기하지 않았을까요? 또 용왕은 왜 석숭에게 다른 사람의 부탁만 물어보았을까요?
- 위의 이야기에서 가장 마음에 드는 부분이나 마음에 들지 않는 부분이 있나요? 어느 부분이며, 그 이유는 무엇인가요?

---

31 김혜미, 앞의 글.

32 김혜미, 위의 글, 358면.

첫 번째 질문은 수평적인 도움 받는 것을 통한 상보적 인간관계에 대한 개인적 의견을 묻는 질문이며, 두 번째 질문은 작품에 대한 개인적인 감상을 묻는 질문이다. 작품이 전체적으로 마음에 든다고 하더라도 그 중에서 마음에 들지 않은 부분이 있을 것이고, 작품이 전체적으로 마음에 안 든다고 하더라도 마음에 드는 어느 한 부분을 찾을 수도 있을 것이다. 또한 마음에 들고 싫어하는 부분의 탐색은 추후 자신이 재창작하는 부분의 가장 기본적인 기준이 된다. 마음에 들지 않는 부분을 본인의 마음에 들게 바꾸는 것이 창작의 첫걸음이 되기 때문이다.

김재영은 첫 번째 질문에서 '상대방의 불행함' 때문이라고 대답하였다. 김재영은 석숭이 잘 살지 못하여 여행을 떠났지만, 길을 떠나며 자기 자신만 불행한 것이 아니라 세상에 불행한 사람이 많다는 것을 깨달았다고 하였다. '나'에서 '타인'으로 시선의 이동이 일어난 것이다. 두 번째 질문에 대하여 김재영은 마음에 들지 않는 부분이 없고 전체가 마음에 든다고 하며, 이야기의 구조가 좋다고 하였다.

작품 재창작을 위한 두 번째 단계는 토론을 통해 작품을 소화하는 것이다.[33] 서로의 의견에 대하여 반박하고 수렴하며 작품에 대한 평가를 정돈하였다. 이 과정에서 석숭이에 대해 무능력하다고 비난을 하는 친구들에게 김재영은 다음과 같이 반박하였다.

> 지금으로 따지면 석숭이는 아르바이트를 하는 학생인데, 아르바이

---

33 김혜미, 위의 글, 355면.

트만 서른이 넘어까지 계속하면 정말 우울하고 힘들 것 같아요. 누군가가 잘 살 수 있도록 도와주는 것이 필요해요.[34]

재영이는 석숭에 대한 연민과 석숭이가 잘 살 수 있도록 누군가가 도와주는 것이 중요하다고 밝히고 있다. 도움을 받는 것이 중요하다는 것을 작품을 통해 확인하고 있는 것이다. 이를 통해 새롭게 작품을 변용하고자 하였는데, 이 기준은 앞서 언급하였듯 마음에 들지 않는 부분을 내담자 마음에 들 수 있도록 바꾸는 것이다. 이 때 작품을 잘 내재화한다면 작품을 구조를 따라가며 변용이 진행될 것이고, 내재화가 잘 이루어지지 않는다면 다른 방향으로 창작이 진행될 것이다.[35]

재영이는 작품을 변용할 때, 첫 번째로 현재를 배경으로 하여 지금의 사회적 문제를 담고 싶다고 하였고, 두 번째로 상대방의 불행을 해결하는 것이 중요한 부분이라고 생각한다고 했다. 이를 기준으로 재영이는 새로운 작품을 창작하였다.

네 번째로 새로운 동화를 창작하는 단계이다.[36] 변용을 하는 단계에서는 원래의 이야기에서 바꿀 부분과 개요를 작성하는 것을 목표로 하고, 창작하는 단계에서는 작품을 처음부터 끝까지 작성하는 것을 목표로 한다. 재영이의 <구복여행> 재창작 작품 <행복찾기>의 첫 번째 창작 내용을 요약하여 제시하면 다음과 같다.

---

34 행복한 삶을 위한 나만의 동화만들기 2회기 녹취록.

35 김혜미, 위의 글, 356면.

36 김혜미, 위의 글 , 356면.

① 옛날에 석숭이 살다(기점)

② 조실부모하고 남의집살이를 하며 아르바이트로 연명하였다.(결핍)

③ 자살을 하려다가 하늘의 소리를 듣고 윗집 점쟁이 할머니에게 갔다. 점쟁이 할머니는 자정에 뒷산 창고로가 꼬마아이를 만나러 가라고 했다.(구복여행)

④ 도중에 만난 사람들에게 도움을 준다(과제)

- 다리를 다친 거지의 고민을 들어주고 빵과 우유를 준다.
- 학대를 당하는 여자를 만나 도움을 준다.
- 강을 건널 수 있게 해준 노인의 고민을 들어준다.

⑤ 꼬마아이에게 세 사람의 질문에 대해 물었다.(탐색)

⑥ 꼬마아이가 답을 알려주며 그 동안 사람들이 꼬마아이를 못 찾은 이유는 욕심 때문이라고 이야기 해주었다.(과제해결)

⑦ 원래는 부자였던 거지가 다리나 나아 돌아갈 수 있게 되어 석숭이 부자가 되었다.(결핍의 제거)

⑧ 석숭이 여자와 결혼을 하였다.(결혼)

⑨ 석숭이 잘 살게 되었다(결과)

재영이가 동화를 창작할 때, 중요하게 생각한 부분은 '타인의 불행'이었다. 재영이는 석숭 처럼 자살을 결심할 만큼 불행하게 살고 있었음에도 복을 타러 가는 길에 타인에게 도움을 주기만 한다. 첫 번째 만난 거지의 고민을 듣고 먹을 것을 주고, 두 번째 학대 당하는 여자를 구해주며, 세 번째 강가에서 벗어날 수 없는 노인의 고민을 들어준다. 세 번의 과정에서 도움을 받는 것은 마지막 노인에게 있어 딱 한 번 뿐이었다.

설화 <구복여행>에서 나타나는 중요한 지점은 수평적 인간관계로의 전환을 통하여 상보적 인간관계를 이룬다는 점이다. 그러나 재영이가 재창작한 <행복찾기>에서는 자신이 도움을 받지 않았더라도 주변에 더 불쌍한 사람이 있다는 것을 알고 그들을 먼저 도와준다. 주변의 불행한 사람들에게 눈이 가는 것이다. 토론 과정에서 재영이는 도움을 받는 것이 중요하다고 언급한 것을 뒤집는 결과를 작품을 통해 보여주었다. 다시 말해 아직 도움을 받을 줄 아는 모습을 보이지 못하는 것이다.

> 김재영 : 지금 보니 돈은 그닥 중요한 것 같지 않고, 없는 상태로도 원하는 삶을 살 수 있겠다고 생각하는데.
>
> 친구 1 : 나는 이렇게 거지 같이 사는 건 싫어. 돈이 많아야 내가 하고 싶은 것을 다 하지.[37]

<구복여행>의 토론 과정에서 재영이는 금전적 상황이 허락되지 않아도 원하는 삶을 살 수 있을 것 같다고 이야기하였다. 설화를 통해 인생을 살아가는 데에 금전적인 것은 자연스럽게 따라올 수 있다고 사고하는 것이다.

마지막으로 수정·보완 단계에서는 <행복찾기>의 세부적인 오류

37 행복한 삶을 위한 나만의 동화만들기 3회기

에 대해서 수정을 진행하였다. 세부적인 오류는 타인의 불행에 관한 것이었다. 재영이는 타인의 불행에 대하여 관심을 갖게 되었지만 타인이 불행하게 된 맥락은 찾지 못하였다. 예를 들면, 원래는 부자였던 거지에 관련된 내용을 들 수 있다.

| 〈행복찾기〉 1차 창작본 | 〈행복찾기〉 2차 창작본 | 〈행복찾기〉 완성본 |
|---|---|---|
| 거지는 다리를 다쳐 집에 돌아가지 못하고 거지 신세가 되었다고 했다. 석숭은 거지에게 자신이 챙겨 온 빵과 우유를 건네주고 다시 길을 걸었다. | 얼마 지나지 않아 어떤 거지가 석숭을 붙잡았다. **거지는 소원을 빌러 혼자 왔다가 다리를 다쳐** 소원을 빌기는 커녕 집에 돌아가지도 못하고 거지 신세가 되어 이곳 사람들이 주는 음식을 조금씩 받아먹으며 힘들게 지내고 있다고 했다. 석숭은 거지에게 자신이 챙겨 온 빵과 우유를 건네주고 다시 길을 걸었다. | 얼마 지나지 않아 어떤 거지가 석숭을 붙잡으며 말했다. “저는 소원을 빌러 이곳에 혼자 왔다가 다리를 다쳐 소원을 빌기는커녕 집에 돌아가지도 못하고 거지 신세가 되었습니다. 이 곳 사람들이 주는 음식을 조금씩 받아먹으며 어렵게 지내고 있는데, **혹시 꼬마아이를 만난다면 다리를 낫게 하는 약을 대신 받아 와 주세요.**” 석숭은 알았다고 하며 거지에게 자신이 챙겨 온 빵과 우유를 건네주고 다시 길을 걸었다. |

표에서 보는 바와 같이 재영이는 <행복찾기>를 세 번에 걸쳐 수정하였다. 문을 통해 다른 세상으로 가는 설정을 했지만, 1차 창작본에서는 이계(異系)가 아닌 그냥 또 다른 나라 정도로 볼 수 있는 장소였다. 지도자는 재영이에게 이계가 아니라면 거지는 원래 부자인데, 왜 다리를 다친 후 그 장소에 있는지 알기 어렵다고 하였다. 그러자 재영이는 2차 수정본에서 거지 또한 이계로 소원을 빌러 왔다가 다쳤다는 내용으로 수정하였다. 거지는 원래 부자였는데 소원을 빌러 왔다가 다리를 다쳐 이계에서 벗어나지 못하는 내용이었다. 마지막

3차에서는 상황을 좀더 구체적으로 묘사하는 한편, 거지가 나을 수 있는 방법을 석숭에게 부탁하는 내용이 나타났다. 석숭이 빵과 우유로 도와주는 것에 더하여 거지의 고민까지 가지고 가는 것이다. 이때 석숭은 거지에게 아무런 도움을 받지 않는다. 석숭은 다만 거지의 배고픔을 채워주고, 그들의 고민을 가지고 오는 것이다.

> 그리고 약을 건네며 말했다. **"다리가 다친 남자에게 전해주세요. 그리고 그는 선행을 해야 나쁜 일을 겪지 않을 겁니다."**(중략)
>
> 노인의 배를 타고 떠나는 길이었다.
>
> 사람들이 석숭에게
>
> **"사실 그 꼬마 아이는 소원을 들어주는 귀신이에요. 여태까지 욕심이 많은 사람만 그를 찾으려 해서 아무도 그 귀신을 만나지 못한 겁니다."** 하고 알려주었다.[38]

수정단계를 통해서 재영이는 구체적으로 타인의 아픔이 왜 생성되었는지 고민하게 되었다. 타인의 아픔은 '욕심'으로 인하여 생성된 것이라고 보았다. 재영이가 <행복찾기>의 작품 맥락에서 전반적으로 먼저 도움을 주고, 받으려고 하지 않았던 이유는 '욕심'을 부렸을 때 나타날 수 있는 폐단 때문이었을 것으로 볼 수 있다. <행복찾기> 작품에서 석숭이 꼬마 아이를 찾을 수 있었던 이유도 욕심이 많은 사람이 아니었기 때문이었다. 그 동안 사람들은 욕심이 많아 꼬

---

38 김재영 학생의 <행복찾기> 최종본

마아이를 찾을 수 없었지만 석숭은 욕심을 부리지 않았기 때문에 꼬마 아이를 찾는 것이 가능하게 설정해 놓은 것이다.

재영이가 재창작한 <행복찾기>를 살펴보는 것을 통해 청소년 자살과 관련된 두 가지 사항을 확인할 수 있었다. 먼저 재영이는 석숭이 죽고자 했던 원인에 대하여 이해하고 있었다. 석숭이 가지고 있었던 미래의 불확실성에 대하여 재영이는 서른 살이 넘도록 '아르바이트'를 하고 연명했다는 것을 통해 더욱 선명하게 보여주고자 하였다.

> 석숭이 조실부모하고 서른이 다 될 때까지 **아르바이트로 하루 벌고 하루 먹고** 살았다. 하루는 석숭이 택배알바를 마치고 한강에 걸터앉아 담배를 한 대 펴 물고 쉬려고 했다. 그러면서 자신이 **이렇게 고생할 테면 차라리 죽는 것이 나을 것 같은 생각이 들었다. 석숭이 다리에서 뛰어내리려고** 올라서는데[39]

재영이는 하루 벌고 하루 먹고 살았다고 표현하며 미래에 대한 준비는 전혀 하지 못하는 석숭을 보여준다. 특히 서른이라는 나이에 직장도 없이 하루를 벌어 먹고 사는 것은 현재만 근근히 살아가는 것일 뿐, 미래에 대한 보장이 없다. 미래에 대한 불확실성은 석숭으로 하여금 죽을 수밖에 없게 만든다. 이는 재영이가 자살하고자 하는 원인 중 하나가 미래에 대한 불확실성이라고 이해하고 있다는

39 갬지영 학생의 <행복찾기> 최종본

것을 확인 할 수 있다. 서른이 될 때까지 아르바이트를 한다는 미래의 불확실성을 더욱 강조함으로써, 자살의 원인을 더욱 부각시키고 있다.

두 번째 재영이는 새로운 세계로의 진입을 통해 새로운 인간관계를 맺게 되는 것이 문제를 해결하는 주요한 열쇠였다는 것을 알 수 있게 되었다. 그런데 새로운 인간관계를 파악할 때 중요하게 작동한 제재는 '욕심'이었다. 욕심을 부리면 안된다는 맥락에서 재영이는 상대에게 먼저 받으려고 하지 않고 주려고 하는 관계맺기 방식을 채택한 것이다.

어찌보면 설화 <구복여행>보다 희생적인 면모를 강조하면서 한 단계 나아갔다고 볼 수도 있을 것이다. 하지만 사실 설화 <구복여행>에서 중요하게 보는 지점은 타인에게 도움을 주기만 하라는 것은 아니다. 상대방에게 도움을 주기만 하는 관계만이 건강한 관계는 아니다. 설화에서 확인하였듯 건강한 인간관계, 상보적 인간관계를 맺기 위해서는 수평적 관계의 도움을 먼저 받을 줄도 알아야 한다는 점이다.

재영이는 작품 창작을 통해 도리어 수직적 관계를 만들고 자신이 위에서 아래로 도움을 주고자 하는 것을 강조하였다고 볼 수 있다. 재창작한 작품에서 석숭은 가난하고 어려움에도 타인에게 도움을 주고자 하는데, 이는 결코 자신의 삶을 끝까지 힘 있기 이끌어내긴 어려운 방식이라고 할 수 있다.

재창작한 <행복찾기>를 보았을 때 재영이는 아직 도움을 받는 것이 중요하다는 점을 인지하지 못하였다. 작품에서 그려진 관계는 모두 수직적으로 이루어져있었으며 타인에게 자신이 의존할 만한 사람으로 다가가고 있다. 반대로 자신은 타인에게 도움을 받지 않는 상황으로 그려내었다. 현재 우리의 삶에서 의외로 경찰, 소방관 등이 자살을 하는 경우를 확인할 수 있다. 그 원인으로 타인이 자신에게는 기대지만 자신이 타인에게 기댈 줄 모르는 직업군을 가진 사람들이 자살을 한다는 것이다.[40] 타인에게 도움을 받는 것을 파악하는 일이 중요하다는 것을 보여주는 증거라고 할 수 있다.

재영이가 재창작한 작품을 통해 재영이가 습득해야 하는 중요한 지점은 수평적 관계에서의 도움을 받을 줄 아는 것이다. 의존적이면 안 된다는 것과 수평적 관계에서 도움을 받을 수 있어야 한다는 것에 대한 구분이 아직 이루어지지 않았다는 점이다. 설화 <구복여행>에서는 자살의 문제를 해결하기 위하여 가장 기본적으로 이루어지는 것이 수직적 관계에서 수평적 관계로의 이동이며 수평적 관계에서의 도움을 받을 수 있어야 한다는 점이다.

재영이가 재창작한 작품을 살펴보게 되면 의존적으로 살 수밖에 없었던 석숭이 관계의 전복을 꿈꾸었으나 결국 수직적 관계에서 벗어나진 못하였다. 단지 수직적 관계의 위, 아래가 바뀌어 석숭이 의존적인 인물로 그려지다가 나중에는 의존할 수 있는 인물로 그려지게 되었다. 의존적인 인물이 자살을 극복하고자 할 때, 수직적 관계를 벗어나지 못하면 해결방법을 찾기 어렵다.

재영이의 재창작을 통하여 확인할 수 있는 청소년 자살문제 해결

40 김혜미 외, 『지역사회 생명존중문화 확산을 위한 자살예방네트워크 "동행(Go with U)"』, 감리회 태화복지재단 사회복지연구소, 2016.

의 교육방향은 '수직적 관계에서 수평적 관계로의 이동'을 가능하게 해야 한다는 점이다. 수직적 관계의 의존적인 삶에서 수직적 관계의 도움을 주고받을 수 있는 상보적 인간관계의 습득이 중요하다. 이는 단지 한·두 번의 교육을 통해 해결하긴 어렵다. 수평적 관계의 상보적 인간관계를 체험할 수 있게 하는 것이 중요하다. 즉 미래에 대한 두려움으로 인해 현재 자신의 삶의 방향성을 잃은 막막함을 가지고 있고, 인간관계를 어려워하는 청소년에게 상보적 인간관계를 가능하게 하는 방식을 미리 경험할 수 있게 하는 것이 중요하다.[41]

## Ⅳ. 나만의 복을 구하는 행복한 삶을 위해

이 글에서는 우리나라 청소년의 자살 문제의 심각성을 자각함과 동시에 석숭이 가지고 있는 문제와 청소년이 자살하고자 하는 문제에 대한 연관성을 탐색해 보았다. 석숭과 자살을 하고자 하는 청소년이 공통적으로 가지고 있는 문제는 미래에 대한 불확실성이었다. 이러한 문제를 해결하기 위하여 석숭은 여정을 통해 수직적으로 의존적 하던 관계에서 벗어나 수평적으로 도움을 받는 관계를 맺음으로써 상보적 인간관계를 맺을 수 있게 되었다. 상보적 인간관계를

41 문학은 인생의 중요한 선택의 갈림길에서 보여줄 수 있는 효과를 가지고 있다. 특히 문학치료학에서는 이 효과를 시뮬레이션이라고 언급하는데, 시뮬레이션을 통해 인생에서 나타나는 선택의 과정과 결과를 확인할 수 있다.(정운채, 「서사의 다기성과 문학연구의 새 지평」, 『문학치료연구 제23집, 한국문학치료학회, 2012, 202면.)

통해 보여줄 수 있는 이타적인 행동은 자신이 먼저 도움을 받을 줄 알아야 시행될 수 있다는 점이다. 특히 수직적 관계의 도움에서 수평적 관계의 도움을 받을 수 있어야 시행된다는 것이다. 수평적 관계에서 도움을 받는 것을 배우는 일은 청소년이 가지고 있는 미래에 대한 불확실성을 극복할 수 있는 시작을 가능하게 함과 동시에 상보적 인간관계를 맺을 수 있게 해주는 방향을 제공해 준다고 볼 수 있다.

이 글에서는 실제 청소년의 <구복여행> 재창작을 통해 <구복여행>의 석숭은 문제를 해결하였지만 청소년에게는 아직 해결이 어려운 지점을 탐색해보고자 하였다. 재영이가 재창작한 작품을 통해 확인해 보았을 때 재영이가 습득해야 하는 중요한 지점은 수평적 관계에서의 도움을 받을 줄 아는 것이다. 재창작을 통해 살펴보았을 때, 의존적이면 안 된다는 것과 수평적 관계에서 도움을 받을 수 있어야 한다는 것에 대한 구분이 아직 이루어지지 않았다는 점이다. 설화 <구복여행>에서는 자살의 문제를 해결하기 위하여 가장 기본적으로 이루어지는 것이 수직적 관계에서 수평적 관계로의 이동이며 수평적 관계에서의 도움을 받을 수 있어야 한다는 점이다.

재영이가 재창작한 작품을 살펴보게 되면 의존적으로 살 수밖에 없었던 석숭이 관계의 전복을 꿈꾸었으나 결국 수직적 관계에서 벗어나진 못하였다. 단지 수직적 관계의 위, 아래가 바뀌어 석숭이 의존적인 인물로 그려지다가 나중에는 의존할 수 있는 인물로 그려지게 되었다. 의존적인 인물이 자살을 극복하고자 할 때, 수직적 관계를 벗어나지 못하면 해결방법을 찾기 어렵다.

재영이의 재창작을 통하여 확인할 수 있는 청소년 자살문제 해결의 교육방향은 '수직적 관계에서 수평적 관계로의 이동'을 가능하게 해야 한다는 점이다. 수직적 관계의 의존적인 삶에서 수직적 관계의 도움을 주고받을 수 있는 상보적 인간관계의 습득이 중요하다. 이는 단지 한·두 번의 교육을 통해 해결하긴 어렵다. 수평적 관계의 상보적 인간관계를 체험할 수 있게 하는 것이 중요하다. 즉 미래에 대한 두려움으로 인해 현재 자신의 삶의 방향성을 잃은 막막함을 가지고 있고, 인간관계를 어려워하는 청소년에게 상보적 인간관계를 가능하게 하는 방식을 미리 경험할 수 있게 하는 것이 중요하다.

## 참고문헌


고은임, 「「원천강본풀이」연구: "오늘이" 여정의 의미와 신화적 사유」, 『冠嶽語文研究』 제35집, 서울大學校 國語國文學科, 2010.

권복순, 「<원천강본풀이>의 본디 모습 연구」, 『배달말』 제56호, 배달말학회, 2015.

김혜미 외, 『지역사회 생명존중문화 확산을 위한 자살예방네트워크 "동행(Go with U)"』, 감리회 태화복지재단 사회복지연구소, 2016.

김혜미, 「설화 <내 복에 산다>의 전승가치와 그 현대적 활용 방안-청소년의 동화창작 프로그램 사례를 통하여」, 고전문학과교육, 제29집, 한국고전문학교육학회, 2015.

김혜미, 「설화 <하룻밤 인연의 아버지 찾은 아들>과 애니메이션 <니코>에 나타난 아버지 부재와 자녀의 정체성 탐색 양상」, 『문학치료연구』 제27집, 한국문학치료학회, 2013.

김혜미, 『한부모의 이성 관계를 거부하는 아동에 대한 문학치료 설계』, 건국대학교 석사학위 청구논문, 2009.

노순규, 『자살원인과 자살예방』, 한국기업경영연구원, 2015.

박명숙, 「한·중 구복여행설화 비교연구」, 『구비문학연구』 제22집, 한국구비문학회, 2006.

박상란, 「구전설화에 나타난 빈자들의 욕망과 공생윤리」, 『동악어문학회』 제64집, 동악어문학회, 2015.

박상학, 「한국민담 '구복여행'의 분석심리학적 고찰」, 『심성연구』 제24권, 한국분석심리학회, 2009.
배도식, 「구복여행 설화의 구조와 의미」, 『국어국문학』 제22집, 동아대학교, 2003.
서대석 외, 『한국인의 삶과 구비문학』, 집문당, 2002.
신동흔, 「어린이의 삶과 구비문학, 과거에서 미래로」, 『구비문학연구』 제25집, 한국구비문학회, 2007.
신동흔, 『왜 주인공은 모두 길을 떠날까?』, 샘터, 2014.
이수자, 「구비문학에 나타난 부친탐색 원형」, 『구비문학연구』 제28집, 한국구비문학회, 2009.
정운채 외, 『문학치료 서사사전』1, 문학과치료, 2009.
정운채, 「서사의 다기성과 문학연구의 새 지평」, 『문학치료연구 제23집, 한국문학치료학회, 2012.
조희웅, 『한국설화의 유형적 연구』, 한국연구원, 1983.
진성기, 『남국의 전설』, 일지사, 1985.
황순길 외, 『청소년 자살예방교육 모형 개발』, 한국청소년상담복지개발원, 2016.
황인덕, 「한·중·인 '求福旅行' 설화의 비교적 고찰」, 『비교민속학』 제31집, 비교민속학회, 2006.
『자살상담매뉴얼』, 중앙자살예방센터, 2015.
『자살위기개입 핸드북』, 서울시자살예방센터, 2011.
『한국구비문학대계』

## □ 부록 김재영(가명) 학생의 〈행복찾기〉 전문

석승이 조실부모하고 서른이 다 될 때까지

**아르바이트**로 하루 벌고 하루 먹고 살았다.

하루는 석승이 택배알바를 마치고 한강에 걸터앉아 담배를 한 대 펴 물고 쉬려고 했다. 그러면서 자신이 이렇게 고생할 테면 차라리 죽는 것이 나을 것 같은 생각이 들었다. 석승이 다리에서 뛰어내리려고 올라서는데 갑자기 공중에서

"석승아, 석승아, 네가 아직 때가 미진해서 그렇다. 네 윗동네 점쟁이 할머니에게 가서 점을 치면 살 길을 알려줄 테니, 죽지 말고 거기 가서 점을 쳐라." 하는 소리가 났다.

석승은 죽더라도 마지막으로 시도해보고 죽어야겠다는 생각이 들어 점쟁이 할머니에게 갔다. 할머니는 이제 때가 되었다며,

오늘 **자정**에 뒷산 창고에 가 문고리를 두 번 당기면 문이 열리고 길이 나올 테니 그 길로 계속 가서 꼬마 아이가 마중 나와 살 길을 알려주면 그대로 하라 했다.

석승은 자기가 살던 쪽방으로 돌아가 주인에게 오랫동안 돌아오지 않을 터이니 찾지 말라 전했다. 그리고 가방에 간단한 **짐**을 챙겨 나왔다.

석승은 자정이 되었을 때 점쟁이 할머니의 말을 따라 뒷산 창고의 문고리를 두 번 잡아당겼다. 그러더니 문이 열리고 끝이 잘 보이지 않는 계단이 펼쳐졌다.

계단을 타고 내려가니 평범한 길이 나왔다. 자정에 들어왔지만 이곳은 밤도 아니고 낮도 아니었다. 석승은 기분이 묘했지만 계속 걸어갔다.

얼마 지나지 않아 어떤 거지가 석승을 붙잡으며 말했다.

"저는 소원을 빌러 이곳에 혼자 왔다가 다리를 다쳐 소원을 빌기는커녕 집에 돌아가지도 못하고 거지 신세가 되었습니다. 이 곳 사람들이 주는 음식을 조금씩 받아먹으며 어렵게 지내고 있는데, 혹시 꼬마아이를 만난다면 다리를 낫게 하는 약을 대신 받아 와 주세요."

석승은 알겠다며 거지에게 자신이 챙겨 온 빵과 우유를 건네주고 다시 길을 걸었다.

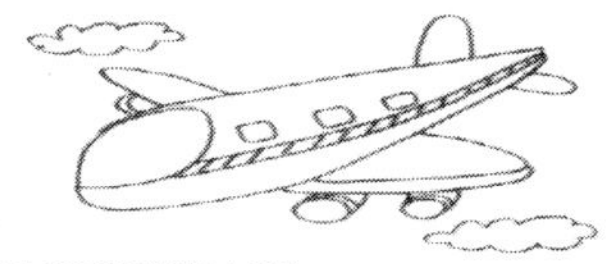

석승이 염려 말라고 하니, 노인이

"나는 여행가인데 홀로 비행기를 타고 여행하다 이곳으로 추락했습니다. 구사일생으로 살아남았지만 여기서 몇 년 동안 빠져나가지 못하고 배를 만들어 사람들을 태워다주고 있지요.

저는 자리를 비우지 못해 꼬마 아이를 만날 수 없으니, 꼬마 아이를 만나면 돌아갈 방법을 물어봐주세요" 하고 말했다.

그렇게 석승이 노인의 배를 타고 오랜 시간 강을 건너 도착하니 작은 나무집이 나왔다. 노크를 하자 꼬마 아이가 석승을 반겼다. 그리고는 "올 때 부탁 세 가지를 받지 않았나요?" 하며 그 답을 일러주었다.

"먼저 노인은 사람들을 모아 큰 배를 만들어 남쪽으로 계속 가면 돌아갈 수 있어요."

그리고 약을 건네며 말했다. "다리가 다친 남자에게 전해주세요. 그리고 그는 선행을 해야 나쁜 일을 겪지 않을 겁니다."

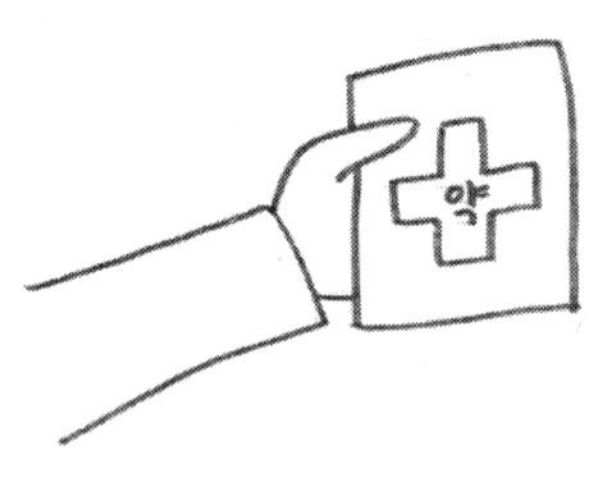


그 다음 "거지와 여자 그리고 그 주변에 지금 세상에서 벗어나고 싶어 하는 사람들을 데려와 노인의 배를 타고 같이 떠나세요." 하고 말했다.

석승은 꼬마 아이의 말을 듣고 그렇게 했다.

노인의 배를 타고 떠나는 길이었다.

사람들이 석승에게

"사실 그 꼬마 아이는 소원을 들어주는 귀신이에요.

여태까지 욕심이 많은 사람만 그를 찾으려 해서 아무도 그 귀신을 만나지 못한 겁니다." 하고 알려주었다.

배를 타고 계속 가다가 도착한 곳은 석승이 떠나왔던 뒷산 아래의 강이었다.

석승이 받아온 약을 먹고 다리가 나은 거지는 석승의 전화를 빌려 누군가에게 연락했다. 그러더니 리무진 여러 대가 그를 태우러 왔다.

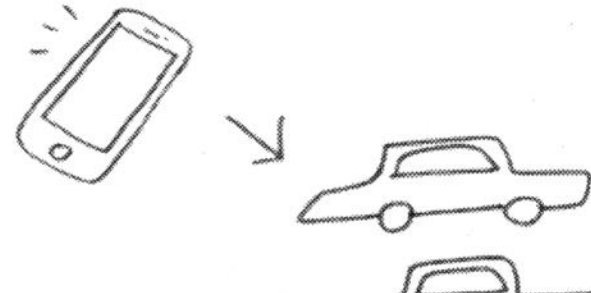

여자는 아름다울 뿐만 아니라 집안일도 잘하고 매우 똑똑했다. 그녀는 석승과 함께 살기로 했는데, 그러면서 그가 가진 돈을 관리해주며 더욱 불려나갔다.

석승은 여자와 함께 부자가 제공한 집에서 살았다. 그리고 가끔은 여행가가 보낸 전용기를 타고 놀러 가거나 지구 반대편에서 어렵게 사는 아이들을 도우면서 행복하게 지냈다.

# 타인의 죽음 위기에 대한 인식 그리고 생명력의 획득

## 몽골설화 〈꿈쟁이 젊은이〉

김혜미(한림대학교 생사학연구소 HK연구교수)

●●●●

## Ⅰ. 다문화사회, 아내를 얻는다는 것

한국인에게는 핏줄상 하나인 한겨레 또는 한 동포라는 시각이 은연중에 작동하여 종족상 하나인 한민족을 지칭하는 단어나 시각이 자연스레 드러난다. 이러한 시각은 결혼이주여성들이 부딪히게 되는 커다란 장벽일 수밖에 없어 문제 해결이 시급히 필요한 실정이다. 물론 서로 다른 문화권의 사람들은 서로 같은 문화 안에 살고 있던 사람들에 비해 서로를 이해하는 폭이 좁을 수밖에 없다. 이해의 폭이 좁게 되면 서로 간의 소통을 어렵게 하며 당연히 관계 지속에서의 문제가 발생하기 쉽다.

| 국내외국인 ('13.9월) | 동포 | 외국인 근로자 | 결혼 이민자 | 유학생 | 불법체류 | 기타 |
|---|---|---|---|---|---|---|
| 157만명 (100) | 58.4만 (37%) | 30.6만 (19%) | 15만 (9.5%) | 8.7만 (5.5%) | 18.3만 (11.6) | 27.2만 (17%) |

현재 우리나라는 외국인 인구 비중이 꾸준히 증가하고 있다. 국제결혼건수도 매년 증가하여 연간 약 3만 건에 이른다고 보고되고 있다. 우리의 현 사회는 이미 다문화 사회에 진입해 있으며, 그 대비가 철저하게 필요한 상황이라고 하겠다. 그런데 다시 생각해 보면, 서로를 이해하자며 구성된 '다문화'라는 말에도 '너와 내가 다르다'라는 맥락이 포함되어 있다. 서로를 구분 짓는 일은 상대를 나와 타자로 인식하여, 타자에 대한 관심이나 타자와 함께 하는 삶에 대한 고려가 이루어지기 어려움을 뜻한다. 조금 시각을 달리하여 현 사회에서 중요한 것은 서로 다른 사람들 간의 공통분모를 발견하는 것이고, 이로 인해 연관성을 찾아내어 소통할 수 있는 지점을 마련하는 것이 더욱 중요한 것이 아닐까 생각하게 한다.

이를 위하여 이계에서 온 아내들이 등장하는 옛이야기에 주목하여 다문화 사회에서 아내를 얻는다는 것의 의미와 우리가 대처해야 하는 자세들에 대해 고민해보고자 한다. 나카자와 신이치는 옛이야기가 각각 지향하는 것은 본래 연관성을 잃어버린 듯 보이는 것에 대한 상실된 연관성 회복, 상호 균형이 깨진 것에 대한 대칭성의 회복, 양립 불가능한 것에 대한 공생의 가능성을 찾아내는 것이라고 피력하고 있다.[1] 옛이야기를 통해 다문화사회에서 서로 다르다고만 여겨 양립 불가능하다고 했던 것을 가능하게 할 수 있다는 말이다.

연구의 대상이 된 작품은 한국 설화 <선녀와 나무꾼>, <용자 구하고 얻은 색시>와 몽골 설화 <꿈쟁이 젊은이>이다. 한국 설화 <선녀와 나무꾼>, <용자 구하고 얻은 색시>와 몽골 설화 <꿈쟁이 젊은이>에는 모두 우연히 죽을 위기에 처해 있는 타인을 만나는 이야기가 전반부에 나타난다. <선녀와 나무꾼>에서는 노총각이 사냥꾼에게 쫓기는 노루를 구해주고, <용자 구하고 얻은 색시>에서는 노총각이 물고기를 구해주며, <꿈쟁이 젊은이>에서는 황금 물고기를 찾지 않으면 죽게 된다는 사람에게 젊은이가 황금 물고기를 주어 살 수 있게 해 준다. 세 작품 모두 그동안 알고 지내지 못한 누군가가 죽음의 위기에 처해있을 때 도와주는 이야기로 시작하는 것이다. 그리고 목숨을 살려 준 대가로 다른 세계에 있던 사람을 아내로 맞이하게 되는 공통점이 나타난다. 이 글에서는 한국과 몽골의 옛이야기들을 통해 죽을 위기의 누군가를 도와준다는 것과 아내를 얻는다는 의미의 연관성을 살펴보면서 국제결혼 시대의 부부관계에 대해 논의해보고자 한다.

## Ⅱ. 죽을 위기에 처한 누군가를 구하는 대가=아내 얻기

옛이야기에는 위기에 처한 타인을 곧잘 구해주는 이야기들이 등장한다. 대상이 사람이든 동물이든 가리지 않고 긍휼히 여기는 마음

1 나카자와 신이치(김옥희 역), 『신화 인류 최고의 철학(문고판)』, 동아시아, 2008, 1~253면.

을 가지고 도움을 주는 것이다. 그렇게 되면 여지 없이 도움을 받은 대상은 도움을 준 사람에게 보답을 한다. 그 중에서 동물들에게 도움을 주는 경우, 그리고 남자가 노총각인 경우에는 아내를 얻어주는 이야기들이 곧잘 나타나는 것을 알 수 있다. 가장 대표적인 예로 <나무꾼과 선녀>를 들 수 있다. 『문학치료 서사사전』에 따르면 <나무꾼과 선녀>는 『한국구비문학대계』에 약 43편 가량 나타난다. 이야기를 제시하면 다음과 같다.

> 홀어머니를 모시고 사는 나무꾼이 있었다. 하루는 나무꾼이 산에 나무를 하러 갔는데 갑자기 노루가 뛰어와서 사냥꾼이 자신을 잡으러 오고 있으니 도와 달라고 했다. 나무꾼은 얼른 노루를 숨겨주고 쫓아온 사냥꾼에게 노루를 본 적이 없다고 말했다. 나무꾼 덕분에 위기를 모면한 노루는 나무꾼에게 은혜를 갚기 위해 선녀들이 목욕하는 폭포를 알려주었다. 그리고 선녀 중에서 셋째 선녀의 날개옷을 훔쳐서 아이가 셋이 될 때까지 절대 선녀에게 옷을 주지 말라고 했다. 나무꾼은 노루가 말한 폭포에 가서 셋째 선녀의 날개옷을 훔치고, 옷을 잃어버린 선녀는 하늘로 올라가지 못해서 나무꾼과 함께 살게 되었다. 그리고 선녀 중에서 셋째 선녀의 날개옷을 훔쳐서 아이가 셋이 될 때까지 절대 선녀에게 옷을 주지 말라고 했다. 나무꾼은 노루가 말한 폭포에 가서 셋째 선녀의 날개옷을 훔치고, 옷을 잃어버린 선녀는 하늘로 올라가지 못해서 나무꾼과 함께 살게 되었다. 세월이 흘러 나무꾼과 선녀 사이에 아이가 둘이 생겼다. 선녀가 매번 하늘을 그리워하며 신세를 한탄하자 나무꾼은 그 동안 아이도 둘이나 생겼고, 같이 산 시간도 오래되

어서 선녀에게 날개옷을 보여 주었다. 그러자 선녀는 날개옷을 입더니 아이 둘을 양팔에 끼고 하늘로 올라가 버렸다. 낙심한 나무꾼이 산에 가서 나무를 하는데 노루가 찾아왔다. 나무꾼은 노루에게 선녀가 아이들을 데리고 하늘로 올라갔다고 하자 노루는 선녀들이 하늘에게 두레박을 내려서 물을 길어 가는 곳을 알려주며 세 번째로 내려오는 두레박을 타고 하늘로 올라가라고 알려줬다. 세 번째로 내려 온 두레박을 타고 하늘로 올라간 나무꾼은 선녀와 아이들을 만났다. 그런데 옥황상제와 처갓집 식구들은 지상에 사는 나무꾼을 못마땅하게 생각하였다. 옥황상제는 나무꾼에게 사위시험을 통과해야 함께 살 수 있도록 해준다며 자신이 숨어 있는 곳을 찾아보라고 했다. 나무꾼이 걱정을 하자 선녀는 지붕 꼭대기에 올라가 홰를 치고 있는 수탉에게 장인이라고 인사를 하라고 했다. 옥황상제는 사위가 자신을 찾아내자 활을 쏘더니 화살촉을 찾아오라고 했다. 나무꾼이 다시 걱정을 하고 있자 선녀는 옥황상제에게 가서 가장 비루먹은 말을 빌려오라고 했다. 나무꾼이 비루먹은 말을 빌려오자 선녀는 그 말을 타고 가면 화살촉을 찾아 올 수 있다고 하였다. 나무꾼은 비루먹은 말을 타고 가서 화살촉을 찾아오자 옥황상제는 사위를 인정해 주었다. 하늘에서 가족과 함께 행복하게 살던 나무꾼은 갑자기 지상에 계신 홀어머니가 보고 싶어졌다. 나무꾼이 집에 갔다가 오겠다고 하자 선녀는 나무꾼이 집에 갔다 올 수 있도록 용마를 내주면서 절대 말에서 내리지 말고 어머니와 인사나 하고 오라고 했다. 나무꾼은 알겠다며 선녀와 약속을 하고 용마를 타고 집에 갔다. 오랜만에 아들을 본 홀어머니는 박국을 끓였으니 먹고 가라고 했다. 그러자 나무꾼은 선녀가 한 말을 잊어버리고 어머니가 차려주신

> 박국을 먹으려고 말에서 내렸다. 그 순간 용마가 소리를 내며 순식간에 하늘로 올라가 버렸다. 결국 하늘로 올라가지 못한 나무꾼은 평생 하늘만 쳐다보다가 병이 들어 죽었는데, 그 후 수탉이 되어 하늘을 보고 선녀와 자식들을 그리워하며 '꼬끼오'하고 울었다.[2]

이야기에 등장하는 남자는 '홀어머니를 모시고 사는' 사람이다. 그것도 나무를 해서 먹고사는, 가난한 남자라고 할 수 있다. 가난한 남자는 예나 지금이나 결혼하기가 어려운 처지이다. 아버지도 없으니 집안의 가세가 기울어져 있을 수밖에 없다. 이런 처지에 있는 노총각에게 필요한 것은 아내이다. 가난하여 결혼할 수 없는 노총각에게 아내를 얻어주어 결혼하게 해 주는 것이다. 결혼하기 어려운 사람에게 결혼할 수 있는 방법을 알려주는 것은 큰일이 아닐 수 없다. 그리하여 노루는 목숨을 구해준 대가로 남자에게 아내를 얻을 수 있게 해 준다.

선행 연구에서는 <나무꾼과 선녀>를 현대인이 읽었을 때, 작품을 약탈혼이라고 평가하기도 한다는 논의가 있다.[3] 선녀의 의견을 무시한 채, 나무꾼의 편의에 의해서만 아내를 얻고자하는 것이 문제가 되기 때문이다. 그럼에도 이야기를 향유하는 우리들은 나무꾼을 비난하지만은 않는다. 누군가의 목숨을 구해주고 어렵게 얻은 아내와 잘 살기를 바라는 마음이 생기는 것이다.

---

2 정운채 외, 『문학치료 서사사전』1, 문학과치료, 2009, 480~508면.

3 김대숙, 「'나무꾼과 선녀' 설화의 민담적 성격과 주제에 관한 연구」, 『국어국문학』 제137권, 국어국문학회, 2004.

하지만 억지로 결혼을 하게 되었다는 내용 때문인지, 결국 <나무꾼과 선녀>의 대부분의 각편에서 나무꾼은 선녀와 헤어지게 된다. 노루는 노총각에게 아이를 셋, 혹은 각편에 따라 넷의 아이를 낳기 전까지 선녀의 옷을 주지 말라고 한다. 하지만 이제는 괜찮겠지 하는 생각에 남자는 아내에게 선녀 옷을 줘버린다. 아내가 선녀 옷을 보자마자 아이들을 끌어안고 하늘로 올라가는 것, 그것은 본래의 자기 자신이 있던 자리로 돌아가려는 욕구이다. 선녀는 있는 그대로의 자신을 받아주지 않는 남편 때문에 자신의 속성을 죽이고 살아갔던 것이다.

자신의 본질을 알고, 자기의 고향을 버리지 않게 해 주는 것은 누구에게나 중요하다. 자신을 죽이지 않게 도움을 주는 것이 필요한 것이다. 그러나 나무꾼은 그러한 노력이 전무했기 때문에 선녀가 자신의 정체성을 되찾을 수 있는 기회를 얻자마자 자신의 자리로 돌아가게 된다.

다른 공간에서 온 사람들은 새로운 공간에 적응하기에 어려움이 따른다. 그 때 자기 자신에 대하여, 자기정체성에 대해 견고하고 서 있으면 적응에 큰 무리가 따르지 않는다. 하지만 억지로 자신에 대해, 자신 본모습에 대한 것을 박탈당하면 그 사람은 서둘러 자신의 공간으로 돌아가길 원하는 것이다.

<나무꾼과 선녀>처럼 동물을 구해주고 아내를 얻게 되는 이야기가 하나 더 있는데, 바로 <용자 구하고 얻은 색시>라는 옛이야기이다. <용자 살리고 얻은 색시>에서 조실부모한 남자는 용자가 변한 동물이나 아이를 구해주고 그 대가로 아내를 얻게 된다. 이야기를

제시하면 다음과 같다.

어떤 남자가 조실부모하고 남의 집에서 머슴살이를 했는데, 한번은 겨울 추운 동지섣달에 주인이 나무를 해오라고 해서 밖으로 나갔다. 연못 근처에서 고기 한 마리가 물 밖으로 튀어나와 땅 위에 있었는데 남자가 얼음을 깨뜨려서 물속으로 다시 고기를 집어넣어 주었다. 그 뒤로 남자가 하는 일마다 잘 되었는데 나중에 나무를 하러 갔다가 또 마른 땅 위에 올라와 있는 고기를 보게 되었다. 남자가 또 고기를 물속으로 보내주었는데 나중에 고기가 남자에게 가방 하나를 주면서 그 가방 안에는 뭐든지 나오게 하는 부자방망이와 달덩이 같은 처녀가 나오는 망태가 들어있으니 둘이 부부가 되어 잘 살라고 했다. 남자가 당장 머슴살이를 관두고 부자 방망이를 이용하여 좋은 집을 마련하고 예쁜 처자를 얻어서 부부가 되어 잘 살았다. 그런데 머슴살이하던 남자가 하루아침에 부자가 되자 관가에서 남자를 잡아들였는데 남자가 사실대로 고기와 있었던 일을 말해주었다. 원님이 가만 보니 남자의 부인이 너무 아름다워서 자기랑 내기를 하자고 했는데 병에다 물로 넣어 가지고 병에 물을 부을 때 소리가 많이 나는 사람이 서로 마누라 빼앗기로 하자고 했다. 집에 돌아온 남자가 부인에게 원님이 말한 내기에 대해 말해주었는데 부인이 걱정 말라면서 밥이나 먹으라고 했다. 내기를 하는 날이 되자 부인은 남자에게 아무데에 가면 어떤 집이 하나 있는데 그 집 벽에 병이 하나 걸려있으니 그것을 떼어 오라고 했다. 부인이 말한 집은 처갓집이었는데 부인이 말한 동네의 못에 가니까 물이 갈라지면서 집이 생겼다. 남자가 처갓집에 들어가니 빙장어른이 나와 자신을 찾아올 줄 알았다고 했다. 남자는 부

> 인이 말한 대로 병을 가지러 왔다고 하니 빙장어른이 병을 내주었다. 남자가 병을 가져 와가지고 물을 넣으니 '펑펑펑펑'거리며 물소리가 났다. 그렇게 물이 병에 들어가니까 원님이 안 되겠다 싶어서 손을 들고 그냥 자기 마누라나 데리고 살자고 제안해 그렇게 살기로 했다.[4]

<용자 살리고 얻은 색시>에서 등장하는 남자는 <나무꾼과 선녀>의 남자보다 더 형편이 어렵다. <나무꾼과 선녀>의 남자는 홀어머니라도 있었지만, <용자 살리고 얻은 색시>에서 남자는 조실부모하고 고아로 살며 머슴살이를 하고 있다. 혼자의 힘으로 살아갈 수 없었던 남자는 누군가에 의탁해서 살아갈 수밖에 없는 삶을 살고 있었던 것이다.

추운 동지섣달에 주인의 요구에 의해 나무를 하러 간 남자는 연못 근처에 물고기가 튀어나와 있어 죽어가는 것을 보았다. 운이 좋다며 잡아먹을 수도 있었을 텐데, 남자는 그렇게 하지 않고 얼음을 깬 다음 물고기를 살려 주었다. 미물의 생명도 소중히 여기는 마음을 보여준 것이다.

생명을 구해준 대가로 남자는 아내를 얻는다. <나무꾼과 선녀>와 같은 이유에서 아내를 얻게 된 것이다. 그런데 <나무꾼과 선녀>에서의 나무꾼과 선녀처럼 <용자 살리고 얻은 색시>에서 남자와 용녀는 헤어지지는 않는다. <나무꾼과 선녀>와는 달리 비극적 결말을 갖지 않는 것이다. <용자 살리고 얻은 색시> 8편의 이야기 중 1편을

---

4 정운채 외, 『문학치료 서사사전』2, 문학과치료, 2009.

제외하고 부부가 행복하게 산다는 결말을 내리고 있다. 그러나 남자와 용녀가 관계를 지속하지 못하는 1편의 경우도 해피엔딩으로 끝나고 있다. 원님과의 대결을 끝낸 남자에게 용녀는 '자신은 용궁 사람이라 돌아가야 한다.'며 많은 재산을 남기고 원래의 자리로 돌아가는 결말을 맺고 있는 것이다. 이에 <용자 살리고 얻은 색시> 8편 전부는 행복한 결말을 맺고 있다고 할 수 있다.[5]

<나무꾼과 선녀> 그리고 <용자 살리고 얻은 색시>에 나타난 남자는 누군가의 목숨을 구해주게 되고 그 대가로 아내를 얻는 공통점을 가지고 있다. 그런데 그 결말은 두 설화에서 모두 다르게 나타나고 있다. 두 설화의 남자 모두 타인의 목숨을 등한시하지 않고 도움을 주었던 사람들인데, 어째서 결말이 다르게 나타나는 것일까?

앞서 언급하였듯 <나무꾼과 선녀>에서의 남자는 아내가 원래 있었던 곳에 대한 배려가 없었다고 할 수 있다. 나무꾼은 선녀가 자신의 존재적 근원을 파악할 수 있는 장소를 없애 버린 것이다. 하지만 <용자 살리고 얻은 색시>에서 남자는 용녀가 살던 곳에 직접 찾아가며, 아내의 존재적 근원을 알 수 있는 공간을 왕래한다. 그리고 아내의 말에 따라 남자는 아내의 집에 가서 필요한 물품을 챙겨온다. 아내의 공간에 스스럼없이 들어가는 것이다.

이 글에서는 아내를 인정하고 아내의 공간에 들어간다는 것, 즉 아내를 얻는다는 것은 어떤 의미를 내포하고 있는 것인지 공간과 관

---

5 김혜미, 「설화 <우렁색시>, <용자 살리고 얻은 색시>, <새털 옷 입고 왕이 된 남자>에 나타난 여성의 행동 방식과 관계 지속의 문제」, 『겨레어문학』 제48집, 겨레어문학회, 2012, 77~78면.

련하여 상징적 의미를 찾고자 한다. 이를 위하여 다음 장에서는 몽골 설화 <꿈쟁이 젊은이>를 살펴볼 것이다. <꿈쟁이 젊은이>는 <용자 살리고 얻은 색시>와 비슷한 내용으로 구성되어 있는 설화이지만, 우리나라 설화 보다 상징성을 내포하고 있다고 할 수 있다. 상징성이 다양하게 드러난 <꿈쟁이 젊은이>를 통하여 본다면 또 다른 세계에서 아내를 얻고 함께 살아가는 의미를 상세히 파악할 수 있을 것이다.

## Ⅲ. 아내 얻기=나의 생명력 획득하기

몽골 설화 <꿈쟁이 젊은이> 서사 구조는 앞서 언급하였듯, <용자 살리고 얻은 색시>와 비슷한 맥락으로 진행되고 있다. 이에 대한 줄거리를 간단하게 제시하면 다음과 같다.

> 어떤 왕이 많은 재물을 얻기 위해 그 지방에 있는 꿈쟁이 젊은이를 데려와 편안하고 안락한 환경을 만들어 주고는 꿈을 꾸게 하였다. 꿈쟁이는 자신이 왕을 죽이고 신민과 왕비를 노예로 만들어 사는 꿈을 꾸었다. 꿈쟁이는 왕에게 그 사실을 말할 수 없어 거짓말을 했다. 왕은 환경을 바꿔줘 가면서 꿈쟁이에게 꿈을 꾸게 하였는데, 꿈쟁이는 계속해서 같은 꿈만 꾸었다. 결국 꿈쟁이가 꿈 이야기를 사실대로 왕에게 털어 놓자 왕은 꿈쟁이를 동해 바다로 데려가 그의 발바닥을 갈라 피를 내고 그 안에 소금을 넣어 버리라고 하였다. 그는 다리로 걸어갈 수

없어 배로 기어 다니다가 황금빛 물고기를 얻었다. 그렇게 가고 있는데 백마를 탄 한 사람이 꿈쟁이에게 황금물고기를 찾는다며 그것을 찾지 못하면 죽게 될 것이라고 했다. 꿈쟁이가 황금물고기를 내어 놓자 그 사람은 은혜를 꼭 갚는다고 하고 돌아갔다. 얼마 후 백마를 탄 사람이 바다 속에서 나오며 꿈쟁이에게 용왕님을 만나러 가자고 하였다. 꿈쟁이가 용궁에 가자마자 그의 상처가 나았다. 백마를 탔던 사람은 꿈쟁이에게 용왕이 원하는 것을 들어주겠다고 하면 비루먹은 누렁개와 침대 위에 좀이 슨 누런 이불을 달라고 말하라고 시켰다. 용왕은 꿈쟁이에게 자신의 아들을 살려줘서 고맙다며 비단과 차, 가축을 종류대로 가져가라고 했다. 꿈쟁이가 사양하며 누렁개와 이불을 달라고 하자 왕은 울면서 할 수 없이 꿈쟁이가 원하는 것을 주었다. 꿈쟁이가 배가 고파 개를 잡아먹으려고 하자 개는 미인으로 바뀌었다. 여인은 꿈쟁이에게 서로가 잘 지낼 수 있었는데 꿈쟁이가 서두르는 것 같다며, 자신을 잡아먹으려고 하여 무서워서 원래의 모습으로 바뀐 것이라고 했다. 꿈쟁이가 저녁이 되어 자고 일어나니 많은 재산을 가진 부잣집이 생겨나 있었다. 한편 왕이 사냥을 하다가 꿈쟁이가 살아서 아름다운 여인과 사는 것을 알고 그 집으로 갔다. 왕은 여인을 보고 반해 자신의 집에 돌아가지 않았다. 그러자 여인은 소리 내어 울며 남편이 출타 중인데, 그 동안 꿈쟁이 남편이 했던 일을 할 사람이 없다고 했다. 왕은 여인의 남편 대신 자신이 남편의 일을 해 주겠다고 했다. 그렇게 사흘이 지나자 꿈쟁이가 돌아왔다. 첫 번째 숨기 내기에서 아내가 자신을 숨겨주지 않자 꿈쟁이는 왕과 짜고 숨겨주지 않는 것이냐며 아내에게 울며 따졌다. 아내는 자신의 골무에 남편을 숨겨주었다. 두 번째 산을 하득[6]

으로 덮는 내기에서 왕은 신민을 사용해 산을 덮었다. 꿈쟁이가 아내에 어떻게 해야 하느냐고 묻자 아내는 자신의 아버지에게 가서 작은 비단 상자를 가져오라고 하였다. 꿈쟁이가 그 상자를 산으로 와서 펼치나 얇은 하득이 상자에서 나와 산을 왕과 함께 덮어버렸다. 왕은 숨막혀 죽겠다며 하득을 치우라고 했다. 마지막 전쟁을 하는 내기를 하기 전 꿈쟁이가 아내에게 어떻게 사람이 없는데 전쟁을 하느냐고 묻자 아내는 자신의 아버지에게 가서 작은 군사가 든 상자를 가지고 오라고 했다. 용왕이 꿈쟁이에게 쇠상자를 내어 주어서 가지고 가는 도중 왕의 많은 군사들을 만났다. 그 때 꿈쟁이가 쇠상자를 열어놓았더니 쇠로 된 군인들이 나와서 왕의 군사들을 쳤다. 이렇게 해서 행복하게 살았다.[7]

<꿈쟁이 젊은이>가 <용자 살리고 얻은 색시>와 다르게 특이할 만 한 점은 꿈쟁이가 '배로 기어 다닌다'는 점이다. 이렇게 배로 기어 다니는 모습은 흡사 뱀과 비슷한 형상이다. 또한 우연치 않게 꿈쟁이가 황금물고기를 구해주고 용궁으로 갔을 때 처음 본 것이 바로 뱀이다.

그렇게 가서 커다란 여의주로 바닥을 깐 어떤 집에 들어갔다. 그의 팔다리의 상처가 바다에 들어가자 나아버렸다. 매우 위엄 있는 등받이 의자에 엄청나게 커다란 갈색 얼룩 뱀 한 마리가 누워 있었다. 왼쪽에

6 의식에 사용하는 얇은 천

7 데 체렌소드놈 편저(이안나 역), 『몽골의 설화』, 문학과 지성사, 2007, 296~305면.

> 흰 얼룩 뱀 한 마리가 있었고, 그 끝 쪽에 작은 흰 얼룩 뱀 한 마리가 있었다. 꿈쟁이가 모두에게 인사하자 바다로 데리고 들어갔던 사람이 말했다. "이 사람이 두려워하고 있으니 원래 모습대로 되십시오." 그러자 갈색 얼룩 뱀이 갈색 비단 델을 입은 멋진 사람으로 변해 앉아 있었다. 왼쪽에 있던 흰 뱀은 흰 비단 델을 입은 왕비로 변해서 앉아 있었고, 왼쪽 끝에 있던 작은 흰 뱀은 누렁개가 되었다.

꿈쟁이가 뱀과 비슷한 형상이 되어 물속으로 들어가 용궁에 들어가자마자 그의 상처는 나아버렸다. 또한 뱀을 만나게 되었는데, 이는 용궁에 사는 용왕과 그의 가족들이었다. 뱀은 동양에서 상대방을 파멸시키는 여성으로서의 부정적 이미지와 천지자연의 변화에 능숙하게 대처하는 끈질긴 생명력을 가진 여성으로 나타나는 긍정적 이미지가 모두 나타난다.[8] <꿈쟁이 젊은이>에서는 뱀으로 등장하는 용왕의 가족이 부정적 이미지보다는 긍정적 이미지를 가지고 있다고 할 수 있다. 물에 들어가자마자 다친 꿈쟁이의 다리가 치유된다는 것만 봐도 재생의 이미지를 담고 있는 것으로 해석할 수 있는 것이다.

'뱀'은 신화에서 생명과 여성을 상징한다. 중국신화에서는 뱀의 몸을 한 여와가 우주를 재건하고 인간을 창조한다. 또한 뱀은 모계사회에서 대지의 어머니 신을 상징한다.[9] 특히 서양에서는 뱀을 여

8 이경미, 「한·중·일 고전문학 속에 보이는 여성과 뱀」, 『석당논총』제46집, 동아대학교 석당학술원, 2010, 123~158면.

9 송정화, 「비교신화적 각도에서 본 동서양 창조신화에 나타난 여성적 생명원리」,

신과 연관 지어서 설명한다.[10] 용왕은 뱀의 또 다른 변형 형태인데, <꿈쟁이 젊은이>만 보더라도 뱀이 용왕으로 변신하는 것을 통해 뱀의 속성과 용왕과의 긴밀한 관계가 있음을 알 수 있다.

용녀라는 인물도 마찬가지이다. <용자 살리고 얻은 색시>에서는 드러나지 않지만, <꿈쟁이 젊은이>에서 용녀는 원래 뱀의 형상을 하고 있다가 개로 변하고 다시 용녀로 변한다. 뱀의 속성을 지닌 용녀는 설화에서 문제 상황을 해결하는 데에 중요한 역할을 한다. 설화에서 나타나는 문제 상황은 크게 두 가지로 볼 수 있다. 첫 번째 문제는 '먹고 사는 문제'이고 두 번째 문제는 '왕 혹은 원님과의 대결'이다. 이 두 가지 문제는 한 가지 의미를 함유하고 있는데 바로 '지속'에 관한 것이다. 즉 삶을 계속 '지속'시킬 수 있느냐, 둘의 관계를 계속 '지속' 시킬 수 있느냐가 그것이다.

두 설화 속에 등장하는 남자와 꿈쟁이는 두 가지 문제 상황 모두를 해결하지 못하는 것으로 나타난다. 이에 꿈쟁이는 좌절하게 되는데, 이러한 좌절은 그 동안 남자가 살아온 방식으로는 당면한 문제에 대하여 해결할 수 없다는 것을 말해준다. 반면 용녀는 용궁에서 온 인물로 당면한 문제를 무리 없이 해결한다. 용녀라는 설정, 이계에서 왔다는 설정은 현재 인간 사회에서 살아온 방식과는 다른 사고

『중국어문학지』 제17집, 중국어문학회, 2005, 21~47면.

10 큰 뱀, 즉 용의 별자리가 12 황도대를 전부 통과하기 때문이기도 하겠지만 천궁의 거대한 뱀, 즉 용과도 동일시되는 12 황도대가 뱀과 달은 여신이기도 한 "이쉬타르의 허리띠"로 칭해진 적이 있었다는 사실은 뱀과 그 여성적인 현현인 이쉬타르를, 적어도 태양계의 우주와 동일시하는 고대 바빌로니아의 사유방식을 드러낸다. (권석우, 「뱀의 신화적 이미지」, 『인문언어』, 국제언어인문학회, 2005, 45면.)

가 작용할 것이라는 것을 예상할 수 있는데, 이는 용녀가 가지고 있는 신이성과 연결된다. 용녀는 용왕의 딸로 남편과는 다르게 태어날 때부터 가지고 있는 능력이 있다. 이런 능력은 용왕의 딸이라는 것으로 설정된 것에서 알 수 있듯이 '물'과 관련이 있다.

물은 오행 중의 하나로 모든 물질세계를 구성하는 기본적 기능을 수행하기도 하고, 존재의 생명질서를 유지 보전하여 줄 수 있는 기본적인 요소[11]이기도 하다. 이러한 물의 성질을 감안하여 두 설화를 읽는다면 용녀는 존재의 생명질서를 유지하게 해 주는 능력과 연관된 인물로 이야기될 수 있다. 설화에서 용녀가 상대방의 생명을 유지하게 해주는 모습이 각각 형상화 되어 드러나고 있다. <용자 구하고 얻은 색시>에서는 용녀가 남자에게 집을 제공하고 밥을 해주는 것, <꿈쟁이 젊은이>에서 용녀가 재산 및 가축을 제공하는 것으로 나타난다.

> 심마니가 기와집에 들어가 보니 진수성찬이 차려져 있어 맛있게 음식을 먹었다. 다음날도 아침에 일어났더니 어느새 맛있는 식사가 마련되어 있었다. 심마니가 이때부터 그 집에서 살기 시작했는데 밖에 나갔다 돌아오면 어김없이 진수성찬이 차려져 있었다.[12]

---

11 윤천근, 「물의 사상, 물의 문화」, 『동서철학연구』 제59호, 한국동서철학회, 2011, 396면.

12 소주태(남, 47), <삼돌이와 자라 이야기>, 『한국구비문학대계』 5-1, 보절면 설화2, 622-638면.

> 아침이 되자 누가 아주 하얀 쌀밥과 닭고기를 맛나게 끓인 밥상을 준비해놓은 것이었다. 삼돌이와 그 어머니가 차려진 그 음식을 맛나게 먹었다. 그렇게 누군가 음식을 차려놓는 것이 근 일 년이 되었다.[13]

> 저녁이 되어 잠을 자고 아침에 일어나니 많은 재산을 가진 큰 부잣집이 생겨나 있었다. 여인이 젊은이에게 물었다. "가축이 어느 쪽으로 풀을 뜯어 가나요? 주인님의 낙타는 어느 쪽으로 가서 풀을 뜯죠? 양과 소는 각각 어느 쪽으로 풀을 뜯으러 가나요?" 젊은이는 가축에 대해 잘 몰랐기 때문에 아무 말도 하지 않았다. (중략) 노인은 왕위에 오른 것처럼 '양은 저쪽에서 방목하라! 낙타는 저쪽에서 방목하라! 그런 말을 타라! 이런 일을 하라!'고 지시하며 살게 되었다.[14]

위의 인용문에서 알 수 있듯이 그 전에는 가난해서 밥도 못 얻어먹고 다니던 인물, 다리를 못 써 기어 다니며 먹을 것을 찾아다니는 인물이 용녀를 만나면서 살 수 있게 되었다. 특히 몽골은 유목민으로 구성되어 있어 가축이 없으면 살아가기 힘들다. 몽골의 유목민은 가축을 키워 젖을 얻고 가죽을 얻어 기본적인 생활을 영위하게 된다. 그런 기본적인 생활도 하지 못하는 젊은이를 용녀가 살려주는 것이다.

이렇게 용녀가 남자를 살려주는 일은 유교적 사고로 인하여 '여

---

13 김남수(남, 82), <심마니가 원님 된 내력>, 『한국구비문학대계』 2-5, 서면 설화26, 307-320면.

14 데 체렌소드놈 편저(이안나 역), 앞의 책, 299~300면.

자이기 때문에 남자에게 밥을 차려주어야 하는 것'으로 설화를 읽어내게 되면, 그 의미를 탐색하기 어렵다. 특히 몽골과 같은 경우는 유목문화로 수렵인들의 경제생활은 개별적 남녀 사이에서의 분업을 기초한 파트너 십으로[15] 나타나기 때문에 "여자라서, 남자라서"의 의미가 한국과는 다르게 나타난다. 즉 설화에서 말하고자 하는 것은 여성이 남존여비로 대표되는 가부장제 성차별적 관념을 보여준다거나[16], 여자이기 때문에 남자에게 혹은 남편에게 밥을 차려주는 가부장제의 모습이 그대로 나타난 결과를 넘어선 모습이라는 것이다.

이때 용녀에게서 나타나는 능력은 '물'과 관련이 깊고 이는 사람의 생명을 살리는 역할을 한다. 이안나가 <꿈쟁이 젊은이>에 대하여 "물에서 나오는 지혜로운 여성 주인공의 설정은 고대 모계제의 한 잔영을 보여주는 것이 아닐까 생각된다."[17]고 밝힌 바와 같이 용녀의 모습은 신화에 나타난 여신의 모습과도 연관 지어 이야기할 수 있다.

> 여신은 일찍이 '최초의 물'로도 묘사되었다. 특히 해안 지방이나 섬에 사는 사람들은 최초의 물을 바다와 동일시했으며, 이집트의 이시스

15 장두식, 「한, 몽 설화에 나타나나 여성성 비교 연구」, 『몽골학』제17호, 한국몽골학회, 2004, 123~142면.

16 노영근, 「민담과 아내 찾기 화소」, 『어문학논총』제20집, 국민대학교 어문학연구소, 2001, 172면.

17 이안나, 「한국과 몽골의 물 상징성에 대한 비교 고찰」, 『한민족문화연구』 제20집, 한민족문화학회, 2007, 60면.

와 같은 위대한 모신들을 바다 자체이거나 또는 바다에서 태어난 존재로 여겼다.[18]

여신이 최초의 물로 일컬어지며 사람들을 살리는 역할을 했듯이, 용녀는 태어날 때부터 가지고 있는 '물'과 관련된 능력으로 사람들을 살린다. 이로 인해 관계는 계속 유지될 수 있다. 여신의 속성과 관련지어 이러한 물의 속성을 여성성과도 연결 지을 수 있을 것이다. 즉 여성성의 발현으로 인해 죽지 않고 생명을 얻어 관계를 계속적으로 유지할 수 있게 되는 것이다.

이렇게 여성성으로 대표되는 용녀는 관계 두 번째 문제가 발생했을 때에도 그 능력을 발휘한다. 남자와 꿈쟁이는 '삼각관계'라는 문제 상황에 부딪히게 되자 더 이상 서로 간의 관계를 지속할 수 없을 것이라고 판단한 것으로 생각된다. 그렇기 때문에 설화에서 남자와 꿈쟁이는 '걱정'하거나 '우는' 것으로 그 모습이 나타난다. 그러나 용녀는 관계 지속의 문제에 부딪혔을 때에 전혀 걱정하는 기색을 보이지 않는다.

원님은 남자에게 장기 내기를 둬서 자신이 지면 천 냥을 주고 남자가 지면 각시를 달라고 하였다. 남자가 집에 와서 밥도 안 먹고 앓고 있으니 각시가 이야기를 듣고는 걱정 말라고 했다.[19]

---

18 샤르크 후사인(김선중 역), 『여신』, 도서출판 창해, 2005, 50면.

19 [한국구비문학대계] 6-7, 29-35면, 장산면 설화6, 은혜 갚은 이무기, 이귀인(남, 57)

> 사또는 바둑을 두어 네가 이기면 벼슬을 내리고 내가 이기면 각시를 달라고 했다. 각시를 뺏기게 생긴 남편이 밥을 먹지 않고 앉았는데 아내는 모든 일을 벌써 알고 걱정 말라고 했다.[20]

> "우실 일이 뭐가 있나요? 드실 만큼 드시고 마시세요. 왕위를 얻으면 피곤한 일이 없지 않겠어요?"[21]

용녀는 위기에 봉착하자 남편을 아버지인 용왕에게 보낸다. 용녀는 용궁의 물건을 사용하여 문제를 해결하는 것이다. 즉 원님 혹은 왕의 내기 제안으로 인해 세 번이나 깨질 것만 같았던 관계가 용궁에서 가져온 물건으로 인하여 유지된다.

용녀는 다른 의미에서 용왕에 대한 신앙을 통해 가정의 안녕을 기원하는 인물로 볼 수 있다.[22] 즉 용왕의 힘을 빌려 자신이 현재 이루고자 하는 것을 쟁취하는 인물이다. 이때 자신이 원하는 것을 관철시키기 위하여 자아와 세계가 확고한 구분 없이 만나는 장(場), 자아의 한계가 무너지고 세계의 가능성과 소통하는 장이 마련되어야 자아는 영향력을 행사할 수 있다.[23]

---

20 [한국구비문학대계] 5-2, 101-111면, 동완산동 설화12, 잉어 살려주어서 용녀 얻고 사또 된 숯장수, 박길자(여, 73)

21 데 체렌소드놈 편저(이안나 역), 앞의 책, 303면.

22 주몽신화의 유화를 비롯하여 많은 신화에서 용녀로 표상되는 여성 인물들이 등장하며, 용궁, 용왕 물에 대한 신앙의 기록은 이후에도 끊임없이 계속된다. (이성희, 「어부심과 여성」, 『한국민속학』 제39호, 한국민속학회, 2004, 272면.)

23 이성희, 위의 글, 289면.

이와 같은 특성을 보여주는 용궁에서 온 용녀는 앞서 언급했듯이 물을 건너온 신이한 존재라는 점이 그 특징이라고 할 수 있다. 그렇다고 해서 용녀가 신이한 존재라는 점을 강조하여 문제를 해결했다고 보는 것은 용녀를 수박 겉핥기식으로 보는 것밖에 되지 않는다.

두 설화에서 나타나고 있는 용녀는 다른 세계를 건너온 여성이다. '시집간다'는 말에서 알 수 있듯이 여성은 결혼이라는 제도를 통해 자신이 살던 곳에서 벗어나 다른 곳으로 가게 된다. 이러한 모습은 설화에서 각기 다른 세계의 사람끼리 만나는 것으로 형상화 되어 있다. <용자 살리고 얻은 색시>와 <꿈쟁이 젊은이>를 통해 보면 다른 세계에서 넘어온 여인들은 이 땅 여인들의 표상으로 볼 수 있다는 논의와 연관된다.[24] 이 때 <용자 살리고 얻은 색시>와 <꿈쟁이 젊은이>에서 용녀는 동적인 존재이다. 이곳과 저곳을 왔다갔다하고, 자신의 힘에 아버지의 힘을 더하여 문제 상황을 해결한다. 용궁에서 가져온 물건으로 하여금 남자가 내기에서 이길 수 있도록 도와주는 것이다. 용녀가 직접 나서 문제를 해결함으로써 관계를 지속한다.

다시 말해 용녀는 용궁에서 뭍으로 자리를 옮기면서, 세계를 건너오면서 겪었던 문화의 충격을 모두 받아들이고 두 세계를 조화시킬 수 있는 존재가 된 것으로 해석할 수 있다. <용자 살리고 얻은 색시>와 <꿈쟁이 젊은이>의 용녀는 타의에 의해 자신이 살던 세계를 벗어나면서 겪은 아픔을 딛고 성장하게 된 여성의 모습과 같다고 볼

24 신동흔, 「민담의 즐거운 상상, 그 속에 배인 한숨 「우렁각시」」, 『한국의 고전을 읽는다』 1, 휴머니스트, 2006, 135~149면.

수 있다. 그 과정에서 얻을 수 있었던 여성성으로 인해 여성들은 문제를 해결할 수 있는 능력이 더욱 높아질 수 있는 것이다.

그렇다면 용궁에서 가져오는 물건이 의미하는 것은 무엇일까? 단순히 결혼한 여자가 부잣집 처가에서 가져오는 물건인 것일까? 이러한 의문은 남자가 어떤 부분에서 걱정을 하고 있는 지에 대해 살펴보면 가능하다. 남자는 현재 불안한 처지에 있다. 아름다운 아내인 용녀를 원님에게 빼앗길까봐 두려운 것이다.

이러한 두려움은 남자로 하여금 더 이상 용녀와 관계를 유지할 수 없게 될 것이라는 불안을 만들고 남자는 이로 인해 식음을 전폐하고 걱정에 빠져 있게 한다. 이와 같은 상태에 있는 남자에게 용녀는 두 사람의 관계가 지속될 수 있음을 직접 눈으로 확인시켜 준다. 이는 바로 용왕에게 보내어 둘의 관계를 지속할 수 있게 하는 물건을 가져오게 하는 것이다. 관계를 지속할 수 있는 물건을 가져오게 함으로써 두 사람이 헤어지지 않을 수 있다는 믿음·신뢰를 본인이 직접 확인할 수 있도록 해주는 것이다. 정리하면 용녀가 남편으로 하여금 용왕에게 가게 하는 행위는 상대방에게 믿음을 심어주는 행위로 볼 수 있다.

반면 용녀가 남편에게 용궁으로 갔다 오게 하는 것은 본인이 남편에 대한 신뢰를 회복하려고 하는 행위도 포함되어 있다. 용녀가 용궁에 갔다 올 수 있음에도 그렇게 하지 않는다. 그에게 다시 한번의 기회를 주는 방법으로 남자가 자신의 말을 믿고 따라 줄 것인지 살펴보는 것이다.

> 남자가 집으로 돌아와 걱정을 하자 아내는 자신이 쇠파리가 될 테니 파리 앉는 곳에 바둑을 두면 된다고 했다. 결국 이 남자는 자신의 눈에만 보이는 조그만 쇠파리 덕분에 바둑에서 이기게 되었다. 그러자 도지사는 이번에는 강 뛰기 내기를 하자고 했다. 남편이 돌아와 또 아내에게 이야기를 하자 아내는 고기를 낚았던 바다에 가 보면 다 닳아져 버린 빗자루가 있을 텐데 그것을 타면 용궁을 간다고 했다. 그리고는 용궁에 가서 우리 아버지에게 비루먹은 망아지를 얻어 오라고 했다. 남편이 아내의 말대로 해서 망아지를 얻어 왔다. 그런데 아내는 강을 뛰게 될 때 꼭 나중에 뛰라고 했다. 남편은 그 망아지를 타고 강을 건넜는데 열두 번을 뛰어 넘어 버렸다.

위의 인용문에서 남자는 아내가 시키는 대로 행동한다. 이야기 초반에 함께 살아야 하는 기한이 안 되어서 기다려 달라고 했던 아내의 제안을 거절했던 남자의 모습과는 사뭇 다른 행동양상을 보인다. 남자에 눈에만 보이는 쇠파리, 원님이 아닌 남자가 다녀올 수 있는 용궁은 남자로 하여금 용녀에 대한 확고한 믿음을 주었고, 용녀도 남자가 자신의 말을 들어주는 것을 통해 신뢰를 회복했다고 할 수 있다.

이렇게 관계를 회복시켜주는 용녀의 모습은 여성성이 극대화된 모습으로 형성화된 것이며, 이는 여성성이 관계의 회복·조정·격상에서 담당하는 역할이 크다는 것을 의미한다. 설화에서 용녀는 또 다른 세계와의 소통을 하기 위한 매개체가 바로 자기 자신이기 때문에 문제의 해결에 있어서 남자나 꿈쟁이처럼 걱정하거나 울지 않았던 것이다. 여기에서 나타나는 여성성은 자신이 원하는 관계의 유지를 위한 소통의 공간인 것이다. 두 세계를 포용하기 위하여 이러한 여성성은 바다의 속성과 같이 풍요로움을 가지고 있다고 할 수 있다. 이로 인해 관계 지속의 힘이 물의 속성, 즉 여성성에서 나올 수 있다.

이와 같이 여성성의 발현은 관계의 지속에 있어서 중요한 역할을 할 수 있다. 이 때 주의하여 생각해야 할 점은 '여성성'과 성별로 이야기하는 '여성'을 구분해야 한다는 점이다. 남자나 여자를 나누기 이전에 인간 모두가 물의 속성을 가지고 있는 여성성을 회복할 때 진정한 관계 회복을 할 수 있는 기회를 얻게 되는 것이다.

중요한 것은 남자인지, 여자인지가 아니다. 본 설화에서 보여주고 있는 것을 다시 말하면 용녀는 "다른 세계를 움직이는 존재"로 볼 수 있다. 이를 통해 우리는 다문화의 문제에 대해 다시 생각해 볼 여지가 있다. 다문화 사회에서 나타나는 문제는 관계의 지속성에 관련된 것이 중요 화두라고 할 수 있다. 어떻게 다른 문화, 다른 세계에서 온 사람들이 소통할 수 있는 지에 대한 문제 해결이 필요하다.

## Ⅳ. 생명력을 얻은 뒤에

본고에서는 다문화 사회와 관계의 지속이라는 문제를 풀기 위하여 우리나라 설화 <용자 구하고 얻은 색시>와 몽골 설화 <꿈쟁이 젊은이>를 비교 분석하였다. 두 설화에서 나타나는 용녀라는 존재는 다른 세계에서 온 존재로 문제 해결의 중요한 역할을 한다.

<용자 구하고 얻은 색시>와 <꿈쟁이 젊은이>에서는 두 가지의 문제 상황을 겪고 있는데, 삶을 계속 '지속'시킬 수 있느냐, 둘의 관계를 계속 '지속'시킬 수 있느냐가 그것이다. 용녀는 물과 관련된 능력을 통하여 문제 해결을 한다. 물에서 온 능력이라는 것은 용궁과 관련이 있는데, 이는 다른 세계에서 온 것이라는 점이다. 즉 다른 세계를 통과하며 얻은 문화적 충격과 아픔을 통해 성장하여 관계를 회복하게 하는 것이다.

이러한 용녀의 모습은 여성성이 극대화된 모습으로 형성화된 것이며, 이는 여성성이 관계의 회복·조정·격상에서 담당하는 역할이 크다는 것을 의미한다. 설화에서 용녀는 또 다른 세계와의 소통을 하기 위한 매개체가 바로 자기 자신이기 때문에 문제의 해결에 있어서 남자나 꿈쟁이처럼 걱정하거나 울지 않았던 것이다. 여기에서 나타나는 여성성은 자신이 원하는 관계의 유지를 위한 소통의 공간인 것이다.

이를 통하여 소통의 방식이 용녀와 같아야 한다는 두 나라의 서사를 짐작할 수 있었고, 관계 지속의 방안에 대하여 일부분 고민하는 과정을 겪었다. 이후 이에 대한 논의가 더욱 진전되어야 할 것이다.

## 참고문헌

**기본자료**

데 체렌소드놈 편저(이안나 역), 『몽골의 설화』, 문학과 지성사, 2007.
정운채 외, 『문학치료 서사사전』 2, 도서출판 문학과치료, 2009.
『한국구비문학대계』

## 논문 및 단행본

강정원, 「다문화시대의 구비문학 연구」, 『구비문학연구』제26집, 한국구비문학회, 2008.
권석우, 「뱀의 신화적 이미지」, 『인문언어』, 국제언어인문학회, 2005.
김대숙, 「'나무꾼과 선녀' 설화의 민담적 성격과 주제에 관한 연구」, 『국어국문학』 제137권, 국어국문학회, 2004.
김혜미, 「설화 <우렁색시>, <용자 살리고 얻은 색시>, <새털 옷 입고 왕이 된 남자>에 나타난 여성의 행동 방식과 관계 지속의 문제」, 『겨레어문학』 제48집, 겨레어문학회, 2012.
나카자와 신이치(김옥희 역), 『신화 인류 최고의 철학(문고판)』, 동아시아, 2008.
노영근, 「민담과 아내 찾기 화소」, 『어문학논총』제20집, 국민대학교 어문학연구소, 2001.
샤르크 후사인(김선중 역), 『여신』, 도서출판 창해, 2005.
송정화, 「비교신화적 각도에서 본 동서양 창조신화에 나타난 여성적 생명원리」, 『중국어문학지』 제17집, 중국어문학회, 2005.
신동흔, 「민담의 즐거운 상상, 그 속에 배인 한숨 「우렁각시」」, 『한국의 고전을 읽는다』 1, 휴머니스트, 2006.
오정미, 「이주여성의 문화적응과 설화의 활용」, 『구비문학연구』제27집, 한국구비문학회, 2008.
윤천근, 「물의 사상, 물의 문화」, 『동서철학연구』 제59호, 한국동서철학회, 2011.
이경미, 「한·중·일 고전문학 속에 보이는 여성과 뱀」, 『석당논총』제46집, 동아대학교 석당학술원, 2010.
이성희, 「어부심과 여성」, 『한국민속학』 제39호, 한국민속학회, 2004.
이안나, 「한국과 몽골의 물 상징성에 대한 비교 고찰」, 『한민족문화연구』 제20집, 한민족문화학회, 2007.
장두식, 「한, 몽 설화에 나타나나 여성성 비교 연구」, 『몽골학』제17호, 한국몽골학회, 2004.
정운채, 「토도로프와 채트먼의 서사이론과 문학치료학의 서사이론」, 『고전문학교육』 제20집, 한국고전문학교육학회, 2010.
조성원, 「다문화주의와(한국)비교문학」, 『비교문학』 제24집, 한국비교문학회, 1999.
최귀묵, 「월남 므엉족의 창세서사시 <땅과 물의 기원>」, 『구비문학연구』 제11집, 한국구비문학회, 2000.

## 저자소개

김혜미 한림대학교 생사학연구소 HK연구교수

박재인 건국대학교 인문학연구원 HK연구교수

생사학연구총서 5

이야기, 죽음을 통하다

초판인쇄 2018년 05월 18일
초판발행 2018년 05월 25일

저 자 김혜미·박재인
발 행 인 윤석현
발 행 처 도서출판 박문사
책임편집 최인노
등록번호 제2009-11호

우편주소 서울시 도봉구 우이천로 353 성주빌딩 3층
대표전화 02) 992 / 3253
전 송 02) 991 / 1285
홈페이지 http://www.jncbms.co.kr
전자우편 bakmunsa@hanmail.net



ISBN 979-11-89292-01-0 93100 정가 19,000원